Gaudium et spes

Große Texte der Christenheit

15

Herausgegeben von
Dietrich Korsch und Johannes Schilling

Gaudium et spes

Herausgegeben und kommentiert
von Ulrich H. J. Körtner

EVANGELISCHE VERLAGSANSTALT
Leipzig

Bibliographische Information der Deutschen Nationalbibliothek
Die Deutsche Nationalbibliothek verzeichnet diese Publikation in
der Deutschen Nationalbibliografie; detaillierte bibliografische Daten
sind im Internet über ‹http://dnb.dnb.de› abrufbar.

© 2024 by Evangelische Verlagsanstalt GmbH, Leipzig
Printed in Germany

Das Werk einschließlich aller seiner Teile ist urheberrechtlich geschützt.
Jede Verwertung außerhalb der Grenzen des Urheberrechtsgesetzes ist ohne
Zustimmung des Verlags unzulässig und strafbar. Das gilt insbesondere für
Vervielfältigungen, Übersetzungen, Mikroverfilmungen und die Einspeicherung und Verarbeitung in elektronischen Systemen.

Das Buch wurde auf alterungsbeständigem Papier gedruckt.

Cover: makena plangrafik, Leipzig/Zwenkau
Satz: ARW-Satz, Leipzig
Druck und Binden: BELTZ Grafische Betriebe GmbH, Bad Langensalza

ISBN 978-3-374-978-07532-4 // eISBN (PDF) 978-3-374-07533-1
www.eva-leipzig.de

Vorwort

Die Pastoralkonstitution *Gaudium et spes* gehört zu den wirkmächtigsten Texten des Zweiten Vatikanischen Konzils (1962–1965). Die leitmotivische Forderung, die Kirche müsse sich der Welt von heute öffnen, die Papst Johannes XXIII. auf den Begriff des *Aggiornamento* gebracht hat, fand ihren sichtbaren und umwälzenden Ausdruck in der vom Konzil verfügten Liturgiereform. Sie hat aber ebenso in der Pastoralkonstitution *Gaudium et spes* ihre kongeniale Umsetzung erfahren. Diese gilt mit Recht als Meilenstein katholischer Soziallehre im 20. Jahrhundert, nicht etwa nur als ein historisches Dokument, sondern als wegweisender Text, dessen theologische Impulse auch im 21. Jahrhundert fortwirken und dessen theologische Grundgedanken teilweise noch immer nicht eingeholt sind. Das jedenfalls ist die Sicht derer, die das Konzil als *Auftakt* zu einer längst nicht abgeschlossenen Reform der römisch-katholischen Kirche an Haupt und Gliedern verstehen – zumal sich auch die geistigen, gesellschaftlichen und weltpolitischen Verhältnisse in den Jahrzehnten nach dem Ende des Konzils dramatisch verändert haben.

Gaudium et spes gilt als Schlüsseltext einer konziliaren und synodalen Kirche, kam die Initiative zu diesem Dokument doch aus dem Konzil selbst, und an seiner hochspannenden Entstehungsgeschichte lässt sich die Dynamik des Konzils insgesamt ablesen. Die Erarbeitung des Textes nahm die gesamte Zeit des Konzils in Anspruch. Exemplarisch wurden hier die bestehenden Konflikte zwischen dem konservativen und dem reformerischen Flügel der Kirche bzw. den

Lagern ausgefochten, denen die Bischöfe der Weltkirche zuzuordnen waren.

Von nicht zu überschätzender Bedeutung ist, dass der Anstoß für eine Konstitution über die Kirche in der Welt von heute von einem lateinamerikanischen Bischof ausging – von Dom Helder Camara (1909–1999), damals Weihbischof von Rio de Janeiro und später Erzbischof von Olinda und Recife. Camara wurde zu einem der profiliertesten Vertreter der lateinamerikanischen Befreiungstheologie, deren Geschichte unlösbar mit *Gaudium et spes* verbunden ist. Mit der Befreiungstheologie aber trat eine umfassende neue Interpretation der christlichen Botschaft als Evangelium der Armen auf den Plan, verbunden mit einem radikal neuen Verständnis von Theologie und Kirche, um das sich in nachkonziliarer Zeit schwere Konflikte zwischen seinen Vorkämpfern und der römischen Kurie und der Glaubenskongregation entzündeten, in denen nicht nur um Anliegen einer politischen Theologie und das Verhältnis von Christentum und Marxismus gerungen wurde. Letztlich ging es auch um Machtfragen, welche die Kirche bis heute in ihrem Inneren erschüttern.

Gaudium et spes bietet weit mehr als eine zeitgemäße Neufassung der Grundlagen katholischer Soziallehre und Aussagen zu sozialethischen Einzelthemen auf der Höhe ihrer Zeit. Sie formuliert auch deren theologische bzw. dogmatische Voraussetzungen, insbesondere auf den Feldern der Anthropologie, Christologie und Soteriologie, aber auch der Ekklesiologie. So bestehen sachliche Verbindungen zwischen der Pastoralkonstitution und der dogmatischen Konstitution über die Kirche *Lumen gentium*, die immerhin vierzehnmal in *Gaudium et spes* zitiert wird.

Ein wesentliches Ziel des Konzils bestand darin darzulegen, was die katholische Kirche in der Welt von heute über sich selbst denkt. Die Vertiefung des eigenen Selbstverständnisses war jedoch nicht als Selbstzweck gedacht, sondern sollte im Dienst der Verständigung über die Mission der Kirche in der Welt von heute stehen. Das ist nicht nur in Gestalt der dogmatische Konstitution *Lumen gentium* geschehen, mit der die unvollendet gebliebene Kirchenlehre des Ersten Vatikanischen Konzils – wenngleich unter deutlich veränderten theologischen Voraussetzungen – fortgeschrieben worden ist. Im Sinne des Konzils wäre aber eine Ekklesiologie unvollständig geblieben, hätte sie sich nur auf dogmatische und kirchenrechtliche Fragen wie die Zuordnung des Papstamtes in seiner 1870 dogmatisierten Gestalt zum Bischofsamt sowie der dogmatischen Auffassung von der Kirche als hierarchisch gegliedertes Volk Gottes beschränkt. Die pastorale Konstitution über die Kirche in der Welt von heute reflektiert eben unter pastoralen Gesichtspunkten ihrerseits dogmatische Wesensbestimmungen der Kirche nach römisch-katholischem Verständnis. Begreift man die Konzilstexte insgesamt als einen Makrotext, so müssen *Lumen gentium* und *Gaudium et spes* als einander wechselseitig erklärende Texte über die Kirche gelesen werden, die sich jedoch nicht spannungslos zu einem harmonischen Ganzen fügen, sondern Anlass für einen fortdauernden Konflikt der Interpretationen bietet. Und obwohl *Gaudium et spes* erst am vorletzten Tag des Konzils feierlich promulgiert wurde, gibt es gute Gründe, in diesem Dokument einen Schlüsseltext zu sämtlichen auf dem Konzil geführten Diskussionen zu sehen; eine Auffassung, die schon Papst Paul VI. in seiner Ansprache bei der letzten öffentlichen Sitzung am 7. Dezember 1965 vertreten hat.

Gaudium et spes verschränkt Glaubenslehre und Ethik in einer Weise, die nicht etwa nach dem Modell von Grundlegung und praktischer Anwendung zu beschreiben ist. Vielmehr bietet die Pastoralkonstitution eine neue Grammatik katholischer Theologie, und der pastorale Charakter, den das Konzil als Ganzes angenommen hat, findet in *Gaudium et spes* seinen stärksten Ausdruck. Er zeigt sich auch darin, dass der Text nicht, wie von manchen Konzilsvätern gefordert, lediglich den Rang einer Erklärung oder eines Dekretes, sondern den einer Konstitution erhielt und damit auf eine Stufe mit den dogmatischen Konstitutionen über die Kirche (*Lumen gentium*), über die Offenbarung (*Dei verbum*) sowie der Liturgiekonstitution (*Sacrosanctum Concilium*) gestellt wurde.

Gaudium et spes ist aber auch ein ökumenisches Dokument von Rang. Von Beginn an waren Beobachter und Beobachterinnen aus anderen Kirchen zur Teilnahme am Konzil eingeladen. Im Fall von *Gaudium et spes* war die Einbindung ökumenischer Gesprächspartner besonders intensiv. Anregungen vonseiten des Weltrates der Kirchen haben auf die Entstehungsgeschichte des Textes und seine endgültige Gestalt starken Einfluss ausgeübt. Umgekehrt hat *Gaudium et spes* starken Einfluss auf die ökumenische Bewegung und ihre sozialethischen Themen in den vergangenen Jahrzehnten ausgeübt. So ist die Pastoralkonstitution auch 60 Jahre nach ihrer feierlichen Verkündigung als ökumenisches Ereignis von bleibender Bedeutung zu würdigen.

Den Herausgebern sei daher für die Aufnahme des Konzilstextes in die Reihe „Große Texte der Christenheit" gedankt. Paula Neven du Mont danke ich für ihre Unterstützung bei der Recherche, Samuel Bauer, Stefan Haider, Carina Blatt-Ratzke und Elise-Edith Tebel für ihre Hilfe bei den Korrekturen.

Ulrich H. J. Körtner
Wien, im Juni 2023

Inhalt

A Der Text

Vorwort	12
Einführung: Die Situation des Menschen in der heutigen Welt	14
I. Hauptteil: Die Kirche und die Berufung des Menschen	24
Erstes Kapitel: Die Würde der menschlichen Person	25
Zweites Kapitel: Die menschliche Gemeinschaft	39
Drittes Kapitel: Das menschliche Schaffen in der Welt	50
Viertes Kapitel: Die Aufgabe der Kirche in der Welt von heute	58
II. Hauptteil: Wichtigere Einzelfragen	70
Erstes Kapitel: Förderung der Würde der Ehe und der Familie	71
Zweites Kapitel: Die richtige Förderung des kulturellen Fortschritts	82
Erster Abschnitt: Die Situation der Kultur in der Welt von heute	83
Zweiter Abschnitt: Einige Prinzipien zur richtigen Förderung der Kultur	86
Dritter Abschnitt: Einige dringliche Aufgaben der Christen im Bereich der Kultur	91
Drittes Kapitel: Das Wirtschaftsleben	97
Erster Abschnitt: Der wirtschaftliche Fortschritt	99
Zweiter Abschnitt: Einige für das ganze sozialökonomische Leben verbindliche Grundsätze	102
Viertes Kapitel: Das Leben in der politischen Gemeinschaft	111
Fünftes Kapitel: Die Förderung des Friedens und der Aufbau der Völkergemeinschaft	119
Erster Abschnitt: Von der Vermeidung des Krieges	122
Zweiter Abschnitt: Der Aufbau der internationalen Gemeinschaft	129
Schlusswort	138
Anmerkungen	141

B Erläuterungen

1. Zum Text und seiner Entstehungsgeschichte 152
2. Zum Aufbau 159
3. Zur Rezeptionsgeschichte................................ 164
4. Erläuterungen zu Vorwort und Einleitung (GS 1–10)....... 172
5. Erläuterungen zum ersten Hauptteil..................... 178
   5.1 Zum ersten Kapitel (GS 11–22) 178
   5.2 Zum zweiten Kapitel (GS 23–32) 184
   5.3 Zum dritten Kapitel (GS 33–39) 190
   5.4 Zum vierten Kapitel (GS 40–45) 195
6. Erläuterungen zum zweiten Hauptteil 202
   6.1 Zu Vorwort und erstem Kapitel (GS 46–52) 202
   6.2 Zum zweiten Kapitel (GS 53–62).................... 205
   6.3 Zum dritten Kapitel (GS 63–72).................... 212
   6.4 Zum vierten Kapitel (GS 73–76) 215
   6.5 Zum fünften Kapitel (GS 77–90) 217
7. Erläuterungen zum Schlusswort (GS 91–93) 220
8. Abschließende Würdigung 221

C Anhang

Literatur 228
Zeittafel 231

A
Der Text

Pastorale Konstitution
Gaudium et spes
Über die Kirche in der Welt von heute*

Paulus Bischof
Diener der Diener Gottes
zusammen mit den Vätern des Heiligen Konzils
zur fortwährenden Erinnerung

Vorwort

1. *Die engste Verbundenheit der Kirche mit der ganzen Menschheitsfamilie*

Freude und Hoffnung, Trauer und Angst der Menschen von heute, besonders der Armen und Bedrängten aller Art, sind auch Freude und Hoffnung, Trauer und Angst der Jünger Christi. Und es gibt nichts wahrhaft Menschliches, das nicht in ihren Herzen seinen Widerhall fände. Ist doch ihre eigene Gemeinschaft aus Menschen gebildet, die, in Christus geeint, vom Heiligen Geist auf ihrer Pilgerschaft zum Reich des Vaters geleitet werden und eine Heilsbotschaft empfangen haben, die allen auszurichten ist. Darum erfährt diese Gemeinschaft sich mit der Menschheit und ihrer Geschichte wirklich engstens verbunden.

---

* Quelle: https://www.vatican.va/archive/hist_councils/ii_vatican_council/documents/vat-ii_const_19651207_gaudium-et-spes_ge.html (20.9.2022); LThK.E III, Freiburg/Basel/Wien 1968, 281–591.

2. Wen das Konzil hier anspricht

Daher wendet sich das Zweite Vatikanische Konzil nach einer tieferen Klärung des Geheimnisses der Kirche ohne Zaudern nicht mehr bloß an die Kinder der Kirche und an alle, die Christi Namen anrufen, sondern an alle Menschen schlechthin in der Absicht, allen darzulegen, wie es Gegenwart und Wirken der Kirche in der Welt von heute versteht.

Vor seinen Augen steht also die Welt der Menschen, das heißt die ganze Menschheitsfamilie mit der Gesamtheit der Wirklichkeiten, in denen sie lebt; die Welt, der Schauplatz der Geschichte der Menschheit, von ihren Unternehmungen, Niederlagen und Siegen geprägt; die Welt, die nach dem Glauben der Christen durch die Liebe des Schöpfers begründet ist und erhalten wird; die unter die Knechtschaft der Sünde geraten, von Christus aber, dem Gekreuzigten und Auferstandenen, durch Brechung der Herrschaft des Bösen befreit wurde; bestimmt, umgestaltet zu werden nach Gottes Heilsratschluss und zur Vollendung zu kommen.

3. Der Auftrag zum Dienst am Menschen

Gewiss ist die Menschheit in unseren Tagen voller Bewunderung für die eigenen Erfindungen und die eigene Macht; trotzdem wird sie oft ängstlich bedrückt durch die Fragen nach der heutigen Entwicklung der Welt, nach Stellung und Aufgabe des Menschen im Universum, nach dem Sinn seines individuellen und kollektiven Schaffens, schließlich nach dem letzten Ziel der Dinge und Menschen. Als Zeuge und Künder des Glaubens des gesamten in Christus geeinten Volkes Gottes kann daher das Konzil dessen Verbundenheit, Achtung und Liebe gegenüber der ganzen Menschheitsfamilie, der dieses ja selbst eingefügt ist, nicht beredter bekunden als dadurch, dass es mit ihr in einen Dialog eintritt über all diese verschiedenen Probleme; dass es das Licht des Evangeliums bringt und dass es dem Menschengeschlecht jene Heilkräfte bietet, die die Kirche selbst, vom Heiligen Geist geleitet, von ihrem Gründer empfängt. Es geht um die Rettung der menschlichen Person, es geht um den rechten Aufbau der menschlichen Gesellschaft. Der Mensch also, der eine und ganze Mensch, mit Leib und Seele, Herz und Gewissen, Vernunft und Willen steht im Mittelpunkt unserer Ausführungen.

Die Heilige Synode bekennt darum die hohe Berufung des Menschen, sie erklärt, dass etwas wie ein göttlicher Same in ihn eingesenkt ist, und bietet der Menschheit die aufrichtige Mitarbeit der Kirche an zur Errichtung jener brüderlichen Gemeinschaft aller, die dieser Berufung entspricht. Dabei bestimmt die Kirche kein irdischer Machtwille, sondern nur dies eine: unter Führung des Geistes, des Trösters, das Werk Christi selbst weiterzuführen, der in die Welt kam, um der Wahrheit Zeugnis zu geben (1); zu retten, nicht zu richten; zu dienen, nicht sich bedienen zu lassen (2).

Einführung
Die Situation des Menschen in der heutigen Welt

4. *Hoffnung und Angst*

Zur Erfüllung dieses ihres Auftrags obliegt der Kirche allzeit die Pflicht, nach den Zeichen der Zeit zu forschen und sie im Licht des Evangeliums zu deuten. So kann sie dann in einer jeweils einer Generation angemessenen Weise auf die bleibenden Fragen der Menschen nach dem Sinn des gegenwärtigen und des zukünftigen Lebens und nach dem Verhältnis beider zueinander Antwort geben. Es gilt also, die Welt, in der wir leben, ihre Erwartungen, Bestrebungen und ihren oft dramatischen Charakter zu erfassen und zu verstehen. Einige Hauptzüge der Welt von heute lassen sich folgendermaßen umschreiben.

Heute steht die Menschheit in einer neuen Epoche ihrer Geschichte, in der tiefgehende und rasche Veränderungen Schritt um Schritt auf die ganze Welt übergreifen. Vom Menschen, seiner Vernunft und schöpferischen Gestaltungskraft gehen sie aus; sie wirken auf ihn wieder zurück, auf seine persönlichen und kollektiven Urteile und Wünsche, auf seine Art und Weise, die Dinge und die Menschen zu sehen und mit ihnen umzugehen. So kann man schon von einer wirklichen sozialen und kulturellen Umgestaltung sprechen, die sich auch auf das religiöse Leben auswirkt.

Wie es bei jeder Wachstumskrise geschieht, bringt auch diese Umgestaltung nicht geringe Schwierigkeiten mit sich. So dehnt der Mensch seine Macht so weit aus und kann sie doch nicht immer so steuern, dass sie ihm wirklich dient. Er unternimmt es, in immer tiefere seelische Bereiche einzudringen, und scheint doch oft ratlos über sich selbst. Schritt für Schritt entdeckt er die Gesetze des gesellschaftlichen Lebens und weiß doch nicht, welche Ausrichtung er ihm geben soll.

Noch niemals verfügte die Menschheit über soviel Reichtum, Möglichkeiten und wirtschaftliche Macht, und doch leidet noch ein ungeheurer Teil der Bewohner unserer Erde Hunger und Not, gibt es noch unzählige Analphabeten. Niemals hatten die Menschen einen so wachen Sinn für Freiheit wie heute, und gleichzeitig entstehen neue Formen von gesellschaftlicher und psychischer Knechtung. Die Welt spürt lebhaft ihre Einheit und die wechselseitige Abhängigkeit aller von allen in einer notwendigen Solidarität und wird doch zugleich heftig von einander widerstreitenden Kräften auseinandergerissen. Denn harte politische, soziale, wirtschaftliche, rassische und ideologische Spannungen dauern an; selbst die Gefahr eines Krieges besteht weiter, der alles bis zum Letzten zerstören würde. Zwar nimmt der Meinungsaustausch zu; und doch erhalten die gleichen Worte, in denen sich gewichtige Auffassungen ausdrücken, in den verschiedenen Ideologien einen sehr unterschiedlichen Sinn. Man strebt schließlich unverdrossen nach einer vollkommeneren Ordnung im irdischen Bereich, aber das geistliche Wachstum hält damit nicht gleichen Schritt.

Betroffen von einer so komplexen Situation, tun sich viele unserer Zeitgenossen schwer, die ewigen Werte recht zu erkennen und mit dem Neuen, das aufkommt, zu einer richtigen Synthese zu bringen; so sind sie, zwischen Hoffnung und Angst hin und her getrieben, durch die Frage nach dem heutigen Lauf der Dinge zutiefst beunruhigt. Dieser verlangt eine Antwort vom Menschen. Ja, er zwingt ihn dazu.

5. Der tiefgehende Wandel der Situation

Die heute zu beobachtende Unruhe und der Wandel der Lebensbedingungen hängen mit einem umfassenden Wandel der Wirklichkeit zusammen, so dass im Bildungsbereich die mathematischen, naturwissenschaftlichen und anthropologischen Disziplinen, im praktischen Bereich die auf diesen Disziplinen aufbauende Technik ein wachsendes Gewicht erlangen. Diese positiv-wissenschaftliche Einstellung gibt der Kultur und dem Denken des Menschen ein neues Gepräge gegenüber früheren Zeiten. Schon geht die Technik so weit, dass sie das Antlitz der Erde selbst umformt, ja sie geht schon an die Bewältigung des planetarischen Raumes.

Auch über die Zeit weitet der Geist des Menschen gewissermaßen seine Herrschaft aus; über die Vergangenheit mit

Hilfe der Geschichtswissenschaft; über die Zukunft durch methodisch entwickelte Voraussicht und Planung. In ihrem Fortschritt geben Biologie, Psychologie und Sozialwissenschaften dem Menschen nicht nur ein besseres Wissen um sich selbst; sie helfen ihm auch, in methodisch gesteuerter Weise das gesellschaftliche Leben unmittelbar zu beeinflussen. Gleichzeitig befasst sich die Menschheit in immer steigendem Maß mit der Vorausberechnung und Steuerung ihres eigenen Bevölkerungswachstums.

Der Gang der Geschichte selbst erfährt eine so rasche Beschleunigung, dass der Einzelne ihm schon kaum mehr zu folgen vermag. Das Schicksal der menschlichen Gemeinschaft wird eines und ist schon nicht mehr aufgespalten in verschiedene geschichtliche Abläufe. So vollzieht die Menschheit einen Übergang von einem mehr statischen Verständnis der Ordnung der Gesamtwirklichkeit zu einem mehr dynamischen und evolutiven Verständnis. Die Folge davon ist eine neue, denkbar große Komplexheit der Probleme, die wiederum nach neuen Analysen und Synthesen ruft.

6. *Wandlungen in der Gesellschaft*

Damit aber erfahren die überlieferten örtlichen Gemeinschaften, wie patriarchalische Familien, Clans, Stämme, Dörfer, die verschiedenen Gruppen und sozialen Verflochtenheiten einen immer tiefer greifenden Wandel. Es breitet sich allmählich der Typ der Industriegesellschaft aus; einige Nationen gelangen durch ihn zu wirtschaftlichem Wohlstand; zugleich gestaltet er in Jahrhunderten gewordene Denk- und Lebensformen der Gesellschaft völlig um. Entsprechend nimmt die Verstädterung zu, teils infolge des Wachstums der Städte und ihrer Einwohnerzahl, teils durch das Ausgreifen der städtischen Lebensart auf die Landbevölkerung.

Die neuen und immer mehr vervollkommneten sozialen Kommunikationsmittel tragen dazu bei, dass man über das Zeitgeschehen informiert wird und dass sich Ansichten und Einstellungen rasch und weit verbreiten mit all den damit verbundenen Kettenreaktionen.

Nicht zu unterschätzen ist die Bedeutung der Tatsache, dass Menschen, aus verschiedenen Gründen zur Wanderung veranlasst, dadurch ihre Lebensart ändern.

So nehmen unablässig die Verflechtungen der Menschen untereinander zu und führt die „Sozialisation" zu immer neuen Verflechtungen, ohne aber immer eine entsprechende Reifung der Person und wirklich personale Beziehungen („Personalisation") zu fördern.

Diese Entwicklung zeichnet sich klarer ab in den durch wirtschaftlichen und technischen Fortschritt begünstigten Nationen; sie ergreift aber auch die Entwicklungsländer, die auch für ihre Gegenden die Vorteile der Industrialisierung und städtischen Kultur erringen möchten. Gleichzeitig erfahren diese Völker, besonders jene mit alten Überlieferungen, eine Bewegung hin zu einem entwickelteren und persönlicheren Vollzug der Freiheit.

7. Psychologische, sittliche und religiöse Wandlungen
Die Wandlungen von Denkweisen und Strukturen stellen häufig überkommene Werte in Frage, zumal bei der jüngeren Generation, die nicht selten ungeduldig, ja angsthaft rebellisch wird und im Bewusstsein der eigenen Bedeutung im gesellschaftlichen Leben rascher daran teilzuhaben beansprucht. Von daher erfahren Eltern und Erzieher bei der Erfüllung ihrer Aufgabe immer größere Schwierigkeiten.

Die von früheren Generationen überkommenen Institutionen, Gesetze, Denk- und Auffassungsweisen scheinen aber den wirklichen Zuständen von heute nicht mehr in jedem Fall gut zu entsprechen. So kommt es zu schweren Störungen im Verhalten und sogar in den Verhaltensnormen.

Die neuen Verhältnisse üben schließlich auch auf das religiöse Leben ihren Einfluss aus. Einerseits läutert der geschärfte kritische Sinn das religiöse Leben von einem magischen Weltverständnis und von noch vorhandenen abergläubischen Elementen und fordert mehr und mehr eine ausdrücklicher personal vollzogene Glaubensentscheidung, so dass nicht wenige zu einer lebendigeren Gotteserfahrung kommen. Andererseits geben breite Volksmassen das religiöse Leben praktisch auf. Anders als in früheren Zeiten sind die Leugnung Gottes oder der Religion oder die völlige Gleichgültigkeit ihnen gegenüber keine Ausnahme und keine Sache nur von Einzelnen mehr. Heute wird eine solche Haltung gar nicht selten als Forderung des wissenschaftlichen Fortschritts und eines sogenannten neuen Humanismus ausgegeben. Das alles findet sich in vielen Ländern nicht nur in Theorien von Philosophen, sondern bestimmt in größtem Ausmaß die Literatur, die Kunst, die Deutung der Wissenschaft und Geschichte und sogar das bürgerliche Recht. Die Verwirrung vieler ist die Folge.

8. *Die Störungen des Gleichgewichts in der heutigen Welt*
Ein so rascher Wandel der Zustände, der oft ordnungslos vor sich geht, und dazu ein schärferes Bewusstsein für die Spannungen in der Welt erzeugen oder vermehren Widersprüche und Störungen des Gleichgewichts.

Schon in der Einzelperson entsteht öfters eine Störung des Gleichgewichts zwischen dem auf das Praktische gerichteten Bewusstsein von heute und einem theoretischen Denken, dem es nicht gelingt, die Menge der ihm angebotenen Erkenntnisse selber zu bewältigen und sie hinlänglich in Synthesen zu ordnen. Eine ähnliche Störung des Gleichgewichts entsteht ferner zwischen dem entschlossenen Willen zu wirkmächtigem Handeln und den Forderungen des sittlichen Gewissens, aber oft auch zwischen den kollektiven Lebensbedingungen und den Voraussetzungen für ein persönliches Denken oder sogar eines besinnlichen Lebens. Endlich entsteht eine Störung des Gleichgewichts zwischen der Spezialisierung des menschlichen Tuns und einer umfassenden Weltanschauung.

In der Familie entstehen Spannungen unter dem Druck der demographischen, wirtschaftlichen und sozialen Situation, aus den Konflikten zwischen den aufeinanderfolgenden Generationen, aus den neuen gesellschaftlichen Beziehungen zwischen Mann und Frau.

Große Spannungen entstehen auch zwischen den Rassen, sogar zwischen den verschiedenartigen Gruppen einer Gesellschaft, zwischen reicheren und schwächeren oder notleidenden Völkern, schließlich zwischen den internationalen Institutionen, die aus der Friedenssehnsucht der Völker entstanden sind, und der rücksichtslosen Propaganda der eigenen Ideologie samt dem Kollektivegoismus in den Nationen und anderen Gruppen.

Die Folge davon sind gegenseitiges Misstrauen und Feindschaft, Konflikte und Notlagen. Ihre Ursache und ihr Opfer zugleich ist der Mensch.

9. Das umfassendere Verlangen der Menschheit
Gleichzeitig wächst die Überzeugung, dass die Menschheit nicht nur ihre Herrschaft über die Schöpfung immer weiter verstärken kann und muss, sondern dass es auch ihre Aufgabe ist, eine politische, soziale und wirtschaftliche Ordnung zu

schaffen, die immer besser im Dienst des Menschen steht und die dem Einzelnen wie den Gruppen dazu hilft, die ihnen eigene Würde zu behaupten und zu entfalten.

Daher erheben sehr viele heftig Anspruch auf jene Güter, die ihnen nach ihrer tief empfundenen Überzeugung durch Ungerechtigkeit oder falsche Verteilung vorenthalten werden. Die aufsteigenden Völker, wie jene, die erst jüngst unabhängig geworden sind, verlangen ihren Anteil an den heutigen Kulturgütern nicht nur auf politischem, sondern auch auf wirtschaftlichem Gebiet und wollen frei ihre Rolle in der Welt spielen, während andererseits zugleich ihr Abstand und häufig auch ihre wirtschaftliche Abhängigkeit von den reicheren Völkern wächst, die sich schneller weiterentwickeln. Die vom Hunger heimgesuchten Völker fordern Rechenschaft von den reicheren Völkern. Die Frauen verlangen für sich die rechtliche und faktische Gleichstellung mit den Männern, wo sie diese noch nicht erlangt haben. Die Arbeiter und Bauern wollen nicht bloß das zum Lebensunterhalt Notwendige erwerben können, sondern durch ihre Arbeit auch ihre Persönlichkeitswerte entfalten und überdies an der Gestaltung des wirtschaftlichen, gesellschaftlichen, politischen und kulturellen Lebens ihren Anteil haben. Zum erstenmal in der Geschichte der Menschheit haben alle Völker die Überzeugung, dass die Vorteile der Zivilisation auch wirklich allen zugute kommen können und müssen.

Hinter allen diesen Ansprüchen steht ein tieferes und umfassenderes Verlangen: Die Einzelpersonen und die Gruppen begehren ein erfülltes und freies Leben, das des Menschen würdig ist, indem sie sich selber alles, was die heutige Welt ihnen so reich darzubieten vermag, dienstbar machen. Die Völker streben darüber hinaus immer stärker nach einer gewissen alle umfassenden Gemeinschaft.

Unter diesen Umständen zeigt sich die moderne Welt zugleich stark und schwach, in der Lage, das Beste oder das Schlimmste zu tun; für sie ist der Weg offen zu Freiheit oder Knechtschaft, Fortschritt oder Rückschritt, Brüderlichkeit oder Hass. Zudem wird nun der Mensch sich dessen bewusst, dass es seine eigene Aufgabe ist, jene Kräfte, die er selbst geweckt hat und die ihn zermalmen oder ihm dienen können, richtig zu lenken.

Wonach er fragt, ist darum er selber.

10. Die tieferen Fragen der Menschheit

In Wahrheit hängen die Störungen des Gleichgewichts, an denen die moderne Welt leidet, mit jener tiefer liegenden Störung des Gleichgewichts zusammen, die im Herzen des Menschen ihren Ursprung hat. Denn im Menschen selbst sind viele widersprüchliche Elemente gegeben. Einerseits erfährt er sich nämlich als Geschöpf vielfältig begrenzt, andererseits empfindet er sich in seinem Verlangen unbegrenzt und berufen zu einem Leben höherer Ordnung. Zwischen vielen Möglichkeiten, die ihn anrufen, muss er dauernd unweigerlich eine Wahl treffen und so auf dieses oder jenes verzichten. Als schwacher Mensch und Sünder tut er oft das, was er nicht will, und was er tun wollte, tut er nicht (3). So leidet er an einer inneren Zwiespältigkeit, und daraus entstehen viele und schwere Zerwürfnisse auch in der Gesellschaft. Freilich werden viele durch eine praktisch materialistische Lebensführung von einer klaren Erfassung dieses dramatischen Zustandes abgelenkt oder vermögen unter dem Druck ihrer Verelendung sich nicht mit ihm zu beschäftigen. Viele glauben, in einer der vielen Weltdeutungen ihren Frieden zu finden. Andere wieder erwarten vom bloßen menschlichen Bemühen die wahre und volle Befreiung der Menschheit und sind davon überzeugt, dass die künftige Herrschaft des Menschen über die Erde alle Wünsche ihres Herzens erfüllen wird. Andere wieder preisen, am Sinn des Lebens verzweifelnd, den Mut derer, die in der Überzeugung von der absoluten Bedeutungslosigkeit der menschlichen Existenz versuchen, ihr nun die ganze Bedeutung ausschließlich aus autonomer Verfügung des Subjekts zu geben. Dennoch wächst angesichts der heutigen Weltentwicklung die Zahl derer, die die Grundfragen stellen oder mit neuer Schärfe spüren: Was ist der Mensch? Was ist der Sinn des Schmerzes, des Bösen, des Todes – alles Dinge, die trotz solchen Fortschritts noch immer weiterbestehen? Wozu diese Siege, wenn sie so teuer erkauft werden mussten? Was kann der Mensch der Gesellschaft geben, was von ihr erwarten? Was kommt nach diesem irdischen Leben?

Die Kirche aber glaubt: Christus, der für alle starb und auferstand (4), schenkt dem Menschen Licht und Kraft durch seinen Geist, damit er seiner höchsten Berufung nachkommen kann; es ist kein anderer Name unter dem Himmel den Menschen gegeben, in dem sie gerettet werden sollen (5). Sie glaubt ferner, dass in ihrem Herrn und Meister der Schlüssel, der Mittelpunkt und das Ziel der ganzen Menschheitsgeschichte gegeben ist. Die Kirche bekennt überdies, dass allen Wandlungen vieles Unwandelbare zugrunde liegt, was seinen letzten Grund in Christus hat, der derselbe ist gestern, heute und in Ewigkeit (6). Im Licht Christi also, des Bildes des unsichtbaren Gottes, des Erstgeborenen vor aller Schöpfung (7), will das Konzil alle Menschen ansprechen, um das Geheimnis des Menschen zu erhellen und mitzuwirken dabei, dass für die dringlichsten Fragen unserer Zeit eine Lösung gefunden wird.

I. Hauptteil
Die Kirche und die Berufung des Menschen

11. Antworten auf die Antriebe des Geistes
Im Glauben daran, dass es vom Geist des Herrn geführt wird, der den Erdkreis erfüllt, bemüht sich das Volk Gottes, in den Ereignissen, Bedürfnissen und Wünschen, die es zusammen mit den übrigen Menschen unserer Zeit teilt, zu unterscheiden, was darin wahre Zeichen der Gegenwart oder der Absicht Gottes sind. Der Glaube erhellt nämlich alles mit einem neuen Licht, enthüllt den göttlichen Ratschluss hinsichtlich der integralen Berufung des Menschen und orientiert daher den Geist auf wirklich humane Lösungen hin.

Das Konzil beabsichtigt, vor allem jene Werte, die heute besonders in Geltung sind, in diesem Licht zu beurteilen und auf ihren göttlichen Ursprung zurückzuführen. Insofern diese Werte nämlich aus der gottgegebenen Anlage des Menschen hervorgehen, sind sie gut. Infolge der Verderbtheit des menschlichen Herzens aber fehlt ihnen oft die notwendige letzte Ausrichtung, so dass sie einer Läuterung bedürfen.

Was denkt die Kirche vom Menschen? Welche Empfehlungen erscheinen zum Aufbau der heutigen Gesellschaft angebracht? Was ist die letzte Bedeutung der menschlichen Tätigkeit in der gesamten Welt? Auf diese Fragen erwartet man Antwort. Von da wird klarer in Erscheinung treten, dass das Volk Gottes und die Menschheit, der es eingefügt ist, in gegenseitigem Dienst stehen, so dass die Sendung der Kirche sich als eine religiöse und gerade dadurch höchst humane erweist.

Erstes Kapitel
Die Würde der menschlichen Person

12. Der Mensch nach dem Bild Gottes
Es ist fast einmütige Auffassung der Gläubigen und der Nichtgläubigen, dass alles auf Erden auf den Menschen als seinen Mittel- und Höhepunkt hinzuordnen ist.

Was ist aber der Mensch? Viele verschiedene und auch gegensätzliche Auffassungen über sich selbst hat er vorgetragen und trägt er vor, in denen er sich oft entweder selbst zum höchsten Maßstab macht oder bis zur Hoffnungslosigkeit abwertet, und ist so unschlüssig und voll Angst. In eigener Erfahrung dieser Nöte kann die Kirche doch, von der Offenbarung Gottes unterwiesen, für sie eine Antwort geben, um so die wahre Verfassung des Menschen zu umreißen und seine Schwäche zu erklären, zugleich aber auch die richtige Anerkennung seiner Würde und Berufung zu ermöglichen.

Die Heilige Schrift lehrt nämlich, dass der Mensch „nach dem Bild Gottes" geschaffen ist, fähig, seinen Schöpfer zu erkennen und zu lieben, von ihm zum Herrn über alle irdischen Geschöpfe gesetzt (1), um sie in Verherrlichung Gottes zu beherrschen und zu nutzen (2). „Was ist der Mensch, dass du seiner gedenkst? Oder des Menschen Kind, dass du dich seiner annimmst? Wenig geringer als Engel hast du ihn gemacht, mit Ehre und Herrlichkeit ihn gekrönt und ihn über die Werke deiner Hände gesetzt. Alles hast du ihm unter die Füße gelegt" (Ps 8,5–7).

Aber Gott hat den Menschen nicht allein geschaffen: denn von Anfang an hat er ihn „als Mann und Frau geschaffen" (Gen 1,27); ihre Verbindung schafft die erste Form personaler Gemeinschaft. Der Mensch ist nämlich aus seiner innersten Natur ein gesellschaftliches Wesen; ohne Beziehung zu den anderen kann er weder leben noch seine Anlagen zur Entfaltung bringen.

Gott sah also, wie wir wiederum in der Heiligen Schrift lesen, „alles, was er gemacht hatte, und es war sehr gut" (Gen 1,31).

13. Die Sünde

Obwohl in Gerechtigkeit von Gott begründet, hat der Mensch unter dem Einfluss des Bösen gleich von Anfang der Geschichte an durch Auflehnung gegen Gott und den Willen, sein Ziel außerhalb Gottes zu erreichen, seine Freiheit missbraucht. „Obwohl sie Gott erkannten, haben sie ihn nicht als Gott verherrlicht, sondern ihr unverständiges Herz wurde verfinstert, und sie dienten den Geschöpfen statt dem Schöpfer" (3). Was uns aus der Offenbarung Gottes bekannt ist, steht mit der Erfahrung in Einklang: der Mensch erfährt sich, wenn er in sein Herz schaut, auch zum Bösen geneigt und verstrickt in vielfältige Übel, die nicht von seinem guten Schöpfer herkommen können. Oft weigert er sich, Gott als seinen Ursprung anzuerkennen; er durchbricht dadurch auch die geschuldete Ausrichtung auf sein letztes Ziel, zugleich aber auch seine ganze Ordnung hinsichtlich seiner selbst wie hinsichtlich der anderen Menschen und der ganzen Schöpfung.

So ist der Mensch in sich selbst zwiespältig. Deshalb stellt sich das ganze Leben der Menschen, das einzelne wie das kollektive, als Kampf dar, und zwar als einen dramatischen, zwischen Gut und Böse, zwischen Licht und Finsternis. Ja, der Mensch findet sich unfähig, durch sich selbst die Angriffe des Bösen wirksam zu bekämpfen, so dass ein jeder sich wie in Ketten gefesselt fühlt. Der Herr selbst aber ist gekommen, um den Menschen zu befreien und zu stärken, indem er ihn innerlich erneuerte und „den Fürsten dieser Welt" (Joh 12,31) hinauswarf, der ihn in der Knechtschaft der Sünde festhielt (4). Die Sünde mindert aber den Menschen selbst, weil sie ihn hindert, seine Erfüllung zu erlangen.

Im Licht dieser Offenbarung finden zugleich die erhabene Berufung wie das tiefe Elend, die die Menschheit erfährt, ihre letzte Erklärung.

14. *Der Wesensstand des Menschen*
In Leib und Seele einer, vereint der Mensch durch seine Leiblichkeit die Elemente der stofflichen Welt in sich: Durch ihn erreichen diese die Höhe ihrer Bestimmung und erheben ihre Stimme zum freien Lob des Schöpfers (5). Das leibliche Leben darf also der Mensch nicht geringachten; er muss im Gegenteil seinen Leib als von Gott geschaffen und zur Auferweckung am Jüngsten Tage bestimmt für gut und der Ehre würdig halten. Durch die Sünde aber verwundet, erfährt er die Widerstände seiner Leiblichkeit. Daher verlangt die Würde des Menschen, dass er Gott in seinem Leibe verherrliche (6) und ihn nicht den bösen Neigungen seines Herzens dienen lasse.

Der Mensch irrt aber nicht, wenn er seinen Vorrang vor den körperlichen Dingen bejaht und sich selbst nicht nur als Teil der Natur oder als anonymes Element in der menschlichen Gesellschaft betrachtet, denn in seiner Innerlichkeit übersteigt er die Gesamtheit der Dinge. In diese Tiefe geht er zurück, wenn er in sein Herz einkehrt, wo Gott ihn erwartet, der die Herzen durchforscht (7), und wo er selbst unter den Augen Gottes über sein eigenes Geschick entscheidet. Wenn er daher die Geistigkeit und Unsterblichkeit seiner Seele bejaht, wird er nicht zum Opfer einer trügerischen Einbildung, die sich von bloß physischen und gesellschaftlichen Voraussetzungen herleitet, sondern erreicht er im Gegenteil die tiefe Wahrheit der Wirklichkeit.

15. Die Würde der Vernunft, die Wahrheit und die Weisheit

In Teilnahme am Licht des göttlichen Geistes urteilt der Mensch richtig, dass er durch seine Vernunft die Dingwelt überragt. In unermüdlicher Anwendung seiner Geistesanlagen hat er im Lauf der Zeit die empirischen Wissenschaften, die Technik und seine geistige und künstlerische Bildung sehr entwickelt. In unserer Zeit aber hat er mit ungewöhnlichem Erfolg besonders die materielle Welt erforscht und sich dienstbar gemacht. Immer jedoch suchte und fand er eine tiefere Wahrheit. Die Vernunft ist nämlich nicht auf die bloßen Phänomene eingeengt, sondern vermag geistig-tiefere Strukturen der Wirklichkeit mit wahrer Sicherheit zu erreichen, wenn sie auch infolge der Sünde zum Teil verdunkelt und geschwächt ist.

Die zu erstrebende Vollendung der Vernunftnatur der menschlichen Person ist die Weisheit, die den Geist des Menschen sanft zur Suche und Liebe des Wahren und Guten hinzieht und den durch sie geleiteten Menschen vom Sichtbaren zum Unsichtbaren führt.

Unsere Zeit braucht mehr als die vergangenen Jahrhunderte diese Weisheit, damit humaner wird, was Neues vom Menschen entdeckt wird. Es gerät nämlich das künftige Geschick der Welt in Gefahr, wenn nicht weisere Menschen entstehen. Zudem ist zu bemerken, dass viele Nationen an wirtschaftlichen Gütern verhältnismäßig arm, an Weisheit aber reicher sind und den übrigen hervorragende Hilfe leisten können.

Dank der Gabe des Heiligen Geistes kommt der Mensch im Glauben zu Erkenntnis und innerem Einverständnis des Geheimnisses des göttlichen Ratschlusses (8).

16. Die Würde des sittlichen Gewissens
Im Innern seines Gewissens entdeckt der Mensch ein Gesetz, das er sich nicht selbst gibt, sondern dem er gehorchen muss und dessen Stimme ihn immer zur Liebe und zum Tun des Guten und zur Unterlassung des Bösen anruft und, wo nötig, in den Ohren des Herzens tönt: Tu dies, meide jenes. Denn der Mensch hat ein Gesetz, das von Gott seinem Herzen eingeschrieben ist, dem zu gehorchen eben seine Würde ist und gemäß dem er gerichtet werden wird (9). Das Gewissen ist die verborgenste Mitte und das Heiligtum im Menschen, wo er allein ist mit Gott, dessen Stimme in diesem seinem Innersten zu hören ist (10). Im Gewissen erkennt man in wunderbarer Weise jenes Gesetz, das in der Liebe zu Gott und dem Nächsten seine Erfüllung hat (11). Durch die Treue zum Gewissen sind die Christen mit den übrigen Menschen verbunden im Suchen nach der Wahrheit und zur wahrheitsgemäßen Lösung all der vielen moralischen Probleme, die im Leben der Einzelnen wie im gesellschaftlichen Zusammenleben entstehen. Je mehr also das rechte Gewissen sich durchsetzt, desto mehr lassen die Personen und Gruppen von der blinden Willkür ab und suchen sich nach den objektiven Normen der Sittlichkeit zu richten. Nicht selten jedoch geschieht es, dass das Gewissen aus unüberwindlicher Unkenntnis irrt, ohne dass es dadurch seine Würde verliert. Das kann man aber nicht sagen, wenn der Mensch sich zu wenig darum müht, nach dem Wahren und Guten zu suchen, und das Gewissen durch Gewöhnung an die Sünde allmählich fast blind wird.

17. Die hohe Bedeutung der Freiheit
Aber nur frei kann der Mensch sich zum Guten hinwenden. Und diese Freiheit schätzen unsere Zeitgenossen hoch und erstreben sie leidenschaftlich. Mit Recht. Oft jedoch vertreten

sie sie in verkehrter Weise, als Berechtigung, alles zu tun, wenn es nur gefällt, auch das Böse. Die wahre Freiheit aber ist ein erhabenes Kennzeichen des Bildes Gottes im Menschen: Gott wollte nämlich den Menschen „"in der Hand seines Entschlusses lassen" (12), so dass er seinen Schöpfer aus eigenem Entscheid suche und frei zur vollen und seligen Vollendung in Einheit mit Gott gelange. Die Würde des Menschen verlangt daher, dass er in bewusster und freier Wahl handle, das heißt personal, von innen her bewegt und geführt und nicht unter blindem innerem Drang oder unter bloßem äußerem Zwang. Eine solche Würde erwirbt der Mensch, wenn er sich aus aller Knechtschaft der Leidenschaften befreit und sein Ziel in freier Wahl des Guten verfolgt sowie sich die geeigneten Hilfsmittel wirksam und in angestrengtem Bemühen verschafft. Die Freiheit des Menschen, die durch die Sünde verwundet ist, kann nur mit Hilfe der Gnade Gottes die Hinordnung auf Gott zur vollen Wirksamkeit bringen. Jeder aber muss vor dem Richterstuhl Gottes Rechenschaft geben von seinem eigenen Leben, so wie er selber Gutes oder Böses getan hat (13).

18. Das Geheimnis des Todes

Angesichts des Todes wird das Rätsel des menschlichen Daseins am größten. Der Mensch erfährt nicht nur den Schmerz und den fortschreitenden Abbau des Leibes, sondern auch, ja noch mehr die Furcht vor immerwährendem Verlöschen. Er urteilt aber im Instinkt seines Herzens richtig, wenn er die völlige Zerstörung und den endgültigen Untergang seiner Person mit Entsetzen ablehnt. Der Keim der Ewigkeit im Menschen lässt sich nicht auf die bloße Materie zurückführen und wehrt sich gegen den Tod. Alle Maßnahmen der Technik, so nützlich sie sind, können aber die Angst des Menschen nicht beschwichtigen. Die Verlängerung der biologischen Lebensdauer kann jenem Verlangen nach einem weiteren Leben nicht genügen, das unüberwindlich in seinem Herzen lebt.

Während vor dem Tod alle Träume nichtig werden, bekennt die Kirche, belehrt von der Offenbarung Gottes, dass der Mensch von Gott zu einem seligen Ziel jenseits des irdischen Elends geschaffen ist. Außerdem lehrt der christliche Glaube, dass der leibliche Tod, dem der Mensch, hätte er nicht gesündigt, entzogen gewesen wäre (14), besiegt wird, wenn dem Menschen sein Heil, das durch seine Schuld verlorenging, vom allmächtigen und barmherzigen Erlöser wiedergeschenkt wird. Gott rief und ruft nämlich den Menschen, dass er ihm in der ewigen Gemeinschaft unzerstörbaren göttlichen Lebens mit seinem ganzen Wesen anhange. Diesen Sieg hat Christus, da er den Menschen durch seinen Tod vom Tod befreite, in seiner Auferstehung zum Leben errungen (15). Jedem also, der ernsthaft nachdenkt, bietet daher der Glaube, mit stichhaltiger Begründung vorgelegt, eine Antwort auf seine Angst vor der Zukunft an; und zugleich zeigt er die Möglichkeit, mit den geliebten Brüdern, die schon gestorben sind, in Christus Gemeinschaft zu haben in der Hoffnung, dass sie das wahre Leben bei Gott erlangt haben.

19. *Formen und Wurzeln des Atheismus*

Ein besonderer Wesenszug der Würde des Menschen liegt in seiner Berufung zur Gemeinschaft mit Gott. Zum Dialog mit Gott ist der Mensch schon von seinem Ursprung her aufgerufen: er existiert nämlich nur, weil er, von Gott aus Liebe geschaffen, immer aus Liebe erhalten wird; und er lebt nicht voll gemäß der Wahrheit, wenn er diese Liebe nicht frei anerkennt und sich seinem Schöpfer anheimgibt. Viele unserer Zeitgenossen erfassen aber diese innigste und lebensvolle Verbindung mit Gott gar nicht oder verwerfen sie ausdrücklich. So muss man den Atheismus zu den ernstesten Gegebenheiten dieser Zeit rechnen und aufs sorgfältigste prüfen.

Mit dem Wort Atheismus werden voneinander sehr verschiedene Phänomene bezeichnet. Manche leugnen Gott ausdrücklich; andere meinen, der Mensch könne überhaupt nichts über ihn aussagen; wieder andere stellen die Frage nach Gott unter solchen methodischen Voraussetzungen, dass sie von vornherein sinnlos zu sein scheint. Viele überschreiten den Zuständigkeitsbereich der Erfahrungswissenschaften und erklären, alles sei nur Gegenstand solcher naturwissenschaftlicher Forschung, oder sie verwerfen umgekehrt jede Möglichkeit einer absoluten Wahrheit. Manche sind, wie es scheint, mehr interessiert an der Bejahung des Menschen als an der Leugnung Gottes, rühmen aber den Menschen so, dass ihr Glaube an Gott keine Lebensmacht mehr bleibt. Andere machen sich ein solches Bild von Gott, dass jenes Gebilde, das sie ablehnen, keineswegs der Gott des Evangeliums ist. Andere nehmen die Fragen nach Gott nicht einmal in Angriff, da sie keine Erfahrung der religiösen Unruhe zu machen scheinen und keinen Anlass sehen, warum sie sich um Religion kümmern sollten. Der Atheismus entsteht außerdem nicht selten aus dem heftigen Protest gegen das Übel in der Welt oder aus der unberechtigten Übertragung des Begriffs des Absoluten auf gewisse menschliche Werte, so dass diese an Stelle Gottes treten. Auch die heutige Zivilisation kann oft, zwar nicht von ihrem Wesen her, aber durch ihre einseitige Zuwendung zu den irdischen Wirklichkeiten, den Zugang zu Gott erschweren.

Gewiss sind die, die in Ungehorsam gegen den Spruch ihres Gewissens absichtlich Gott von ihrem Herzen fernzuhalten und religiöse Fragen zu vermeiden suchen, nicht ohne Schuld; aber auch die Gläubigen selbst tragen daran eine gewisse Verantwortung. Denn der Atheismus, allseitig betrachtet, ist nicht eine ursprüngliche und eigenständige Erscheinung; er entsteht vielmehr aus verschiedenen Ursachen, zu denen auch die kritische Reaktion gegen die Religionen, und zwar in einigen Ländern vor allem gegen die christliche Religion, zählt. Deshalb können an dieser Entstehung des Atheismus die Gläubigen einen erheblichen Anteil haben, insofern man sagen muss, dass sie durch Vernachlässigung der Glaubenserziehung, durch missverständliche Darstellung der Lehre oder auch durch die Mängel ihres religiösen, sittlichen und gesellschaftlichen Lebens das wahre Antlitz Gottes und der Religion eher verhüllen als offenbaren.

20. Der systematische Atheismus
Der moderne Atheismus stellt sich oft auch in systematischer Form dar, die, außer anderen Ursachen, das Streben nach menschlicher Autonomie so weit treibt, dass er Widerstände gegen jedwede Abhängigkeit von Gott schafft. Die Bekenner dieses Atheismus behaupten, die Freiheit bestehe darin, dass der Mensch sich selbst Ziel und einziger Gestalter und Schöpfer seiner eigenen Geschichte sei. Das aber, so behaupten sie, sei unvereinbar mit der Anerkennung des Herrn, des Urhebers und Ziels aller Wirklichkeit, oder mache wenigstens eine solche Bejahung völlig überflüssig. Diese Lehre kann begünstigt werden durch das Erlebnis der Macht, das der heutige technische Fortschritt dem Menschen gibt.

Unter den Formen des heutigen Atheismus darf jene nicht übergangen werden, die die Befreiung des Menschen vor allem von seiner wirtschaftlichen und gesellschaftlichen Befreiung erwartet. Er behauptet, dass dieser Befreiung die

Religion ihrer Natur nach im Wege stehe, insofern sie die Hoffnung des Menschen auf ein künftiges und trügerisches Leben richte und ihn dadurch vom Aufbau der irdischen Gesellschaft abschrecke. Daher bekämpfen die Anhänger dieser Lehre, wo sie zur staatlichen Macht kommen, die Religion heftig und breiten den Atheismus aus, auch unter Verwendung, vor allem in der Erziehung der Jugend, jener Mittel der Pression, die der öffentlichen Gewalt zur Verfügung stehen.

21. Die Haltung der Kirche zum Atheismus
Die Kirche kann, in Treue zu Gott wie zu den Menschen, nicht anders, als voll Schmerz jene verderblichen Lehren und Maßnahmen, die der Vernunft und der allgemein menschlichen Erfahrung widersprechen und den Menschen seiner angeborenen Größe entfremden, mit aller Festigkeit zu verurteilen, wie sie sie auch bisher verurteilt hat (16).

Jedoch sucht die Kirche die tiefer in der atheistischen Mentalität liegenden Gründe für die Leugnung Gottes zu erfassen und ist im Bewusstsein vom Gewicht der Fragen, die der Atheismus aufgibt, wie auch um der Liebe zu allen Menschen willen der Meinung, dass diese Gründe ernst und gründlicher geprüft werden müssen.

Die Kirche hält daran fest, dass die Anerkennung Gottes der Würde des Menschen keineswegs widerstreitet, da diese Würde eben in Gott selbst gründet und vollendet wird. Denn der Mensch ist vom Schöpfergott mit Vernunft und Freiheit als Wesen der Gemeinschaft geschaffen; vor allem aber ist er als dessen Kind zur eigentlichen Gemeinschaft mit Gott und zur Teilnahme an dessen eigener Seligkeit berufen. Außerdem lehrt die Kirche, dass durch die eschatologische Hoffnung die Bedeutung der irdischen Aufgaben nicht gemindert wird, dass vielmehr ihre Erfüllung durch neue Motive unterbaut wird. Wenn dagegen das göttliche Fundament und die Hoffnung auf das ewige Leben schwinden, wird die Würde des Menschen aufs schwerste verletzt, wie sich heute oft bestätigt, und die Rätsel von Leben und Tod, Schuld und Schmerz bleiben ohne Lösung, so dass die Menschen nicht selten in Verzweiflung stürzen.

Jeder Mensch bleibt vorläufig sich selbst eine ungelöste Frage, die er dunkel spürt. Denn niemand kann in gewissen Augenblicken, besonders in den bedeutenderen Ereignissen des Lebens, diese Frage gänzlich verdrängen. Auf diese Frage kann nur Gott die volle und ganz sichere Antwort geben; Gott, der den Menschen zu tieferem Nachdenken und demütigerem Suchen aufruft.

Das Heilmittel gegen den Atheismus kann nur von einer situationsgerechten Darlegung der Lehre und vom integren Leben der Kirche und ihrer Glieder erwartet werden. Denn es ist Aufgabe der Kirche, Gott den Vater und seinen menschgewordenen Sohn präsent und sozusagen sichtbar zu machen, indem sie sich selbst unter der Führung des Heiligen Geistes unaufhörlich erneuert und läutert (17); das wird vor allem erreicht durch das Zeugnis eines lebendigen und gereiften Glaubens, der so weit herangebildet ist, dass er die Schwierigkeiten klar zu durchschauen und sie zu überwinden vermag. Ein leuchtendes Zeugnis dieses Glaubens gaben und geben die vielen Märtyrer. Dieser Glaube muss seine Fruchtbarkeit bekunden, indem er das gesamte Leben der Gläubigen, auch das profane, durchdringt und sie zu Gerechtigkeit und Liebe, vor allem gegenüber den Armen, bewegt. Dazu, dass Gott in seiner Gegenwärtigkeit offenbar werde, trägt schließlich besonders die Bruderliebe der Gläubigen bei, wenn sie in einmütiger Gesinnung zusammenarbeiten für den Glauben an das Evangelium (18) und sich als Zeichen der Einheit erweisen.

Wenn die Kirche auch den Atheismus eindeutig verwirft, so bekennt sie doch aufrichtig, dass alle Menschen, Glaubende und Nichtglaubende, zum richtigen Aufbau dieser Welt, in der sie gemeinsam leben, zusammenarbeiten müssen. Das kann gewiss nicht geschehen ohne einen aufrichtigen und klugen Dialog. Deshalb beklagt sie die Diskriminierung zwischen Glaubenden und Nichtglaubenden, die gewisse Staatslenker in Nichtachtung der Grundrechte der menschlichen Person ungerechterweise durchführen. Für die Glaubenden verlangt die Kirche Handlungsfreiheit, damit sie in dieser Welt auch den Tempel Gottes errichten können. Die Atheisten aber lädt sie schlicht ein, das Evangelium Christi unbefangen zu würdigen.

Denn sehr genau weiß die Kirche, dass ihre Botschaft dann dem tiefsten Verlangen des menschlichen Herzens entspricht, wenn sie die Würde der menschlichen Berufung verteidigt und denen, die schon an ihrer höheren Bestimmung verzweifeln, die Hoffnung wiedergibt. Ihre Botschaft mindert nicht nur den Menschen nicht, sondern verbreitet, um ihn zu fördern, Licht, Leben und Freiheit; und außer ihr vermag nichts dem Menschenherzen zu genügen: „Du hast uns auf dich hin gemacht", o Herr, „und unruhig ist unser Herz, bis es Ruhe findet in dir" (19).

22. Christus, der neue Mensch

Tatsächlich klärt sich nur im Geheimnis des fleischgewordenen Wortes das Geheimnis des Menschen wahrhaft auf. Denn Adam, der erste Mensch, war das Vorausbild des zukünftigen (20), nämlich Christi des Herrn. Christus, der neue Adam, macht eben in der Offenbarung des Geheimnisses des Vaters und seiner Liebe dem Menschen den Menschen selbst voll kund und erschließt ihm seine höchste Berufung. Es ist also nicht verwunderlich, dass in ihm die eben genannten Wahrheiten ihren Ursprung haben und ihren Gipfelpunkt erreichen.

Der „das Bild des unsichtbaren Gottes" (Kol 1,15) (21) ist, er ist zugleich der vollkommene Mensch, der den Söhnen Adams die Gottebenbildlichkeit wiedergab, die von der ersten Sünde her verunstaltet war. Da in ihm die menschliche Natur angenommen wurde, ohne dabei verschlungen zu werden (22), ist sie dadurch auch schon in uns zu einer erhabenen Würde erhöht worden. Denn er, der Sohn Gottes, hat sich in seiner Menschwerdung gewissermaßen mit jedem Menschen vereinigt. Mit Menschenhänden hat er gearbeitet, mit menschlichem Geist gedacht, mit einem menschlichen Willen hat er gehandelt (23), mit einem menschlichen Herzen geliebt. Geboren aus Maria, der Jungfrau, ist er in Wahrheit einer aus uns geworden, in allem uns gleich außer der Sünde (24).

Als unschuldiges Opferlamm hat er freiwillig sein Blut vergossen und uns Leben erworben. In ihm hat Gott uns mit sich und untereinander versöhnt (25) und der Knechtschaft des Teufels und der Sünde entrissen. So kann jeder von uns mit dem Apostel sagen: Der Sohn Gottes „hat mich geliebt und sich selbst für mich dahingegeben" (Gal 2,20). Durch sein Leiden für uns hat er uns nicht nur das Beispiel gegeben, dass wir seinen Spuren folgen (26), sondern er hat uns auch den Weg gebahnt, dem wir folgen müssen, damit Leben und Tod geheiligt werden und neue Bedeutung erhalten.

Der christliche Mensch empfängt, gleichförmig geworden dem Bild des Sohnes, der der Erstgeborene unter vielen Brüdern ist (27), „die Erstlingsgaben des Geistes" (Röm 8,23), durch die er fähig wird, das neue Gesetz der Liebe zu erfüllen

(28). Durch diesen Geist, der das „Unterpfand der Erbschaft" (Eph 1,14) ist, wird der ganze Mensch innerlich erneuert bis zur „Erlösung des Leibes" (Röm 8,23): „Wenn der Geist dessen, der Jesus von den Toten erweckt hat, in euch wohnt, wird er, der Jesus Christus von den Toten erweckt hat, auch eure sterblichen Leiber lebendig machen wegen des in euch wohnenden Geistes" (Röm 8,11) (29). Auch auf dem Christen liegen ganz gewiss die Notwendigkeit und auch Pflicht, gegen das Böse durch viele Anfechtungen hindurch anzukämpfen und auch den Tod zu ertragen; aber dem österlichen Geheimnis verbunden und dem Tod Christi gleichgestaltet, geht er, durch Hoffnung gestärkt, der Auferstehung entgegen (30).

Das gilt nicht nur für die Christgläubigen, sondern für alle Menschen guten Willens, in deren Herzen die Gnade unsichtbar wirkt (31). Da nämlich Christus für alle gestorben ist (32) und da es in Wahrheit nur eine letzte Berufung des Menschen gibt, die göttliche, müssen wir festhalten, dass der Heilige Geist allen die Möglichkeit anbietet, diesem österlichen Geheimnis in einer Gott bekannten Weise verbunden zu sein.

Solcher Art und so groß ist das Geheimnis des Menschen, das durch die christliche Offenbarung den Glaubenden aufleuchtet. Durch Christus und in Christus also wird das Rätsel von Schmerz und Tod hell, das außerhalb seines Evangeliums uns überwältigt. Christus ist auferstanden, hat durch seinen Tod den Tod vernichtet und uns das Leben geschenkt (33), auf dass wir, Söhne im Sohn, im Geist rufen: Abba, Vater! (34)

Zweites Kapitel
Die menschliche Gemeinschaft

23. Die Absicht des Konzils
Zu den charakteristischen Aspekten der heutigen Welt gehört die Zunahme der gegenseitigen Verflechtungen unter den Menschen, zu deren Entwicklung der heutige technische Fortschritt ungemein viel beiträgt. Doch das brüderliche Gespräch der Menschen findet seine Vollendung nicht in diesen Fortschritten, sondern grundlegender in jener Gemeinschaft von Personen, die eine gegenseitige Achtung der allseits erfassten geistigen Würde verlangt. Zur Förderung dieser Gemeinschaft der Personen bietet die christliche Offenbarung eine große Hilfe; gleichzeitig führt sie uns zu einem tieferen Verständnis der Gesetze des gesellschaftlichen Lebens, die der Schöpfer in die geistliche und sittliche Natur des Menschen eingeschrieben hat.

Da nun neuere Dokumente des kirchlichen Lehramts die christliche Lehre über die menschliche Gesellschaft ausführlich dargelegt haben (1), ruft das Konzil nur einige Hauptwahrheiten wieder in Erinnerung und trägt deren Grundlagen im Licht der Offenbarung vor. Im Anschluss daran legt es Nachdruck auf einige Folgerungen, die in unseren Tagen von erhöhter Bedeutung sind.

24. Der Gemeinschaftscharakter der menschlichen Berufung
   im Ratschluss Gottes
Gott, der väterlich für alle sorgt, wollte, dass alle Menschen eine Familie bilden und einander in brüderlicher Gesinnung begegnen. Alle sind ja geschaffen nach dem Bild Gottes, der „aus einem alle Völker hervorgehen lies, die das Antlitz der Erde bewohnen" (Apg 17,26), und alle sind zu einem und

demselben Ziel, d.h. zu Gott selbst, berufen. Daher ist die Liebe zu Gott und zum Nächsten das erste und größte Gebot. Von der Heiligen Schrift werden wir belehrt, dass die Liebe zu Gott nicht von der Liebe zum Nächsten getrennt werden kann: „... und wenn es ein anderes Gebot gibt, so ist es in diesem Wort einbegriffen: Du sollst deinen Nächsten lieben wie dich selbst ... Demnach ist die Liebe die Fülle des Gesetzes" (Röm 13,9–10; 1Joh 4,20). Das ist offenkundig von höchster Bedeutung für die immer mehr voneinander abhängig werdenden Menschen und für eine immer stärker eins werdende Welt.

Ja, wenn der Herr Jesus zum Vater betet, „dass alle eins seien ... wie auch wir eins sind" (Joh 17,20–22), und damit Horizonte aufreißt, die der menschlichen Vernunft unerreichbar sind, legt er eine gewisse Ähnlichkeit nahe zwischen der Einheit der göttlichen Personen und der Einheit der Kinder Gottes in der Wahrheit und der Liebe. Dieser Vergleich macht offenbar, dass der Mensch, der auf Erden die einzige von Gott um ihrer selbst willen gewollte Kreatur ist, sich selbst nur durch die aufrichtige Hingabe seiner selbst vollkommen finden kann (2).

25. Die gegenseitige Abhängigkeit von menschlicher Person und menschlicher Gesellschaft

Aus der gesellschaftlichen Natur des Menschen geht hervor, dass der Fortschritt der menschlichen Person und das Wachsen der Gesellschaft als solcher sich gegenseitig bedingen. Wurzelgrund nämlich, Träger und Ziel aller gesellschaftlichen Institutionen ist und muss auch sein die menschliche Person, die ja von ihrem Wesen selbst her des gesellschaftlichen Lebens durchaus bedarf (3). Da also das gesellschaftliche Leben für den Menschen nicht etwas äußerlich Hinzukommendes ist, wächst der Mensch nach allen seinen Anlagen und kann seiner Berufung entsprechen durch Begegnung mit anderen, durch gegenseitige Dienstbarkeit und durch den Dialog mit den Brüdern.

Unter den gesellschaftlichen Bindungen, die für die Entwicklung des Menschen notwendig sind, hängen die einen, wie die Familie und die politische Gemeinschaft, unmittelbarer mit seinem innersten Wesen zusammen; andere hingegen gehen eher aus seiner freien Entscheidung hervor. In unserer gegenwärtigen Zeit mehren sich beständig aus verschiedenen Ursachen die gegenseitigen Verflechtungen und Abhängigkeiten, und so entstehen mannigfache Verbindungen und Institutionen öffentlichen oder privaten Rechts. Obschon dieser Vorgang, den man als „Sozialisation" bezeichnet, gewiss nicht ohne Gefahren ist, bringt er doch viele Vorteile für die Festigung und Förderung der Eigenschaften der menschlichen Person und für den Schutz ihrer Rechte mit sich (4).

Wenn nun die menschliche Person zur Erfüllung ihrer Berufung, auch der religiösen, dem gesellschaftlichen Leben viel verdankt, so kann dennoch nicht geleugnet werden, dass die Menschen aus den gesellschaftlichen Verhältnissen heraus, in denen sie leben und in die sie von Kindheit an eingefangen sind, oft vom Tun des Guten abgelenkt und zum Bösen angetrieben werden. Ganz sicher stammen die so häufig in der gesellschaftlichen Ordnung vorkommenden Störungen zum Teil aus der Spannung in den wirtschaftlichen, politischen und gesellschaftlichen Gebilden selbst. Doch ihre tieferen Wurzeln sind Stolz und Egoismus der Menschen, die auch das gesellschaftliche Milieu verderben. Wenn aber einmal die objektiven Verhältnisse selbst von den Auswirkungen der Sünde betroffen sind, findet der mit Neigung zum Bösen geborene Mensch wieder neue Antriebe zur Sünde, die nur durch angestrengte Bemühung mit Hilfe der Gnade überwunden werden können.

26. Die Förderung des Gemeinwohls

Aus der immer engeren und allmählich die ganze Welt erfassenden gegenseitigen Abhängigkeit ergibt sich als Folge, dass das Gemeinwohl, d.h. die Gesamtheit jener Bedingungen des gesellschaftlichen Lebens, die sowohl den Gruppen als auch deren einzelnen Gliedern ein volleres und leichteres Erreichen der eigenen Vollendung ermöglichen, heute mehr und mehr einen weltweiten Umfang annimmt und deshalb auch Rechte und Pflichten in sich begreift, die die ganze Menschheit betreffen. Jede Gruppe muss den Bedürfnissen und berechtigten Ansprüchen anderer Gruppen, ja dem Gemeinwohl der ganzen Menschheitsfamilie Rechnung tragen (5).

Gleichzeitig wächst auch das Bewusstsein der erhabenen Würde, die der menschlichen Person zukommt, da sie die ganze Dingwelt überragt und Träger allgemeingültiger sowie unverletzlicher Rechte und Pflichten ist. Es muss also alles dem Menschen zugänglich gemacht werden, was er für ein wirklich menschliches Leben braucht, wie Nahrung, Kleidung und Wohnung, sodann das Recht auf eine freie Wahl des Lebensstandes und auf Familiengründung, auf Erziehung, Arbeit, guten Ruf, Ehre und auf geziemende Information; ferner das Recht zum Handeln nach der rechten Norm seines Gewissens, das Recht auf Schutz seiner privaten Sphäre und auf die rechte Freiheit auch in religiösen Dingen.

Die gesellschaftliche Ordnung und ihre Entwicklung müssen sich dauernd am Wohl der Personen orientieren; denn die Ordnung der Dinge muss der Ordnung der Personen dienstbar werden und nicht umgekehrt. So deutete der Herr selbst es an, als er sagte, der Sabbat sei um des Menschen willen da, nicht der Mensch um des Sabbats willen (6). Die gesellschaftliche Ordnung muss sich ständig weiterentwickeln, muss in Wahrheit gegründet, in Gerechtigkeit aufgebaut und von Liebe beseelt werden und muss in Freiheit ein immer humaneres Gleichgewicht finden (7). Um dies zu verwirklichen, sind Gesinnungswandel und weitreichende Änderungen in der Gesellschaft selbst notwendig.

Der Geist Gottes, dessen wunderbare Vorsehung den Lauf der Zeiten leitet und das Antlitz der Erde erneuert, steht dieser Entwicklung bei. Der Sauerteig des Evangeliums hat im Herzen des Menschen den unbezwingbaren Anspruch auf Würde erweckt und erweckt ihn auch weiter.

27. Die Achtung vor der menschlichen Person
Zu praktischen und dringlicheren Folgerungen übergehend, will das Konzil die Achtung vor dem Menschen einschärfen: alle müssen ihren Nächsten ohne Ausnahme als ein „anderes Ich" ansehen, vor allem auf sein Leben und die notwendigen Voraussetzungen eines menschenwürdigen Lebens bedacht (8). Sonst gleichen sie jenem Reichen, der sich um den armen Lazarus gar nicht kümmerte (9).

Heute ganz besonders sind wir dringend verpflichtet, uns zum Nächsten schlechthin eines jeden Menschen zu machen und ihm, wo immer er uns begegnet, tatkräftig zu helfen, ob es sich nun um alte, von allen verlassene Leute handelt oder um einen Fremdarbeiter, der ungerechter Geringschätzung begegnet, um einen Heimatvertriebenen oder um ein uneheliches Kind, das unverdienterweise für eine von ihm nicht begangene Sünde leidet, oder um einen Hungernden, der unser Gewissen aufrüttelt durch die Erinnerung an das Wort des Herrn: „Was ihr einem der Geringsten von diesen meinen Brüdern getan habt, das habt ihr mir getan" (Mt 25,40).

Was ferner zum Leben selbst in Gegensatz steht, wie jede Art Mord, Völkermord, Abtreibung, Euthanasie und auch der freiwillige Selbstmord; was immer die Unantastbarkeit der menschlichen Person verletzt, wie Verstümmelung, körperliche oder seelische Folter und der Versuch, psychischen Zwang auszuüben; was immer die menschliche Würde angreift, wie unmenschliche Lebensbedingungen, willkürliche Verhaftung, Verschleppung, Sklaverei, Prostitution, Mädchenhandel und Handel mit Jugendlichen, sodann auch unwürdige Arbeitsbedingungen, bei denen der Arbeiter als bloßes Erwerbsmittel und nicht als freie und verantwortliche Person behandelt wird: all diese und andere ähnliche Taten sind an sich schon eine Schande; sie sind eine Zersetzung der menschlichen Kultur, entwürdigen weit mehr jene, die das Unrecht tun, als jene, die es erleiden. Zugleich sind sie in höchstem Maße ein Widerspruch gegen die Ehre des Schöpfers.

28. Die Achtung und die Liebe gegenüber dem Gegner
Achtung und Liebe sind auch denen zu gewähren, die in gesellschaftlichen, politischen oder auch religiösen Fragen anders denken oder handeln als wir. Je mehr wir in Menschlichkeit und Liebe inneres Verständnis für ihr Denken aufbringen, desto leichter wird es für uns, mit ihnen ins Gespräch zu kommen.

Diese Liebe und Güte dürfen uns aber keineswegs gegenüber der Wahrheit und dem Guten gleichgültig machen. Vielmehr drängt die Liebe selbst die Jünger Christi, allen Menschen die Heilswahrheit zu verkünden. Man muss jedoch unterscheiden zwischen dem Irrtum, der immer zu verwerfen ist, und dem Irrenden, der seine Würde als Person stets behält, auch wenn ihn falsche oder weniger richtige religiöse Auffassungen belasten (10). Gott allein ist der Richter und

Prüfer der Herzen; darum verbietet er uns, über die innere Schuld von irgend jemandem zu urteilen (11).

Christi Lehre fordert auch, die Beleidigung zu verzeihen; sie dehnt das Gebot der Liebe als das Gebot des Neuen Bundes auf alle Feinde aus: „Ihr habt gehört, dass gesagt wurde: Du sollst deinen Nächsten lieben und deinen Feind hassen. Ich aber sage euch: Liebet eure Feinde, tut Gutes denen, die euch hassen, und betet für eure Verfolger und Verleumder" (Mt 5, 43–44) (12).

29. Die wesentliche Gleichheit aller Menschen und die soziale Gerechtigkeit

Da alle Menschen eine geistige Seele haben und nach Gottes Bild geschaffen sind, da sie dieselbe Natur und denselben Ursprung haben, da sie, als von Christus Erlöste, sich derselben göttlichen Berufung und Bestimmung erfreuen, darum muss die grundlegende Gleichheit aller Menschen immer mehr zur Anerkennung gebracht werden.

Gewiss, was die verschiedenen physischen Fähigkeiten und die unterschiedlichen geistigen und sittlichen Kräfte angeht, stehen nicht alle Menschen auf gleicher Stufe. Doch jede Form einer Diskriminierung in den gesellschaftlichen und kulturellen Grundrechten der Person, sei es wegen des Geschlechts oder der Rasse, der Farbe, der gesellschaftlichen Stellung, der Sprache oder der Religion, muss überwunden und beseitigt werden, da sie dem Plan Gottes widerspricht. Es ist eine beklagenswerte Tatsache, dass jene Grundrechte der Person noch immer nicht überall unverletzlich gelten; wenn man etwa der Frau das Recht der freien Wahl des Gatten und des Lebensstandes oder die gleiche Stufe der Bildungsmöglichkeit und Kultur, wie sie dem Mann zuerkannt wird, verweigert.

Obschon zwischen den Menschen berechtigte Unterschiede bestehen, fordert ferner die Gleichheit der Personwürde doch, dass wir zu humaneren und der Billigkeit entsprechenden Lebensbedingungen kommen. Allzu große wirtschaftliche und gesellschaftliche Ungleichheiten zwischen den Gliedern oder Völkern in der einen Menschheitsfamilie erregen Ärgernis; sie widersprechen der sozialen Gerechtigkeit, der Billigkeit, der menschlichen Personwürde und dem gesellschaftlichen und internationalen Frieden.

Die privaten und öffentlichen menschlichen Institutionen sollen sich darum bemühen, der Würde und dem Ziel des Menschen zu dienen, indem sie gegen jedwede gesellschaftliche oder politische Verknechtung entschieden ankämpfen und die Wahrung der Grundrechte des Menschen unter jedem politischen Regime sichern. Ja die Institutionen dieser Art müssen allmählich ein entsprechendes Verhältnis finden auch zu den eigentlich geistigen Werten, die an Rang am höchsten stehen, auch wenn manchmal zur Erreichung des erstrebten Zieles eine ziemlich lange Zeit nötig sein wird.

30. Man muss über die individualistische Ethik hinausschreiten

Der tiefe und rasche Wandel der Verhältnisse stellt mit besonderer Dringlichkeit die Forderung, dass niemand durch mangelnde Beachtung der Entwicklung oder durch müde Trägheit einer rein individualistischen Ethik verhaftet bleibe. Die Pflicht der Gerechtigkeit und der Liebe wird immer mehr gerade dadurch erfüllt, dass jeder gemäß seinen eigenen Fähigkeiten und den Bedürfnissen der Mitmenschen zum Gemeinwohl beiträgt und auch die öffentlichen oder privaten Institutionen, die der Hebung der menschlichen Lebensverhältnisse dienen, fördert und unterstützt. Es gibt aber auch solche, die zwar großzügige und hochherzige Auffassungen im Munde führen, in Wirklichkeit jedoch immer so leben, als ob sie sich nicht um die Bedürfnisse der Gesellschaft zu kümmern brauchten, ja in verschiedenen Ländern beachten nicht wenige die sozialen Gesetze und Vorschriften so gut wie gar nicht. Viele scheuen sich nicht, durch Betrug und Schliche sich gerechten Steuern oder anderen der Gesellschaft geschuldeten Leistungen zu entziehen. Andere haben wenig Achtung vor gewissen Vorschriften des gesellschaftlichen Lebens, z. B. vor solchen, die zum Schutz der Gesundheit oder zur Verkehrsregelung aufgestellt wurden, und beachten nicht, dass sie durch diese Fahrlässigkeit ihr eigenes Leben und das der anderen gefährden.

Allen sei es ein heiliges Gesetz, die Forderungen aus der gesellschaftlichen Verflochtenheit unter die Hauptpflichten des heutigen Menschen zu rechnen und sie als solche zu beobachten. Je mehr nämlich die Welt zusammenwächst, desto offenkundiger greifen die Aufgaben der Menschen über die Sondergruppen hinaus und erhalten allmählich eine Bedeutung für die Welt als ganze. Das wird nur dann zur Auswirkung kommen, wenn die Einzelnen und ihre Gruppen die sittlichen und gesellschaftlichen Tugenden bei sich selbst pflegen und in der Gesellschaft zur Geltung bringen; dann werden sie mit der notwendigen Hilfe der göttlichen Gnade wahrhaft neue Menschen und Erbauer einer neuen Menschheit.

31. *Die Verantwortung und die Beteiligung*
Damit die einzelnen Menschen ihre Gewissenspflicht sowohl gegenüber sich selbst als auch gegenüber den verschiedenen Gruppen, deren Glieder sie sind, genauer erfüllen, muss man darauf bedacht sein, sie mit den heute der Menschheit zur

Verfügung stehenden reichen Hilfen zu einer umfassenderen Kultur des inneren Menschen zu erziehen. Vor allem ist die Erziehung der Jugendlichen jedweder gesellschaftlichen Herkunft so zu gestalten, dass Männer und Frauen werden, die nicht bloß intellektuell ausgezeichnet gebildet sind, sondern auch jenen hochherzigen Charakter besitzen, Menschen, wie sie unsere Zeit dringend fordert.

Doch zu diesem Verantwortungsbewusstsein kommt der Mensch kaum, wenn die Lebensbedingungen ihn nicht zu einer Erfahrung seiner Würde und zur Erfüllung seiner Berufung durch die Hingabe seiner selbst für Gott und den Nächsten kommen lassen. Die menschliche Freiheit ist oft eingeschränkt, wenn der Mensch in äußerster Armut lebt, wie sie umgekehrt verkommt, wenn der Mensch es sich im Leben zu bequem macht und sich in einer „einsamen Selbstherrlichkeit" verschanzt. Umgekehrt gewinnt sie an Kraft, wenn der Mensch die unvermeidlichen Notwendigkeiten des gesellschaftlichen Lebens auf sich nimmt, die vielfachen Forderungen des menschlichen Zusammenlebens bejaht und sich dem Dienst an der menschlichen Gemeinschaft verpflichtet weiß.

Bei allen muss daher der Wille zur Mitwirkung an gemeinsamen Werken geweckt werden. Anerkennung verdient das Vorgehen jener Nationen, in denen ein möglichst großer Teil der Bürger in echter Freiheit am Gemeinwesen beteiligt ist. Zu berücksichtigen sind jedoch die konkrete Lage jedes einzelnen Volkes und die notwendige Stärke der öffentlichen Gewalt. Damit aber alle Bürger zur Beteiligung am Leben der verschiedenen Gruppen des Gesellschaftskörpers bereit seien, müssen sie auch in diesen Gruppen Werte finden, die sie anziehen und zum Dienst für andere willig machen. Mit Recht dürfen wir annehmen, dass das künftige Schicksal der Menschheit in den Händen jener ruht, die den kommenden

Geschlechtern Triebkräfte des Lebens und der Hoffnung vermitteln können.

32. Das menschgewordene Wort und die menschliche Solidarität

So wie Gott die Menschen nicht zu einem Leben in Vereinzelung, sondern zum Zusammenschluss in gesellschaftlicher Einheit erschuf, hat es ihm ebenso „gefallen, die Menschen nicht einzeln, unabhängig von aller wechselseitigen Verbindung, zu heiligen und zu retten, sondern sie zu einem Volke zu machen, das ihn in Wahrheit anerkennen und ihm in Heiligkeit dienen soll" (13). Seit Beginn der Heilsgeschichte erwählte er Menschen nicht nur als Einzelwesen, sondern als Glieder einer bestimmten Gemeinschaft. Denn jene Erwählten, denen Gott seinen Heilsratschluss offenbarte, nannte er „sein Volk" (Ex 3,7–12); mit ihm schloss er dann den Sinaibund (14).

Dieser Gemeinschaftscharakter wird im Werk Jesu Christi vollendet und erfüllt. Als fleischgewordenes Wort wollte er selbst in die menschliche Lebensgemeinschaft eingehen. Er hat an einer Hochzeit in Kana teilgenommen, er ist in das Haus des Zachäus eingekehrt und hat mit Zöllnern und Sündern gegessen. Mit Hinweisen auf die allergewöhnlichsten gesellschaftlichen Verhältnisse und mit Redewendungen und Bildern aus dem Alltagsleben offenbarte er die Liebe des Vaters und die hohe Berufung der Menschen. Die menschlichen, besonders die familiären Verflechtungen, den Anfang der Gesellschaftlichkeit überhaupt, hat er geheiligt; freiwillig war er den Gesetzen seines Heimatlandes untertan; er hat das Leben eines Arbeiters, wie es Zeit und Land eigen war, leben wollen.

In seiner Verkündigung gab er den Kindern Gottes das klare Gebot, einander wie Brüder zu begegnen, und in seinem

Gebet bat er darum, dass alle seine Jünger eins seien. Er selbst hat sich als der Erlöser aller bis in den Tod hinein für alle dahingegeben. „Eine größere Liebe hat niemand als der, der für seine Freunde sein Leben hergibt" (Joh 15,13). Den Aposteln befahl er, allen Völkern die Frohbotschaft zu verkünden, damit die Menschheit zur Familie Gottes werde, in der die Liebe die Fülle des Gesetzes sein soll. Erstgeborener unter vielen Brüdern, stiftete er nach seinem Tode und seiner Auferstehung unter allen, die ihn im Glauben und in der Liebe annehmen, durch das Geschenk seines Geistes eine neue brüderliche Gemeinschaft in seinem Leib, der Kirche, in dem alle einander Glieder sind und sich entsprechend der Verschiedenheit der empfangenen Gaben gegenseitig dienen sollen.

Diese Solidarität muss stetig wachsen bis zu jenem Tag, an dem sie vollendet sein wird und die aus Gnade geretteten Menschen als eine von Gott und Christus, ihrem Bruder, geliebte Familie Gott vollkommen verherrlichen werden.

Drittes Kapitel
Das menschliche Schaffen in der Welt

33. Das Problem
Durch Arbeit und Geisteskraft hat der Mensch immer versucht, sein Leben reicher zu entfalten. Heute jedoch hat er, vor allem mit den Mitteln der Wissenschaft und der Technik, seine Herrschaft über beinahe die gesamte Natur ausgebreitet und breitet sie beständig weiter aus. Vor allem dank den zwischen den Völkern zunehmenden Beziehungen der mannigfaltigsten Art erfährt und gestaltet sich die Menschheitsfamilie allmählich als eine die ganze Welt umfassende Gemeinschaft. Die Folge von alldem ist, dass sich der Mensch

heute viele Güter, die er einst vor allem von höheren Mächten erwartete, durch seine eigene Tat beschafft.

Angesichts dieses unermesslichen Unternehmens, das schon die ganze Menschheit erfasst, stellen sich den Menschen viele Fragen: Was ist der Sinn und der Wert dieser angestrengten Tätigkeit? Wie sind all diese Güter zu nutzen? Was ist das Ziel dieses individuellen und kollektiven Bemühens? Die Kirche hütet das bei ihr hinterlegte Wort Gottes, aus dem die Grundsätze der religiösen und sittlichen Ordnung gewonnen werden, wenn sie auch nicht immer zu allen einzelnen Fragen eine fertige Antwort bereit hat; und so ist es ihr Wunsch, das Licht der Offenbarung mit der Sachkenntnis aller Menschen in Verbindung zu bringen, damit der Weg, den die Menschheit neuerdings nimmt, erhellt werde.

34. Der Wert des menschlichen Schaffens
Eines steht für die Glaubenden fest: das persönliche und gemeinsame menschliche Schaffen, dieses gewaltige Bemühen der Menschen im Lauf der Jahrhunderte, ihre Lebensbedingungen stets zu verbessern, entspricht als solches der Absicht Gottes. Der nach Gottes Bild geschaffene Mensch hat ja den Auftrag erhalten, sich die Erde mit allem, was zu ihr gehört, zu unterwerfen, die Welt in Gerechtigkeit und Heiligkeit zu regieren (1) und durch die Anerkennung Gottes als des Schöpfers aller Dinge sich selbst und die Gesamtheit der Wirklichkeit auf Gott hinzuordnen, so dass alles dem Menschen unterworfen und Gottes Name wunderbar sei auf der ganzen Erde (2).

Das gilt auch für das gewöhnliche alltägliche Tun; denn Männer und Frauen, die, etwa beim Erwerb des Lebensunterhalts für sich und ihre Familie, ihre Tätigkeit so ausüben, dass sie ein entsprechender Dienst für die Gemeinschaft ist, dürfen überzeugt sein, dass sie durch ihre Arbeit das Werk des Schöpfers weiterentwickeln, dass sie für die Wohlfahrt ihrer Brüder sorgen und durch ihre persönliche Bemühung zur geschichtlichen Erfüllung des göttlichen Plans beitragen (3).

Den Christen liegt es deshalb fern, zu glauben, dass die von des Menschen Geist und Kraft geschaffenen Werke einen Gegensatz zu Gottes Macht bilden oder dass das mit Vernunft begabte Geschöpf sozusagen als Rivale dem Schöpfer gegenübertrete. Im Gegenteil, sie sind überzeugt, dass die Siege der Menschheit ein Zeichen der Größe Gottes und die Frucht seines unergründlichen Ratschlusses sind. Je mehr aber die Macht der Menschen wächst, desto mehr weitet sich ihre Verantwortung, sowohl die der Einzelnen wie die der Gemeinschaften.

Daraus wird klar, dass die christliche Botschaft die Menschen nicht vom Aufbau der Welt ablenkt noch zur Vernachlässigung des Wohls ihrer Mitmenschen hintreibt, sondern sie vielmehr strenger zur Bewältigung dieser Aufgaben verpflichtet (4).

35. Die Ordnung des menschlichen Schaffens

So wie das menschliche Schaffen aus dem Menschen hervorgeht, so ist es auch auf den Menschen hingeordnet. Durch sein Werk formt der Mensch nämlich nicht nur die Dinge und die Gesellschaft um, sondern vervollkommnet er auch sich selbst. Er lernt vieles, entwickelt seine Fähigkeiten, überschreitet sich und wächst über sich empor. Ein Wachstum dieser Art ist, richtig verstanden, mehr wert als zusammengeraffter äußerer Reichtum. Der Wert des Menschen liegt mehr in ihm selbst als in seinem Besitz (5). Ebenso ist alles, was die Menschen zur Erreichung einer größeren Gerechtigkeit, einer umfassenderen Brüderlichkeit und einer humaneren Ordnung der gesellschaftlichen Verflechtungen tun, wertvoller als der technische Fortschritt. Dieser technische Fortschritt kann nämlich gewissermaßen die Basis für den menschlichen Aufstieg bieten; den Aufstieg selbst wird er von sich allein aus keineswegs verwirklichen.

Richtschnur für das menschliche Schaffen ist daher, dass es gemäß dem Plan und Willen Gottes mit dem echten Wohl der Menschheit übereinstimme und dem Menschen als Einzelwesen und als Glied der Gesellschaft gestatte, seiner ganzen Berufung nachzukommen und sie zu erfüllen.

36. Die richtige Autonomie der irdischen Wirklichkeiten
Nun scheinen viele unserer Zeitgenossen zu befürchten, dass durch eine engere Verbindung des menschlichen Schaffens mit der Religion die Autonomie des Menschen, der Gesellschaften und der Wissenschaften bedroht werde.

Wenn wir unter Autonomie der irdischen Wirklichkeiten verstehen, dass die geschaffenen Dinge und auch die Gesellschaften ihre eigenen Gesetze und Werte haben, die der Mensch schrittweise erkennen, gebrauchen und gestalten muss, dann ist es durchaus berechtigt, diese Autonomie zu fordern. Das ist nicht nur eine Forderung der Menschen unserer Zeit, sondern entspricht auch dem Willen des Schöpfers. Durch ihr Geschaffensein selber nämlich haben alle Einzelwirklichkeiten ihren festen Eigenstand, ihre eigene Wahrheit, ihre eigene Gutheit sowie ihre Eigengesetzlichkeit und ihre eigenen Ordnungen, die der Mensch unter Anerkennung der den einzelnen Wissenschaften und Techniken eigenen Methode achten muss. Vorausgesetzt, dass die methodische Forschung in allen Wissensbereichen in einer wirklich wissenschaftlichen Weise und gemäß den Normen der Sittlichkeit vorgeht, wird sie niemals in einen echten Konflikt mit dem Glauben kommen, weil die Wirklichkeiten des profanen Bereichs und die des Glaubens in demselben Gott ihren Ursprung haben (6). Ja wer bescheiden und ausdauernd die Geheimnisse der Wirklichkeit zu erforschen versucht, wird, auch wenn er sich dessen nicht bewusst ist, von dem Gott an der Hand geführt, der alle Wirklichkeit trägt und sie in sein Eigensein einsetzt. Deshalb sind gewisse Geisteshaltungen, die einst auch unter Christen wegen eines unzulänglichen Verständnisses für die legitime Autonomie der Wissenschaft vorkamen, zu bedauern. Durch die dadurch entfachten Streitigkeiten und Auseinandersetzungen schufen sie in der Mentalität vieler die Überzeugung von einem Widerspruch zwischen Glauben und Wissenschaft (7).

Wird aber mit den Worten „Autonomie der zeitlichen Dinge" gemeint, dass die geschaffenen Dinge nicht von Gott abhängen und der Mensch sie ohne Bezug auf den Schöpfer gebrauchen könne, so spürt jeder, der Gott anerkennt, wie falsch eine solche Auffassung ist. Denn das Geschöpf sinkt ohne den Schöpfer ins Nichts. Zudem haben alle Glaubenden, gleich, welcher Religion sie zugehören, die Stimme und Bekundung Gottes immer durch die Sprache der Geschöpfe vernommen. Überdies wird das Geschöpf selbst durch das Vergessen Gottes unverständlich.

37. Das von der Sünde verderbte menschliche Schaffen
Die Heilige Schrift aber, der die Erfahrung aller Zeiten zustimmt, belehrt die Menschheitsfamilie, dass der menschliche Fortschritt, der ein großes Gut für den Menschen ist, freilich auch eine große Versuchung mit sich bringt: Dadurch, dass die Wertordnung verzerrt und Böses mit Gutem vermengt wird, beachten die einzelnen Menschen und Gruppen nur das, was ihnen, nicht aber was den anderen zukommt.

Daher ist die Welt nicht mehr der Raum der wahren Brüderlichkeit, sondern die gesteigerte Macht der Menschheit bedroht bereits diese selbst mit Vernichtung.

Die ganze Geschichte der Menschheit durchzieht ein harter Kampf gegen die Mächte der Finsternis, ein Kampf, der schon am Anfang der Welt begann und nach dem Wort des Herrn (8) bis zum letzten Tag andauern wird. Der einzelne Mensch muss, in diesen Streit hineingezogen, beständig kämpfen um seine Entscheidung für das Gute, und nur mit großer Anstrengung kann er in sich mit Gottes Gnadenhilfe seine eigene innere Einheit erreichen.

Deshalb kann die Kirche Christi, obwohl sie im Vertrauen auf den Plan des Schöpfers anerkennt, dass der menschliche Fortschritt zum wahren Glück der Menschen zu dienen vermag, nicht davon absehen, das Wort des Apostels einzuschärfen: „Macht euch nicht dieser Welt gleichförmig" (Röm 12,2), das heißt, dem Geist des leeren Stolzes und der Bosheit, der das auf den Dienst Gottes und des Menschen hingeordnete menschliche Schaffen in ein Werkzeug der Sünde verkehrt.

Vor der Frage, wie dieses Elend überwunden werden kann, bekennen die Christen, dass alles Tun des Menschen, das durch Stolz und ungeordnete Selbstliebe täglich gefährdet ist, durch Christi Kreuz und Auferstehung gereinigt und zur Vollendung gebracht werden muss. Als von Christus erlöst und im Heiligen Geist zu einem neuen Geschöpf gemacht, kann und muss der Mensch die von Gott geschaffenen Dinge lieben. Von Gott empfängt er sie, er betrachtet und schätzt sie als Gaben aus Gottes Hand. Er dankt seinem Wohltäter für die Gaben; in Armut und Freiheit des Geistes gebraucht und genießt er das Geschaffene; so kommt er in den wahren Besitz der Welt als einer, der nichts hat und doch alles besitzt (9). „Alles gehört euch, ihr aber gehört Christus und Christus Gott" (1Kor 3,22–23).

38. Das im Ostergeheimnis zur Vollendung geführte menschliche Schaffen

Das Wort Gottes, durch das alles geworden ist, ist selbst Fleisch geworden und ist, auf der Erde der Menschen wohnend (10), als wirklicher Mensch in die Geschichte der Welt eingetreten, hat sie sich zu eigen gemacht und in sich zusammengefasst (11). Er offenbart uns, „dass Gott die Liebe ist" (1Joh 4,8), und belehrt uns zugleich, dass das Grundgesetz der menschlichen Vervollkommnung und deshalb auch der Umwandlung der Welt das neue Gebot der Liebe ist. Denen also, die der göttlichen Liebe glauben, gibt er die Sicherheit, dass allen Menschen der Weg der Liebe offensteht und dass der Versuch, eine allumfassende Brüderlichkeit herzustellen, nicht vergeblich ist. Zugleich mahnt er, dieser Liebe nicht nur in großen Dingen nachzustreben, sondern auch und besonders in den gewöhnlichen Lebensverhältnissen. Für uns Sünder alle nahm er den Tod auf sich (12) und belehrt uns so durch sein Beispiel, dass auch das Kreuz getragen werden muss, das Fleisch und Welt denen auf die Schultern legen, die Frieden und Gerechtigkeit suchen. Durch seine Auferstehung zum Herrn bestellt, wirkt Christus, dem alle Gewalt im Himmel und auf Erden gegeben ist (13), schon durch die Kraft seines Geistes in den Herzen der Menschen dadurch, dass er nicht nur das Verlangen nach der zukünftigen Welt in ihnen weckt, sondern eben dadurch auch jene selbstlosen Bestrebungen belebt, reinigt und stärkt, durch die die Menschheitsfamilie sich bemüht, ihr eigenes Leben humaner zu gestalten und die ganze Erde diesem Ziel dienstbar zu machen. Verschieden sind jedoch die Gaben des Geistes: die einen beruft er dazu, dass sie das Verlangen nach der Heimat bei Gott deutlich bezeugen und es in der Menschheitsfamilie lebendig erhalten; andere beruft er, damit sie im irdischen Bereich den Menschen hingebungsvoll dienen und so durch ihren Beruf die Voraussetzungen für das Himmelreich schaffen. Alle aber befreit er, damit sie durch Absage an ihren Egoismus und unter Dienstbarmachung aller Naturkräfte für das menschliche Leben nach jener Zukunft streben, in der die Menschheit selbst eine Gott angenehme Opfergabe wird (14).

Ein Angeld dieser Hoffnung und eine Wegzehrung hinterließ der Herr den Seinen in jenem Sakrament des Glaubens, in dem unter der Pflege des Menschen gewachsene Früchte der Natur in den Leib und das Blut des verherrlichten Herrn verwandelt werden zum Abendmahl brüderlicher Gemeinschaft und als Vorfeier des himmlischen Gastmahls.

39. Die neue Erde und der neue Himmel

Den Zeitpunkt der Vollendung der Erde und der Menschheit kennen wir nicht (15), und auch die Weise wissen wir nicht, wie das Universum umgestaltet werden soll. Es vergeht zwar die Gestalt dieser Welt, die durch die Sünde missgestaltet ist (16), aber wir werden belehrt, dass Gott eine neue Wohnstätte und eine neue Erde bereitet, auf der die Gerechtigkeit wohnt (17), deren Seligkeit jede Sehnsucht nach Frieden in den Herzen der Menschen erfüllt und übertrifft (18). Der Tod wird besiegt sein, die Kinder Gottes werden in Christus auferweckt werden, und was in Schwachheit und Verweslichkeit gesät wurde, wird sich mit Unverweslichkeit bekleiden (19). Die Liebe wird bleiben wie das, was sie einst getan hat (20), und die ganze Schöpfung, die Gott um des Menschen willen schuf, wird von der Knechtschaft der Vergänglichkeit befreit sein (21).

Zwar werden wir gemahnt, dass es dem Menschen nichts nützt, wenn er die ganze Welt gewinnt, sich selbst jedoch ins Verderben bringt (22); dennoch darf die Erwartung der neuen

Erde die Sorge für die Gestaltung dieser Erde nicht abschwächen, auf der uns der wachsende Leib der neuen Menschenfamilie eine umrisshafte Vorstellung von der künftigen Welt geben kann, sondern muss sie im Gegenteil ermutigen. Obschon der irdische Fortschritt eindeutig vom Wachstum des Reiches Christi zu unterscheiden ist, so hat er doch große Bedeutung für das Reich Gottes, insofern er zu einer besseren Ordnung der menschlichen Gesellschaft beitragen kann (23).

Alle guten Erträgnisse der Natur und unserer Bemühungen nämlich, die Güter menschlicher Würde, brüderlicher Gemeinschaft und Freiheit, müssen im Geist des Herrn und gemäß seinem Gebot auf Erden gemehrt werden; dann werden wir sie wiederfinden, gereinigt von jedem Makel, lichtvoll und verklärt, dann nämlich, wenn Christus dem Vater „ein ewiges, allumfassendes Reich übergeben wird: das Reich der Wahrheit und des Lebens, das Reich der Heiligkeit und der Gnade, das Reich der Gerechtigkeit, der Liebe und des Friedens" (24). Hier auf Erden ist das Reich schon im Geheimnis da; beim Kommen des Herrn erreicht es seine Vollendung.

Viertes Kapitel
Die Aufgabe der Kirche in der Welt von heute

40. Die gegenseitige Beziehung von Kirche und Welt
Alles, was wir über die Würde der menschlichen Person, die menschliche Gemeinschaft und über den letzten Sinn des menschlichen Schaffens gesagt haben, bildet das Fundament für die Beziehung zwischen Kirche und Welt wie auch die Grundlage ihres gegenseitigen Dialogs (1). Unter Voraussetzung all der bisherigen Aussagen dieses Konzils über das Ge-

heimnis der Kirche ist sie nun darzustellen, insofern sie gerade in dieser Welt besteht und mit ihr lebt und wirkt.

Hervorgegangen aus der Liebe des ewigen Vaters (2), in der Zeit gestiftet von Christus dem Erlöser, geeint im Heiligen Geist (3), hat die Kirche das endzeitliche Heil zum Ziel, das erst in der künftigen Weltzeit voll verwirklicht werden kann. Sie ist aber schon hier auf Erden anwesend, gesammelt aus Menschen, Gliedern des irdischen Gemeinwesens, die dazu berufen sind, schon in dieser geschichtlichen Zeit der Menschheit die Familie der Kinder Gottes zu bilden, die bis zur Ankunft des Herrn stetig wachsen soll. Der himmlischen Güter willen geeint und von ihnen erfüllt, ist diese Familie von Christus "in dieser Welt als Gesellschaft verfasst und geordnet" (4) und „mit geeigneten Mitteln sichtbarer und gesellschaftlicher Einheit" (5) ausgerüstet. So geht denn diese Kirche, zugleich „sichtbare Versammlung und geistliche Gemeinschaft" (6), den Weg mit der ganzen Menschheit gemeinsam und erfährt das gleiche irdische Geschick mit der Welt und ist gewissermaßen der Sauerteig und die Seele der in Christus zu erneuernden und in die Familie Gottes umzugestaltenden menschlichen Gesellschaft (7).

Dieses Ineinander des irdischen und himmlischen Gemeinwesens kann nur im Glauben begriffen werden, ja es bleibt ein Geheimnis der menschlichen Geschichte, die bis zur vollen Offenbarung der Herrlichkeit der Kinder Gottes durch die Sünde verwirrt ist. In Verfolgung ihrer eigenen Heilsabsicht vermittelt die Kirche nicht nur den Menschen das göttliche Leben, sondern lässt dessen Widerschein mehr oder weniger auf die ganze Welt fallen, vor allem durch die Heilung und Hebung der menschlichen Personwürde, durch die Festigung des menschlichen Gemeinschaftsgefüges, durch die Erfüllung des alltäglichen menschlichen Schaffens mit tieferer Sinnhaftigkeit und Bedeutung. So glaubt die Kirche durch ihre einzelnen Glieder und als ganze viel zu einer humaneren Gestaltung der Menschenfamilie und ihrer Geschichte beitragen zu können.

Unbefangen schätzt zudem die katholische Kirche all das hoch, was zur Erfüllung derselben Aufgabe die anderen christlichen Kirchen und kirchlichen Gemeinschaften in Zusammenarbeit beigetragen haben und noch beitragen. Zugleich ist sie der festen Überzeugung, dass sie selbst von der Welt, sei es von einzelnen Menschen, sei es von der menschlichen Gesellschaft, durch deren Möglichkeiten und Bemühungen viele und mannigfache Hilfe zur Wegbereitung für das Evangelium erfahren kann. Zur sachgemäßen Förderung dieser gegenseitigen Beziehung und Hilfe in jenem Bereich, der Kirche und Welt gewissermaßen gemeinsam ist, werden hier einige allgemeinere Grundsätze vorgelegt.

41. Die Hilfe, welche die Kirche den einzelnen Menschen leisten möchte

Der heutige Mensch ist unterwegs zur volleren Entwicklung seiner Persönlichkeit und zu einer immer tieferen Einsicht und Durchsetzung seiner Rechte. Da es aber der Kirche anvertraut ist, das Geheimnis Gottes, des letzten Zieles der Menschen, offenkundig zu machen, erschließt sie dem Menschen gleichzeitig das Verständnis seiner eigenen Existenz, das heißt die letzte Wahrheit über den Menschen. Die Kirche weiß sehr wohl, dass Gott, dem sie dient, allein die Antwort ist auf das tiefste Sehnen des menschlichen Herzens, das an den Gaben der Erde nie voll sich sättigen kann. Sie weiß auch darum, dass der Mensch unter dem ständigen Antrieb des Geistes Gottes niemals dem Problem der Religion gegenüber ganz gleichgültig sein kann, wie es nicht nur die Erfahrung so vieler vergangener Jahrhunderte, sondern auch das vielfältige Zeugnis unserer Zeit beweist. Denn immer wird der Mensch wenigstens ahnungsweise Verlangen in sich tragen, zu wissen, was die Bedeutung seines Lebens, seines Schaffens und seines Todes ist. Schon das reine Dasein der Kirche als solches erinnert ihn an diese Probleme. Gott allein, der den Menschen nach seinem Bild geschaffen und von der Sünde erlöst hat, gibt auf diese Fragen die erschöpfende Antwort in seiner Offenbarung in seinem Sohn, der Mensch geworden ist. Wer Christus, dem vollkommenen Menschen, folgt, wird auch selbst mehr Mensch.

Aus diesem Glauben heraus vermag die Kirche die Würde des menschlichen Wesens allen Meinungsschwankungen zu entziehen, die z.B. den menschlichen Leib zu sehr abwerten oder über das rechte Maß emporheben. Durch kein menschliches Gesetz können die personale Würde und die Freiheit des Menschen so wirksam geschützt werden wie durch das Evangelium Christi, das der Kirche anvertraut ist. Diese Frohbotschaft nämlich verkündet und proklamiert die Freiheit der Kinder Gottes; sie verwirft jede Art von Knechtschaft, die letztlich aus der Sünde stammt (8); sie respektiert sorgfältig die Würde des Gewissens und seiner freien Entscheidung; unablässig mahnt sie dazu, alle menschlichen Talente im Dienst Gottes und zum Wohl der Menschen Frucht bringen zu lassen; alle endlich empfiehlt sie der Liebe aller (9). Dies entspricht dem grundlegenden Gesetz der christlichen Heilsordnung. Wenn auch derselbe Gott Schöpfer und Erlöser ist, Herr der Profangeschichte und der Heilsgeschichte, so wird doch in eben dieser göttlichen Ordnung die richtige Autonomie der Schöpfung und besonders des Menschen nicht nur nicht aufgehoben, sondern vielmehr in ihre eigene Würde eingesetzt und in ihr befestigt.

Kraft des ihr anvertrauten Evangeliums verkündet also die Kirche die Rechte des Menschen, und sie anerkennt und schätzt die Dynamik der Gegenwart, die diese Rechte überall fördert. Freilich muss diese Bewegung vom Geist des Evangeliums erfüllt und gegen jede Art falscher Autonomie geschützt werden. Wir sind nämlich der Versuchung ausgesetzt, unsere persönlichen Rechte nur dann für voll gewahrt zu halten, wenn wir jeder Norm des göttlichen Gesetzes ledig wären. Auf diesem Wege aber geht die Würde der menschlichen Person, statt gewahrt zu werden, eher verloren.

42. *Die Hilfe, welche die Kirche der menschlichen Gemeinschaft bringen möchte*

Die Einheit der menschlichen Familie wird durch die Einheit der Familie der Kinder Gottes, die in Christus begründet ist (10), in vieler Hinsicht gestärkt und erfüllt.

Die ihr eigene Sendung, die Christus der Kirche übertragen hat, bezieht sich zwar nicht auf den politischen, wirtschaftlichen oder sozialen Bereich: das Ziel, das Christus ihr gesetzt hat, gehört ja der religiösen Ordnung an (11). Doch fließen aus eben dieser religiösen Sendung Auftrag, Licht und Kraft, um der menschlichen Gemeinschaft zu Aufbau und Festigung nach göttlichem Gesetz behilflich zu sein. Ja wo es nötig ist, kann und muss sie selbst je nach den Umständen von Zeit und Ort Werke zum Dienst an allen, besonders an den Armen, in Gang bringen, wie z. B. Werke der Barmherzigkeit oder andere dieser Art.

Die Kirche anerkennt weiterhin, was an Gutem in der heutigen gesellschaftlichen Dynamik vorhanden ist, besonders die Entwicklung hin zur Einheit, den Prozess einer gesunden Sozialisation und Vergesellschaftung im bürgerlichen und wirtschaftlichen Bereich. Förderung von Einheit hängt ja mit der letzten Sendung der Kirche zusammen, da sie „in Christus gleichsam das Sakrament, das heißt Zeichen und Werkzeug für die innigste Vereinigung mit Gott wie für die Einheit der ganzen Menschheit" (12) ist. So zeigt sie der Welt, dass die wahre Einheit in der äußeren gesellschaftlichen Sphäre aus einer Einheit der Gesinnungen und Herzen erwächst, aus jenem Glauben und jener Liebe nämlich, auf denen im Heiligen Geist ihre unauflösliche Einheit beruht. Die Kraft nämlich, die die Kirche der menschlichen Gesellschaft von heute mitzuteilen vermag, ist jener Glaube und jene Liebe, die sich in Tat und Wahrheit des Lebens auswirken, nicht aber irgendeine äußere, mit rein menschlichen Mitteln ausgeübte Herrschaft.

Da sie weiterhin kraft ihrer Sendung und Natur an keine besondere Form menschlicher Kultur und an kein besonderes politisches, wirtschaftliches oder gesellschaftliches System gebunden ist, kann die Kirche kraft dieser ihrer Universalität ein ganz enges Band zwischen den verschiedenen menschlichen Gemeinschaften und Nationen bilden. Nur müssen diese ihr Vertrauen schenken und ihr wahre Freiheit zur Erfüllung dieser ihrer Sendung ehrlich zuerkennen. So mahnt denn die Kirche ihre Kinder, aber auch alle Menschen, sie sollen in diesem Familiengeist der Gotteskinder alle Zwistigkeiten zwischen den Nationen und den Rassen überwinden und von innen her den legitimen menschlichen Vergesellschaftungen Festigkeit verleihen.

Mit großer Achtung blickt das Konzil auf alles Wahre, Gute und Gerechte, das sich die Menschheit in den verschiedenen Institutionen geschaffen hat und immer neu schafft. Es erklärt auch, dass die Kirche alle diese Einrichtungen unterstützen und fördern will, soweit es von ihr abhängt und sich mit ihrer Sendung vereinbaren lässt. Sie selbst hat keinen dringlicheren Wunsch, als sich selbst im Dienst des Wohles aller frei entfalten zu können unter jeglicher Regierungsform, die die Grundrechte der Person und der Familie und die Erfordernisse des Gemeinwohls anerkennt.

43. *Die Hilfe, mit der die Kirche durch die Christen das menschliche Schaffen unterstützen möchte*
Das Konzil fordert die Christen, die Bürger beider Gemeinwesen, auf, nach treuer Erfüllung ihrer irdischen Pflichten zu streben, und dies im Geist des Evangeliums. Die Wahrheit verfehlen die, die im Bewusstsein, hier keine bleibende Stätte zu haben, sondern die künftige zu suchen (13), darum meinen, sie könnten ihre irdischen Pflichten vernachlässigen, und so verkennen, dass sie, nach Maßgabe der jedem zuteil gewordenen Berufung, gerade durch den Glauben selbst um so mehr zu deren Erfüllung verpflichtet sind (14). Im selben Grade aber irren die, die umgekehrt meinen, so im irdischen Tun und Treiben aufgehen zu können, als hätte das darum gar nichts mit dem religiösen Leben zu tun, weil dieses nach ihrer Meinung in bloßen Kultakten und in der Erfüllung gewisser moralischer Pflichten besteht. Diese Spaltung bei vielen zwischen dem Glauben, den man bekennt, und dem täglichen Leben gehört zu den schweren Verirrungen unserer Zeit. Dieses Ärgernis haben schon die Propheten im Alten Bund heftig angegriffen (15), und noch viel strenger hat es Jesus Christus selbst im Neuen Bund mit schweren Strafen bedroht (16). Man darf keinen künstlichen Gegensatz zwischen beruflicher und gesellschaftlicher Tätigkeit auf der einen Seite und dem religiösen Leben auf der anderen konstruieren. Ein Christ, der seine irdischen Pflichten vernachlässigt, versäumt damit seine Pflichten gegenüber dem Nächsten, ja gegen Gott selbst und bringt sein ewiges Heil in Gefahr. Die Christen sollen

vielmehr froh sein, in der Nachfolge Christi, der als Handwerker gearbeitet hat, ihre ganze irdische Arbeit so leisten zu können, dass sie ihre menschlichen, häuslichen, beruflichen, wissenschaftlichen oder technischen Anstrengungen mit den religiösen Werten zu einer lebendigen Synthese verbinden; wenn diese Werte nämlich die letzte Sinngebung bestimmen, wird alles auf Gottes Ehre hingeordnet.

Die Laien sind eigentlich, wenn auch nicht ausschließlich, zuständig für die weltlichen Aufgaben und Tätigkeiten. Wenn sie also, sei es als Einzelne, sei es in Gruppen, als Bürger dieser Welt handeln, so sollen sie nicht nur die jedem einzelnen Bereich eigenen Gesetze beobachten, sondern sich zugleich um gutes fachliches Wissen und Können in den einzelnen Sachgebieten bemühen. Sie sollen bereitwilligst mit denen, die die gleichen Aufgaben haben wie sie, zusammenarbeiten. In Anerkennung der Forderungen des Glaubens und in seiner Kraft sollen sie, wo es geboten ist, mit Entschlossenheit Neues planen und ausführen. Aufgabe ihres dazu von vornherein richtig geschulten Gewissens ist es, das Gebot Gottes im Leben der profanen Gesellschaft zur Geltung zu bringen. Von den Priestern aber dürfen die Laien Licht und geistliche Kraft erwarten. Sie mögen aber nicht meinen, ihre Seelsorger seien immer in dem Grade kompetent, dass sie in jeder, zuweilen auch schweren Frage, die gerade auftaucht, eine konkrete Lösung schon fertig haben könnten oder die Sendung dazu hätten. Die Laien selbst sollen vielmehr im Licht christlicher Weisheit und unter Berücksichtigung der Lehre des kirchlichen Lehramtes (17) darin ihre eigene Aufgabe wahrnehmen.

Oftmals wird gerade eine christliche Schau der Dinge ihnen eine bestimmte Lösung in einer konkreten Situation nahelegen. Aber andere Christen werden vielleicht, wie es häufiger, und zwar legitim, der Fall ist, bei gleicher Gewissenhaftigkeit in der gleichen Frage zu einem anderen Urteil kommen. Wenn dann die beiderseitigen Lösungen, auch gegen den Willen der Parteien, von vielen andern sehr leicht als eindeutige Folgerung aus der Botschaft des Evangeliums betrachtet werden, so müsste doch klar bleiben, dass in solchen Fällen niemand das Recht hat, die Autorität der Kirche ausschließlich für sich und seine eigene Meinung in Anspruch zu nehmen. Immer aber sollen sie in einem offenen Dialog sich gegenseitig zur Klärung der Frage zu helfen suchen; dabei sollen sie die gegenseitige Liebe bewahren und vor allem auf das Gemeinwohl bedacht sein.

Die Laien aber, die am ganzen Leben der Kirche ihren tätigen Anteil haben, sind nicht nur gehalten, die Welt mit christlichem Geist zu durchdringen, sondern sie sind auch dazu berufen, überall, und zwar inmitten der menschlichen Schicksalsgemeinschaft, Christi Zeugen zu sein.

Die Bischöfe aber, denen das Amt, die Kirche Gottes zu leiten, anvertraut ist, sollen mit ihren Priestern die Botschaft Christi so verkündigen, dass alle irdischen Tätigkeiten der Gläubigen von dem Licht des Evangeliums erhellt werden. Zudem sollen alle Seelsorger bemüht sein, in ihrer Lebensführung und ihrem Berufseifer (18) der Welt ein solches Antlitz der Kirche zu zeigen, dass die Menschen sich daran ein Urteil über die Kraft und Wahrheit der christlichen Botschaft bilden können. In Leben und Wort sollen sie zusammen mit den Ordensleuten und ihren Gläubigen beweisen, dass die Kirche mit all ihren Gütern schon durch ihre bloße Gegenwart eine unerschöpfliche Quelle jener sittlichen Kräfte ist, deren die heutige Welt so sehr bedarf. Durch beharrliches Studium sollen sie sich fähig machen, zum Dialog mit der Welt und mit Menschen jedweder Weltanschauung ihren Beitrag

GAUDIUM ET SPES

zu leisten. Besonders aber sollen sie die Worte dieses Konzils beherzigen: „Weil die Menschheit heute mehr und mehr zur Einheit im bürgerlichen, wirtschaftlichen und sozialen Bereich zusammenwächst, sollen die Priester um so mehr in vereinter Sorge und Arbeit unter Leitung der Bischöfe und des Papstes jede Art von Spaltung beseitigen, damit die ganze Menschheit der Einheit der Familie Gottes zugeführt werde." (19)

Obwohl die Kirche in der Kraft des Heiligen Geistes die treue Braut des Herrn geblieben ist und niemals aufgehört hat, das Zeichen des Heils in der Welt zu sein, so weiß sie doch klar, dass unter ihren Gliedern (20), ob Klerikern oder Laien, im Lauf so vieler Jahrhunderte immer auch Untreue gegen den Geist Gottes sich fand. Auch in unserer Zeit weiß die Kirche, wie groß der Abstand ist zwischen der von ihr verkündeten Botschaft und der menschlichen Armseligkeit derer, denen das Evangelium anvertraut ist. Wie immer auch die Geschichte über all dies Versagen urteilen mag, wir selber dürfen dieses Versagen nicht vergessen, sondern müssen es unerbittlich bekämpfen, damit es der Verbreitung des Evangeliums nicht schade. Die Kirche weiß auch, wie sehr sie selbst in ihrer lebendigen Beziehung zur Welt an der Erfahrung der Geschichte immerfort reifen muss. Vom Heiligen Geist geführt, mahnt die Mutter Kirche unablässig ihre Kinder „zur Läuterung und Erneuerung, damit das Zeichen Christi auf dem Antlitz der Kirche klarer erstrahle" (21).

44. Die Hilfe, welche die Kirche von der heutigen Welt erfährt
Wie es aber im Interesse der Welt liegt, die Kirche als gesellschaftliche Wirklichkeit der Geschichte und als deren Ferment anzuerkennen, so ist sich die Kirche auch darüber im klaren, wieviel sie selbst der Geschichte und Entwicklung der Menschheit verdankt.

Die Erfahrung der geschichtlichen Vergangenheit, der Fortschritt der Wissenschaften, die Reichtümer, die in den verschiedenen Formen der menschlichen Kultur liegen, durch die die Menschennatur immer klarer zur Erscheinung kommt und neue Wege zur Wahrheit aufgetan werden, gereichen auch der Kirche zum Vorteil. Von Beginn ihrer Geschichte an hat sie gelernt, die Botschaft Christi in der Vorstellungswelt und Sprache der verschiedenen Völker auszusagen und darüber hinaus diese Botschaft mit Hilfe der Weisheit der Philosophen zu verdeutlichen, um so das Evangelium sowohl dem Verständnis aller als auch berechtigten Ansprüchen der Gebildeten angemessen zu verkünden. Diese in diesem Sinne angepasste Verkündigung des geoffenbarten Wortes muss ein Gesetz aller Evangelisation bleiben. Denn so wird in jedem Volk die Fähigkeit, die Botschaft Christi auf eigene Weise auszusagen, entwickelt und zugleich der lebhafte Austausch zwischen der Kirche und den verschiedenen nationalen Kulturen gefördert (22). Zur Steigerung dieses Austauschs bedarf die Kirche vor allem in unserer Zeit mit ihrem schnellen Wandel der Verhältnisse und der Vielfalt ihrer Denkweisen der besonderen Hilfe der in der Welt Stehenden, die eine wirkliche Kenntnis der verschiedenen Institutionen und Fachgebiete haben und die Mentalität, die in diesen am Werk ist, wirklich verstehen, gleichgültig, ob es sich um Gläubige oder Ungläubige handelt. Es ist jedoch Aufgabe des ganzen Gottesvolkes, vor allem auch der Seelsorger und Theologen, unter dem Beistand des Heiligen Geistes auf die verschiedenen Sprachen unserer Zeit zu hören, sie zu unterscheiden, zu deuten und im Licht des Gotteswortes zu beurteilen, damit die geoffenbarte Wahrheit immer tiefer erfasst, besser verstanden und passender verkündet werden kann.

Da die Kirche eine sichtbare gesellschaftliche Struktur hat, das Zeichen ihrer Einheit in Christus, sind für sie auch Möglichkeit und Tatsache einer Bereicherung durch die Entwicklung des gesellschaftlichen Lebens gegeben, nicht als ob in ihrer von Christus gegebenen Verfassung etwas fehle, sondern weil sie so tiefer erkannt, besser zur Erscheinung gebracht und zeitgemäßer gestaltet werden kann. Die Kirche erfährt auch dankbar, dass sie sowohl als Gemeinschaft wie auch in ihren einzelnen Kindern mannigfaltigste Hilfe von Menschen aus allen Ständen und Verhältnissen empfängt. Wer nämlich die menschliche Gemeinschaft auf der Ebene der Familie, der Kultur, des wirtschaftlichen und sozialen Lebens, der nationalen und internationalen Politik voranbringt, leistet nach dem Plan Gottes auch der kirchlichen Gemeinschaft, soweit diese von äußeren Bedingungen abhängt, eine nicht unbedeutende Hilfe. Ja selbst die Feindschaft ihrer Gegner und Verfolger, so gesteht die Kirche, war für sie sehr nützlich und wird es bleiben (23).

45. *Christus, Alpha und Omega*
Während sie selbst der Welt hilft oder von dieser vieles empfängt, strebt die Kirche nach dem einen Ziel, nach der Ankunft des Reiches Gottes und der Verwirklichung des Heiles der ganzen Menschheit. Alles aber, was das Volk Gottes in der Zeit seiner irdischen Pilgerschaft der Menschenfamilie an Gutem mitteilen kann, kommt letztlich daher, dass die Kirche das „allumfassende Sakrament des Heiles" (24) ist, welches das Geheimnis der Liebe Gottes zu den Menschen zugleich offenbart und verwirklicht.

Gottes Wort, durch das alles geschaffen ist, ist selbst Fleisch geworden, um in vollkommenem Menschsein alle zu retten und das All zusammenzufassen. Der Herr ist das Ziel der menschlichen Geschichte, der Punkt, auf den hin alle Bestrebungen der Geschichte und der Kultur konvergieren, der Mittelpunkt der Menschheit, die Freude aller Herzen und die Erfüllung ihrer Sehnsüchte (25). Ihn hat der Vater von den Toten auferweckt, erhöht und zu seiner Rechten gesetzt; ihn hat er zum Richter der Lebendigen und Toten bestellt. Von seinem Geist belebt und geeint, schreiten wir der Vollendung der menschlichen Geschichte entgegen, die mit dem Plan seiner Liebe zusammenfällt: „alles in Christus dem Haupt zusammenzufassen, was im Himmel und was auf Erden ist" (Eph 1,10).

Der Herr selbst spricht: „Sieh, ich komme bald, und mein Lohn ist mit mir, einem jeden zu vergelten nach seinen Werken. Ich bin das Alpha und das Omega, der Erste und der Letzte, Anfang und Ende" (Apk 22,12-13).

II. Hauptteil
Wichtigere Einzelfragen

46. Vorwort

Nachdem das Konzil die Würde der menschlichen Person und die Erfüllung der individuellen und gesellschaftlichen Aufgabe dieser Person kraft ihrer Berufung in der ganzen Welt dargelegt hat, lenkt das Konzil nun im Licht des Evangeliums und der menschlichen Erfahrung die Aufmerksamkeit aller auf bestimmte besonders schwere Nöte dieser Zeit hin, welche die Menschheit in hohem Maß bedrängen.

Unter den vielen Problemen, die heute die Sorge aller wachrufen, sollen vor allem die folgenden behandelt werden: die Ehe und Familie, die Kultur, das wirtschaftliche, soziale und politische Leben, die Verbindung der Völkerfamilie und der Friede. Hinsichtlich dieser Einzelfragen sollen die lichtvollen Prinzipien, die von Christus herkommen, verdeutlicht werden, damit durch sie die Gläubigen geleitet werden und alle Menschen Klarheit finden bei der Suche nach der Lösung so vieler schwieriger Probleme.

Erstes Kapitel
Förderung der Würde der Ehe und der Familie

47. Ehe und Familie in der heutigen Welt
Das Wohl der Person sowie der menschlichen und christlichen Gesellschaft ist zuinnerst mit einem Wohlergehen der Ehe- und Familiengemeinschaft verbunden. Darum begrüßen die Christen zusammen mit allen, welche diese Gemeinschaft hochschätzen, aufrichtig all die verschiedenen Hilfen, mittels derer man heute in der Förderung dieser Gemeinschaft der Liebe und im Schutz des Lebens vorwärtskommt und Gatten und Eltern bei ihrer großen Aufgabe unterstützt werden. Die Christen hoffen von daher auf noch bessere Resultate und suchen dazu beizutragen.

Jedoch nicht überall erscheint die Würde dieser Institution in gleicher Klarheit. Polygamie, um sich greifende Ehescheidung, sogenannte freie Liebe und andere Entartungen entstellen diese Würde. Darüber hinaus wird die eheliche Liebe öfters durch Egoismus, bloße Genusssucht und durch unerlaubte Praktiken gegen die Fruchtbarkeit der Ehe entweiht. Außerdem tragen die heutigen wirtschaftlichen, sozialpsychologischen und staatlichen Verhältnisse erhebliche Störungen in die Familie hinein. Schließlich werden in manchen Teilen der Welt die Probleme der Bevölkerungszunahme mit Besorgnis registriert. Durch all dies wird das Gewissen der Menschen beunruhigt. Andererseits zeigen sich Bedeutung und Stärke von Ehe und Familie als Institution gerade dadurch, dass sogar die tiefgreifenden Veränderungen der heutigen Gesellschaft trotz aller daraus entstehenden Schwierigkeiten sehr oft die wahre Eigenart dieser Institution in der verschiedensten Weise deutlich werden lassen.

Darum will das Konzil durch besondere Hervorhebung bestimmter Hauptpunkte der kirchlichen Lehre die Christen und alle jene Menschen belehren und bestärken, die die ursprüngliche Würde der Ehe und ihren hohen und heiligen Wert zu schützen und zu fördern suchen.

48. Die Heiligkeit von Ehe und Familie
Die innige Gemeinschaft des Lebens und der Liebe in der Ehe, vom Schöpfer begründet und mit eigenen Gesetzen geschützt, wird durch den Ehebund, d. h. durch ein unwiderrufliches personales Einverständnis, gestiftet. So entsteht durch den personal freien Akt, in dem sich die Eheleute gegenseitig schenken und annehmen, eine nach göttlicher Ordnung feste Institution, und zwar auch gegenüber der Gesellschaft. Dieses heilige Band unterliegt im Hinblick auf das Wohl der Gatten und der Nachkommenschaft sowie auf das Wohl der Gesellschaft nicht mehr menschlicher Willkür. Gott selbst ist Urheber der Ehe, die mit verschiedenen Gütern und Zielen ausgestattet ist (1); sie alle sind von größter Bedeutung für den Fortbestand der Menschheit, für den persönlichen Fortschritt der einzelnen Familienmitglieder und ihr ewiges Heil; für die Würde, die Festigkeit, den Frieden und das Wohlergehen der Familie selbst und der ganzen menschlichen Gesellschaft. Durch ihre natürliche Eigenart sind die Institution der Ehe und die eheliche Liebe auf die Zeugung und Erziehung von Nachkommenschaft hingeordnet und finden darin

gleichsam ihre Krönung. Darum gewähren sich Mann und Frau, die im Ehebund nicht mehr zwei sind, sondern ein Fleisch (Mt 19,6), in inniger Verbundenheit der Personen und ihres Tuns gegenseitige Hilfe und gegenseitigen Dienst und erfahren und vollziehen dadurch immer mehr und voller das eigentliche Wesen ihrer Einheit. Diese innige Vereinigung als gegenseitiges Sichschenken zweier Personen wie auch das Wohl der Kinder verlangen die unbedingte Treue der Gatten und fordern ihre unauflösliche Einheit (2).

Christus der Herr hat diese Liebe, die letztlich aus der göttlichen Liebe hervorgeht und nach dem Vorbild seiner Einheit mit der Kirche gebildet ist, unter ihren vielen Hinsichten in reichem Maße gesegnet. Wie nämlich Gott einst durch den Bund der Liebe und Treue seinem Volk entgegenkam (3), so begegnet nun der Erlöser der Menschen und der Bräutigam (4) der Kirche durch das Sakrament der Ehe den christlichen Gatten. Er bleibt fernerhin bei ihnen, damit die Gatten sich in gegenseitiger Hingabe und ständiger Treue lieben, so wie er selbst die Kirche geliebt und sich für sie hingegeben hat (5). Echte eheliche Liebe wird in die göttliche Liebe aufgenommen und durch die erlösende Kraft Christi und die Heilsvermittlung der Kirche gelenkt und bereichert, damit die Ehegatten wirksam zu Gott hingeführt werden und in ihrer hohen Aufgabe als Vater und Mutter unterstützt und gefestigt werden (6). So werden die christlichen Gatten in den Pflichten und der Würde ihres Standes durch ein eigenes Sakrament gestärkt und gleichsam geweiht (7). In der Kraft dieses Sakramentes erfüllen sie ihre Aufgabe in Ehe und Familie. Im Geist Christi, durch den ihr ganzes Leben mit Glaube, Hoffnung und Liebe durchdrungen wird, gelangen sie mehr und mehr zu ihrer eigenen Vervollkommnung, zur gegenseitigen Heiligung und so gemeinsam zur Verherrlichung Gottes.

Wenn somit die Eltern durch ihr Beispiel und ihr gemeinsames Gebet auf dem Weg vorausgehen, werden auch die Kinder und alle, die in der Familiengemeinschaft leben, leichter diesen Weg des echten Menschentums, des Heils und der Heiligkeit finden. Die Gatten aber müssen in ihrer Würde und Aufgabe als Vater und Mutter die Pflicht der Erziehung, vornehmlich der religiösen, die ihnen in ganz besonderer Weise zukommt, sorgfältig erfüllen.

Die Kinder als lebendige Glieder der Familie tragen auf ihre Weise zur Heiligung der Eltern bei. In Dankbarkeit, Ehrfurcht und Vertrauen müssen sie das erwidern, was die Eltern ihnen Gutes tun, und ihnen, wie es Kindern ziemt, im Unglück und in der Einsamkeit des Alters beistehen. Ein Leben, das nach dem Tod des einen Gatten als Fortführung der bisherigen ehelichen Berufung tapfer bejaht wird, soll von allen geachtet werden (8). Von einem reichen geistlichen Leben soll die Familie auch anderen Familien in hochherziger Weise mitgeben. Daher soll die christliche Familie – entsteht sie doch aus der Ehe, die das Bild und die Teilhabe an dem Liebesbund Christi und der Kirche ist (9) – die lebendige Gegenwart des Erlösers in der Welt und die wahre Natur der Kirche allen kundmachen, sowohl durch die Liebe der Gatten, in hochherziger Fruchtbarkeit, in Einheit und Treue als auch in der bereitwilligen Zusammenarbeit aller ihrer Glieder.

49. Die eheliche Liebe
Mehrfach fordert Gottes Wort Braut- und Eheleute auf, in keuscher Liebe ihre Brautzeit zu gestalten und in ungeteilter Liebe ihre Ehe durchzuhalten und zu entfalten (10). Auch in unserer Zeit hat die wahre Liebe zwischen Mann und Frau in der Ehe, wie sie sich in verschiedener Weise je nach Volk und Zeit geziemend äußert, als hoher Wert Geltung. Diese eigen-

tümlich menschliche Liebe geht in frei bejahter Neigung von Person zu Person, umgreift das Wohl der ganzen Person, vermag so den leib-seelischen Ausdrucksmöglichkeiten eine eigene Würde zu verleihen und sie als Elemente und besondere Zeichen der ehelichen Freundschaft zu adeln. Diese Liebe hat der Herr durch eine besondere Gabe seiner Gnade und Liebe geheilt, vollendet und erhöht. Eine solche Liebe, die Menschliches und Göttliches in sich eint, führt die Gatten zur freien gegenseitigen Übereignung ihrer selbst, die sich in zarter Zuneigung und in der Tat bewährt, und durchdringt ihr ganzes Leben (11); ja gerade durch ihre Selbstlosigkeit in Leben und Tun verwirklicht sie sich und wächst. Sie ist viel mehr als bloß eine erotische Anziehung, die, egoistisch gewollt, nur zu schnell wieder erbärmlich vergeht.

Diese Liebe wird durch den eigentlichen Vollzug der Ehe in besonderer Weise ausgedrückt und verwirklicht. Jene Akte also, durch die die Eheleute innigst und lauter eins werden, sind von sittlicher Würde; sie bringen, wenn sie human vollzogen werden, jenes gegenseitige Übereignetsein zum Ausdruck und vertiefen es, durch das sich die Gatten gegenseitig in Freude und Dankbarkeit reich machen. Diese Liebe, die auf gegenseitige Treue gegründet und in besonderer Weise durch Christi Sakrament geheiligt ist, bedeutet unlösliche Treue, die in Glück und Unglück Leib und Seele umfasst und darum unvereinbar ist mit jedem Ehebruch und jeder Ehescheidung. Wenn wirklich durch die gegenseitige und bedingungslose Liebe die gleiche personale Würde sowohl der Frau wie des Mannes anerkannt wird, wird auch die vom Herrn bestätigte Einheit der Ehe deutlich. Um die Pflichten dieser christlichen Berufung beständig zu erfüllen, ist ungewöhnliche Tugend erforderlich. Von daher müssen die Gatten, durch die Gnade zu heiligem Leben gestärkt, Festigkeit in der Liebe, Seelengröße und Opfergeist pflegen und im Gebet erbitten.

Die echte eheliche Liebe wird höher geschätzt werden, und es wird sich eine sachgerechte öffentliche Meinung über sie bilden, wenn die christlichen Gatten durch das Zeugnis der Treue und Harmonie in dieser Liebe und durch Sorge für die Kindererziehung sich hervortun und ihre Pflicht erfüllen bei einer notwendigen kulturellen, psychologischen und sozialen Erneuerung zugunsten von Ehe und Familie. Jugendliche sollen über die Würde, die Aufgaben und den Vollzug der ehelichen Liebe am besten im Kreis der Familie selbst rechtzeitig in geeigneter Weise unterrichtet werden, damit sie, an keusche Zucht gewöhnt, im entsprechenden Alter nach einer sauberen Brautzeit in die Ehe eintreten können.

50. Die Fruchtbarkeit der Ehe

Ehe und eheliche Liebe sind ihrem Wesen nach auf die Zeugung und Erziehung von Nachkommenschaft ausgerichtet. Kinder sind gewiss die vorzüglichste Gabe für die Ehe und tragen zum Wohl der Eltern selbst sehr viel bei. Derselbe Gott, der gesagt hat: „Es ist nicht gut, dass der Mensch allein sei" (Gen 2,28), und der „den Menschen von Anfang an als Mann und Frau schuf" (Mt 19,14), wollte ihm eine besondere Teilnahme an seinem schöpferischen Wirken verleihen, segnete darum Mann und Frau und sprach: „Wachset und mehret euch" (Gen 1,28). Ohne Hintansetzung der übrigen Eheziele sind deshalb die echte Gestaltung der ehelichen Liebe und die ganze sich daraus ergebende Natur des Familienlebens dahin ausgerichtet, dass die Gatten von sich aus entschlossen bereit sind zur Mitwirkung mit der Liebe des Schöpfers und Erlösers, der durch sie seine eigene Familie immer mehr vergrößert und bereichert.

In ihrer Aufgabe, menschliches Leben weiterzugeben und zu erziehen, die als die nur ihnen zukommende Sendung zu betrachten ist, wissen sich die Eheleute als mitwirkend mit der Liebe Gottes des Schöpfers und gleichsam als Interpreten dieser Liebe. Daher müssen sie in menschlicher und christlicher Verantwortlichkeit ihre Aufgabe erfüllen und in einer auf Gott hinhörenden Ehrfurcht durch gemeinsame Überlegung versuchen, sich ein sachgerechtes Urteil zu bilden. Hierbei müssen sie auf ihr eigenes Wohl wie auf das ihrer Kinder – der schon geborenen oder zu erwartenden – achten; sie müssen die materiellen und geistigen Verhältnisse der Zeit und ihres Lebens zu erkennen suchen und schließlich auch das Wohl der Gesamtfamilie, der weltlichen Gesellschaft und der Kirche berücksichtigen. Dieses Urteil müssen im Angesicht Gottes die Eheleute letztlich selbst fällen. In ihrem ganzen Verhalten seien sich die christlichen Gatten bewusst, dass sie nicht nach eigener Willkür vorgehen können; sie müssen sich vielmehr leiten lassen von einem Gewissen, das sich auszurichten hat am göttlichen Gesetz; sie müssen hören auf das Lehramt der Kirche, das dieses göttliche Gesetz im Licht des Evangeliums authentisch auslegt. Dieses göttliche Gesetz zeigt die ganze Bedeutung der ehelichen Liebe, schützt sie und drängt zu ihrer wahrhaft menschlichen Vollendung. So verherrlichen christliche Eheleute in Vertrauen auf die göttliche Vorsehung und Opfergesinnung (12) den Schöpfer und streben zur Vollkommenheit in Christus, indem sie in hochherziger menschlicher und christlicher Verantwortlichkeit Kindern das Leben schenken. Unter den Eheleuten, die diese ihnen von Gott aufgetragene Aufgabe erfüllen, sind besonders jene zu erwähnen, die in gemeinsamer kluger Beratung eine größere Zahl von Kindern, wenn diese entsprechend erzogen werden können, hochherzig auf sich nehmen (13).

Die Ehe ist aber nicht nur zur Zeugung von Kindern eingesetzt, sondern die Eigenart des unauflöslichen personalen Bundes und das Wohl der Kinder fordern, dass auch die gegenseitige Liebe der Ehegatten ihren gebührenden Platz behalte, wachse und reife. Wenn deshalb das – oft so erwünschte – Kind fehlt, bleibt die Ehe dennoch als volle Lebensgemeinschaft bestehen und behält ihren Wert sowie ihre Unauflöslichkeit.

51. Die eheliche Liebe und der Fortbestand des menschlichen Lebens

Das Konzil weiß, dass die Gatten in ihrem Bemühen, das Eheleben harmonisch zu gestalten, oft durch mancherlei Lebensbedingungen der heutigen Zeit eingeengt sind und sich in einer Lage befinden, in der die Zahl der Kinder – mindestens zeitweise – nicht vermehrt werden kann und der Vollzug treuer Liebe und die volle Lebensgemeinschaft nur schwer gewahrt werden können. Wo nämlich das intime eheliche Leben unterlassen wird, kann nicht selten die Treue als Ehegut in Gefahr geraten und das Kind als Ehegut in Mitleidenschaft gezogen werden; denn dann werden die Erziehung der Kinder und auch die tapfere Bereitschaft zu weiteren Kindern gefährdet.

Manche wagen es, für diese Schwierigkeiten unsittliche Lösungen anzubieten, ja sie scheuen selbst vor Tötung nicht zurück. Die Kirche aber erinnert daran, dass es keinen wahren Widerspruch geben kann zwischen den göttlichen Gesetzen hinsichtlich der Übermittlung des Lebens und dem, was echter ehelicher Liebe dient.

Gott, der Herr des Lebens, hat nämlich den Menschen die hohe Aufgabe der Erhaltung des Lebens übertragen, die auf eine menschenwürdige Weise erfüllt werden muss. Das Leben ist daher von der Empfängnis an mit höchster Sorgfalt zu schützen. Abtreibung und Tötung des Kindes sind verabscheuenswürdige Verbrechen. Die geschlechtliche Anlage des Menschen und seine menschliche Zeugungsfähigkeit überragen in wunderbarer Weise all das, was es Entsprechendes auf niedrigeren Stufen des Lebens gibt. Deshalb sind auch die dem ehelichen Leben eigenen Akte, die entsprechend der wahren menschlichen Würde gestaltet sind, zu achten und zu ehren. Wo es sich um den Ausgleich zwischen ehelicher Liebe und verantwortlicher Weitergabe des Lebens handelt, hängt die sittliche Qualität der Handlungsweise nicht allein von der guten Absicht und Bewertung der Motive ab, sondern auch von objektiven Kriterien, die sich aus dem Wesen der menschlichen Person und ihrer Akte ergeben und die sowohl den vollen Sinn gegenseitiger Hingabe als auch den einer wirklich humanen Zeugung in wirklicher Liebe wahren. Das ist nicht möglich ohne aufrichtigen Willen zur Übung der Tugend ehelicher Keuschheit. Von diesen Prinzipien her ist es den Kindern der Kirche nicht erlaubt, in der Geburtenregelung Wege zu beschreiten, die das Lehramt in Auslegung des göttlichen Gesetzes verwirft (14).

Mögen alle daran denken: Das menschliche Leben und die Aufgabe, es weiterzuvermitteln, haben nicht nur eine Bedeutung für diese Zeit und können deshalb auch nicht von daher allein bemessen und verstanden werden, sondern haben immer eine Beziehung zu der ewigen Bestimmung des Menschen.

52. Die Sorge aller um die Förderung von Ehe und Familie
Die Familie ist eine Art Schule reich entfalteter Humanität. Damit sie aber ihr Leben und ihre Sendung vollkommen verwirklichen kann, sind herzliche Seelengemeinschaft, gemein-

same Beratung der Gatten und sorgfältige Zusammenarbeit der Eltern bei der Erziehung der Kinder erforderlich. Zu ihrer Erziehung trägt die anteilnehmende Gegenwart des Vaters viel bei. Aber auch die häusliche Sorge der Mutter, deren besonders die jüngeren Kinder bedürfen, ist zu sichern, ohne dass eine berechtigte gesellschaftliche Hebung der Frau dadurch irgendwie beeinträchtigt wird. Die Kinder sollen so erzogen werden, dass sie erwachsen in vollem Verständnis für ihre Verantwortung ihrer Berufung, auch einer geistlichen, folgen und einen Lebensstand wählen können, in dem sie, wenn sie heiraten, eine eigene Familie gründen können, und dies unter günstigen sittlichen, gesellschaftlichen und wirtschaftlichen Voraussetzungen. Es ist Aufgabe der Eltern oder Erzieher, die jungen Menschen bei der Gründung einer Familie mit klugem Rat, den sie gern hören sollen, anzuleiten. Doch sollen sie sich dabei hüten, sie mit direktem oder indirektem Zwang zum Eingehen einer Ehe oder zur Wahl des Partners zu bestimmen.

So ist die Familie, in der verschiedene Generationen zusammenleben und sich gegenseitig helfen, um zu größerer Weisheit zu gelangen und die Rechte der einzelnen Personen mit den anderen Notwendigkeiten des gesellschaftlichen Lebens zu vereinbaren, das Fundament der Gesellschaft. Deshalb müssen alle, die einen Einfluss auf Gemeinden und gesellschaftliche Gruppen haben, zur Förderung von Ehe und Familie wirksam beitragen. Die staatliche Gewalt möge es als ihre heilige Aufgabe betrachten, die wahre Eigenart von Ehe und Familie anzuerkennen, zu hüten und zu fördern, die öffentliche Sittlichkeit zu schützen und den häuslichen Wohlstand zu begünstigen. Das Recht der Eltern auf Zeugung der Nachkommenschaft und auf Erziehung in der Familie ist zu sichern. Durch umsichtige Gesetzgebung und andere Maßnahmen soll auch für diejenigen Sorge getragen und entsprechende Hilfe gegeben werden, die das Gut der Familie leider entbehren müssen.

Die christlichen Laien, die die Gegenwart auszukaufen (15) und das Ewige von den wandelbaren Formen zu unterscheiden haben, mögen die Werte der Ehe und Familie durch das Zeugnis ihres eigenen Lebens wie durch Zusammenarbeit mit den anderen Menschen guten Willens eifrig fördern, und so werden sie trotz aller Schwierigkeiten für die Familie das erreichen, was sie braucht, und auch das, was die moderne Zeit an Vorteilen bietet. Um dieses Ziel zu erreichen, sind die christliche Gesinnung der Gläubigen, das richtige sittliche Gewissen der Menschen und eine weise Erfahrung theologischer Fachleute von großem Nutzen.

Die Fachleute in den Wissenschaften, besonders in Biologie, Medizin, Sozialwissenschaften und Psychologie, können dem Wohl von Ehe und Familie und dem Frieden des Gewissens sehr dienen, wenn sie durch ihre gemeinsame wissenschaftliche Arbeit die Voraussetzungen für eine sittlich einwandfreie Geburtenregelung genauer zu klären suchen.

Die Seelsorger haben die Aufgabe, unter Voraussetzung einer genügenden Kenntnis des Familienproblems, mittels der verschiedenen pastoralen Hilfen, durch die Verkündigung des Wortes Gottes, durch die Feier der Liturgie und durch anderen geistlichen Beistand, die Berufung der Gatten in ihrem Ehe- und Familienleben zu fördern, sie menschlich und geduldig in Schwierigkeiten zu stützen und sie in der Liebe zu stärken, damit Familien von großer Ausstrahlungskraft entstehen.

Mancherlei Einrichtungen, besonders Familienvereinigungen, mögen den Jugendlichen und den Eheleuten selbst, besonders den Jungverheirateten, durch Rat und Tat beistehen und helfen, sie zu einem Familienleben hinzuführen, das seiner gesellschaftlichen und apostolischen Aufgabe gerecht wird.

Die Ehegatten selber aber sollen, nach dem Bild des lebendigen Gottes geschaffen, in eine wahre personale Ordnung gestellt, eines Strebens, gleichen Sinnes und in gegenseitiger Heiligung vereint (16) sein, damit sie, Christus, dem Ursprung des Lebens (17), folgend, in den Freuden und Opfern ihrer Berufung durch ihre treue Liebe Zeugen jenes Liebesgeheimnisses werden, das der Herr durch seinen Tod und seine Auferstehung der Welt geoffenbart hat (18).

Zweites Kapitel
Die richtige Förderung des kulturellen Fortschritts

53. Einführung

In der Person des Menschen selbst liegt es begründet, dass sie nur durch Kultur, das heißt durch die entfaltende Pflege der Güter und Werte der Natur, zur wahren und vollen Verwirklichung des menschlichen Wesens gelangt. Wo immer es daher um das menschliche Leben geht, hängen Natur und Kultur engstens zusammen.

Unter Kultur im Allgemeinen versteht man alles, wodurch der Mensch seine vielfältigen geistigen und körperlichen Anlagen ausbildet und entfaltet; wodurch er sich die ganze Welt in Erkenntnis und Arbeit zu unterwerfen sucht; wodurch er das gesellschaftliche Leben in der Familie und in der ganzen bürgerlichen Gesellschaft im moralischen und institutionellen Fortschritt menschlicher gestaltet; wodurch er endlich seine großen geistigen Erfahrungen und Strebungen im Lauf der Zeit in seinen Werken vergegenständlicht, mitteilt und ihnen Dauer verleiht zum Segen vieler, ja der ganzen Menschheit.

Daraus folgt, dass die Kultur des Menschen notwendig eine geschichtliche und eine gesellschaftliche Seite hat und darum der Begriff der Kultur meist das Gesellschaftliche und das Völkische mitbezeichnet. In diesem Sinn spricht man von Kulturen im Plural. Denn aus der verschiedenen Weise des Gebrauchs der Sachen, der Arbeitsgestaltung, der Selbstdarstellung, der Religion und der Sittlichkeit, der Gesetzgebung und der rechtlichen Institution, der Entfaltung von Wissenschaft, Technik und Kunst entsteht eine Verschiedenheit der gemeinschaftlichen Lebensformen und der Gestalten, in denen die Lebenswerte zu einer Einheit zusammentreten. So bildet sich aus den überlieferten Einrichtungen ein jeder menschlichen Gemeinschaft eigentümliches Erbe. So entsteht für den Menschen jedweden Volkes und jeder Zeit auch eine abgegrenzte und geschichtliche Umwelt, in die er eingefügt bleibt und von der her er die Werte zur Weiterentwicklung der menschlichen und gesellschaftlichen Kultur empfängt.

Erster Abschnitt:
Die Situation der Kultur in der Welt von heute

54. *Neue Lebensformen*
Die Lebensbedingungen des modernen Menschen sind in gesellschaftlicher und kultureller Hinsicht zutiefst verändert, so dass man von einer neuen Epoche der Menschheitsgeschichte sprechen darf (1). Somit öffnen sich neue Wege zur Entwicklung und weiteren Ausbreitung der Kultur durch das unerhörte Wachstum der Natur- und Geisteswissenschaften,

auch der Gesellschaftswissenschaften, die Ausweitung der Technik sowie den Fortschritt im Ausbau und in der guten Organisation der Kommunikationsmittel. Dementsprechend ist die heutige Kultur durch besondere Merkmale gekennzeichnet: die sogenannten exakten Wissenschaften bilden das kritische Urteilsvermögen besonders stark aus; die neueren Forschungen der Psychologie bieten eine tiefere Erklärung des menschlichen Tuns; die historischen Fächer tragen sehr dazu bei, die Dinge unter dem Gesichtspunkt ihrer Wandelbarkeit und Entwicklung zu sehen; der Lebensstil und die ethische Haltung werden immer einheitlicher; Industrialisierung, Verstädterung und andere Ursachen, die die Vergemeinschaftung des Lebens vorantreiben, schaffen neue Kulturformen (Massenkultur), aus denen ein neues Lebensgefühl, neue Weisen des Handelns und der Freizeitgestaltung erwachsen; zugleich macht der Austausch zwischen verschiedenen Völkern und gesellschaftlichen Gruppen die Schätze verschiedener Kulturformen der Masse und den Einzelnen immer mehr zugänglich. So bildet sich allmählich eine universalere Form der menschlichen Kultur, die die Einheit der Menschheit um so mehr fördert und zum Ausdruck bringt, je besser sie die Besonderheiten der verschiedenen Kulturen achtet.

55. Der Mensch als Schöpfer der Kultur
Immer größer wird die Zahl der Männer und Frauen jeder gesellschaftlichen Gruppe und Nation, die sich dessen bewusst sind, selbst Gestalter und Schöpfer der Kultur ihrer Gemeinschaft zu sein. Immer mehr wächst in der ganzen Welt der Sinn für Autonomie und zugleich für Verantwortlichkeit, was ohne Zweifel für die geistige und sittliche Reifung der Menschheit von größter Bedeutung ist. Diese tritt noch deut-

licher in Erscheinung, wenn wir uns die Einswerdung der Welt und die uns auferlegte Aufgabe vor Augen stellen, eine bessere Welt in Wahrheit und Gerechtigkeit aufzubauen. So sind wir Zeugen der Geburt eines neuen Humanismus, in dem der Mensch sich vor allem von der Verantwortung für seine Brüder und die Geschichte her versteht.

56. Schwierigkeiten und Aufgaben
In dieser Situation ist es nicht verwunderlich, dass der Mensch, der seine Verantwortung für den Fortschritt der Kultur erkennt, einerseits Größeres als je hofft, andererseits aber auch mit Angst auf die vielfältigen Antinomien blickt, die er selbst auflösen muss:

Was ist zu tun, damit der zunehmende Austausch der Kulturen, der zu einem wahren und fruchtbaren Dialog unter den verschiedenen Gruppen und Nationen führen müsste, das Leben der Gemeinschaften nicht in Verwirrung bringt, die Weisheit der Vorfahren nicht verwirft, noch den je eigenen Volkscharakter gefährdet?

Wie kann man für die Dynamik und Expansion der neuen Kultur eintreten, ohne dass die lebendige Treue zum überlieferten Erbe verlorengeht? Dies ist schon deshalb ein besonders drängendes Problem, weil die Kultur, die aus dem ungeheuren Fortschritt der Naturwissenschaft und der Technik entsteht, zur Einheit gefügt werden muss mit jener Geisteskultur, die von denjenigen Studien lebt, die entsprechend den verschiedenen Überlieferungen als klassisch gelten.

Wie kann eine so schnell voranschreitende Zersplitterung der Einzeldisziplinen mit der Notwendigkeit in Einklang gebracht werden, sie in eine Synthese zu bringen und dem Menschen die Fähigkeit zu jener Kontemplation und zu jenem Staunen zu wahren, die zur Weisheit führen?

Was ist zu tun, dass alle Menschen der kulturellen Güter in der Welt teilhaftig werden, wo doch zur gleichen Zeit die Kultur der Gebildeteren immer sublimer und komplexer wird?

Wie kann man endlich die Autonomie als rechtmäßig anerkennen, die die Kultur für sich beansprucht, ohne dass man zu einem rein innerweltlichen, ja religionsfeindlichen Humanismus kommt?

Inmitten all dieser Antinomien muss die menschliche Kultur heute so entwickelt werden, dass sie die volle menschliche Persönlichkeit harmonisch ausbildet und den Menschen bei den Aufgaben behilflich ist, zu deren Erfüllung alle, vor allem aber die Christen, in einer einzigen menschlichen Familie brüderlich vereint, berufen sind.

Zweiter Abschnitt:
Einige Prinzipien zur richtigen Förderung der Kultur

57. Glaube und Kultur

Die Christen müssen auf der Pilgerschaft zur himmlischen Vaterstadt suchen und sinnen, was oben ist (2); dadurch wird jedoch die Bedeutung ihrer Aufgabe, zusammen mit allen Menschen am Aufbau einer menschlicheren Welt mitzuarbeiten, nicht vermindert, sondern gemehrt. In der Tat bietet ihnen das Mysterium des christlichen Glaubens wirksame Antriebe und Hilfen, jene Aufgabe mit größerer Hingabe zu erfüllen und vor allem den vollen Sinn solchen Tuns zu entdecken, so dass die menschliche Kulturbemühung innerhalb der ganzen und einen Berufung des Menschen einen hervorragenden Platz erhält.

Wenn nämlich der Mensch mit seiner Handarbeit oder mit Hilfe der Technik die Erde bebaut, damit sie Frucht bringe und eine würdige Wohnstätte für die gesamte menschliche Familie werde, und bewusst seinen Anteil nimmt an der Gestaltung des Lebens der gesellschaftlichen Gruppen, dann führt er den schon am Anfang der Zeiten kundgemachten Auftrag Gottes aus, sich die Erde untertan zu machen (3) und die Schöpfung zu vollenden, und entfaltet er sich selbst; zugleich befolgt er das große Gebot Christi, sich in den Dienst seiner Brüder zu stellen.

Wenn überdies der Mensch sich den verschiedenen Fächern, der Philosophie und Geschichte, der Mathematik und Naturwissenschaft, widmet und sich künstlerisch betätigt, dann kann er im höchsten Grad dazu beitragen, dass die menschliche Familie zu den höheren Prinzipien des Wahren, Guten und Schönen und zu einer umfassenden Weltanschauung kommt und so heller von jener wunderbaren Weisheit erleuchtet wird, die von Ewigkeit her bei Gott war, alles mit ihm ordnete, auf dem Erdkreis spielte und ihre Wonne darin findet, bei den Menschen zu sein (4).

Eben dadurch kann sich der Geist des Menschen, von der Versklavung unter die Sachwelt befreit, ungehinderter zur Kontemplation und Anbetung des Schöpfers erheben. Ja unter dem Antrieb der Gnade wird er zur Erkenntnis des Wortes Gottes vorbereitet, das schon, bevor es Fleisch wurde, um alle zu retten und in sich als dem Haupt zusammenzufassen, „in der Welt war" als „das wahre Licht, das jeden Menschen erleuchtet" (Joh 1,9) (5).

Freilich kann der heutige Fortschritt der Naturwissenschaft und der Technik, die kraft ihrer Methode nicht zu den innersten Seinsgründen vordringen können, einen gewissen Phänomenalismus und Agnostizismus begünstigen, wenn die Forschungsmethode dieser Disziplinen unberechtigt als oberste Norm der Findung der Wahrheit schlechthin angesehen wird. Ja es besteht die Gefahr, dass der Mensch in allzu großem Vertrauen auf die heutigen Errungenschaften sich selbst zu genügen glaubt und darüber hinaus nicht mehr sucht.

Doch diese Fehlentwicklungen ergeben sich nicht zwangsläufig aus der heutigen Kultur, und sie dürfen uns nicht dazu verleiten, ihre positiven Werte zu verkennen. Unter diesen sind zu nennen: die Pflege der Naturwissenschaften, unbedingte Sachlichkeit gegenüber der Wahrheit bei der wissenschaftlichen Forschung, die heute gegebene Unerlässlichkeit der Zusammenarbeit mehrerer in dafür organisierten Teams, der Geist der internationalen Solidarität, das immer wacher werdende Bewusstsein von der Verantwortung der Fachleute für den Dienst am Menschen und dessen Schutz, der Wille zur Verbesserung der menschlichen Lebensbedingungen aller, besonders jener, die die Verantwortung für sich selbst nicht übernehmen können oder kulturell zurückgeblieben sind. Das alles kann für die Aufnahme der Botschaft des Evangeliums in gewissem Sinn eine Vorbereitung bedeuten, die durch die göttliche Liebe von dem beseelt wird, der gekommen ist, die Welt zu retten.

58. Der vielfältige Zusammenhang zwischen der guten Botschaft Christi und der Kultur

Vielfache Beziehungen bestehen zwischen der Botschaft des Heils und der menschlichen Kultur. Denn Gott hat in der Offenbarung an sein Volk bis zu seiner vollen Selbstkundgabe im fleischgewordenen Sohn entsprechend der den verschiedenen Zeiten eigenen Kultur gesprochen.

In gleicher Weise nimmt die Kirche, die im Lauf der Zeit in je verschiedener Umwelt lebt, die Errungenschaften der einzelnen Kulturen in Gebrauch, um die Botschaft Christi in ihrer Verkündigung bei allen Völkern zu verbreiten und zu erklären, um sie zu erforschen und tiefer zu verstehen, um sie in der liturgischen Feier und im Leben der vielgestaltigen Gemeinschaft der Gläubigen besser Gestalt werden zu lassen.

Zugleich ist die Kirche wohl zu allen Völkern, welcher Zeit und welchen Landes auch immer, gesandt, jedoch an keine Rasse oder Nation, an keine besondere Art der Sitte, an keinen alten oder neuen Brauch ausschließlich und unlösbar gebunden. Sie lässt zwar den Zusammenhang mit ihrer eigenen geschichtlichen Herkunft nicht abreißen, ist sich aber zugleich der Universalität ihrer Sendung bewusst und vermag so mit den verschiedenen Kulturformen eine Einheit einzugehen, zur Bereicherung sowohl der Kirche wie der verschiedenen Kulturen.

Die gute Botschaft Christi erneuert unausgesetzt Leben und Kultur des gefallenen Menschen und bekämpft und beseitigt Irrtümer und Übel, die aus der stets drohenden Verführung zur Sünde hervorgehen. Unablässig reinigt und hebt sie die Sitten der Völker. Die geistigen Vorzüge und Anlagen eines jeden Volkes oder einer jeden Zeit befruchtet sie sozusagen von innen her mit überirdischen Gaben, festigt, vollendet und erneuert sie in Christus (6). Schon durch die Erfüllung der eigenen Aufgabe (7) treibt die Kirche die menschliche und mitmenschliche Kultur voran und trägt zu ihr bei; durch ihr Wirken, auch durch ihre Liturgie, erzieht sie den Menschen zur inneren Freiheit.

59. *Verschiedene Gesichtspunkte für die rechte Pflege der Formen menschlicher Kultur*

Aus den genannten Gründen erinnert die Kirche alle daran, dass die Kultur auf die Gesamtentfaltung der menschlichen Person und auf das Wohl der Gemeinschaft sowie auf das der ganzen menschlichen Gesellschaft auszurichten ist. Darum muss der menschliche Geist so gebildet werden, dass die Fähigkeit des Staunens, der eigentlichen Wesenserkenntnis, der Kontemplation, der persönlichen Urteilsbildung und das religiöse, sittliche und gesellschaftliche Bewusstsein gefördert werden.

Da nämlich die Kultur unmittelbar aus der vernünftigen und gesellschaftlichen Anlage des Menschen hervorgeht, bedarf sie immer des ihr zustehenden Freiheitsraumes, um sich zu entfalten, und der legitimen Möglichkeit, den eigenen Prinzipien gemäß selbständig zu handeln. Sie hat also einen berechtigten Anspruch auf Anerkennung, und ihr eignet eine gewisse Unverletzlichkeit, freilich unter Wahrung der Rechte der Person und der Gemeinschaft, von der einzelnen bis zur universalen, und innerhalb der Grenzen des Gemeinwohls.

Die Heilige Synode macht sich daher die Lehre des Ersten Vatikanischen Konzils zu eigen, dass es „zwei verschiedene Erkenntnisordnungen" gibt, nämlich die des Glaubens und die der Vernunft, und dass die Kirche keineswegs verbietet, „dass die menschlichen Künste und Wissenschaften bei ihrer Entfaltung, jede in ihrem Bereich, jede ihre eigenen Grundsätze und ihre eigene Methode gebrauchen". Daher bejaht sie „in Anerkennung dieser berechtigten Freiheit" die rechtmäßige Eigengesetzlichkeit der Kultur und vor allem der Wissenschaften (8).

Damit ist auch gefordert, dass der Mensch unter Wahrung der sittlichen Ordnung und des Gemeinnutzes frei nach der Wahrheit forschen, seine Meinung äußern und verbreiten und die Kunst nach seiner Wahl pflegen kann; schließlich, dass er wahrheitsgemäß über öffentliche Vorgänge unterrichtet werde (9).

Aufgabe der öffentlichen Gewalt ist es nicht, die Kulturformen in ihrer besonderen Eigenart jeweils festzulegen, sondern günstige Voraussetzungen zu schaffen und entsprechende Hilfen zu gewähren, um das kulturelle Leben bei allen, auch bei nationalen Minderheiten, zu fördern (10). Darum muss man vor allem verhindern, dass die Kultur ihrem eigenen Zweck entfremdet und politischen oder wirtschaftlichen Mächten zu dienen gezwungen wird.

Dritter Abschnitt:
Einige dringliche Aufgaben der Christen im Bereich der Kultur

60. Die Anerkennung und Verwirklichung des Rechts aller auf die Wohltaten der Kultur
Da jetzt die Möglichkeit gegeben ist, die meisten Menschen aus dem Elend der Unwissenheit zu befreien, ist es heute eine höchst zeitgemäße Pflicht, vor allem für die Christen, tatkräftig darauf hinzuarbeiten, dass in der Wirtschaft wie in der Politik, auf nationaler wie auf internationaler Ebene Grundentscheidungen getroffen werden, durch die das Recht aller auf menschliche und mitmenschliche Kultur auf der ganzen Welt anerkannt wird und zur Verwirklichung kommt, ein Recht, das entsprechend der Würde der menschlichen Person allen ohne Unterschied der Rasse, des Geschlechts, der Nation, der Religion oder der sozialen Stellung zukommt. Daher ist dafür Sorge zu tragen, dass die Kulturgüter in ausreichendem Maße allen zugänglich sind, vor allem jene, die die sogenannte Grundkultur ausmachen, damit nicht weiterhin ein großer Teil der Menschheit durch Analphabetismus und Mangel an verantwortlicher Eigeninitiative von einer wahrhaft menschlichen Mitarbeit am Gemeinwohl ausgeschlossen wird.

Ziel muss also sein, dass alle, die entsprechend begabt sind, zu höheren Studien aufsteigen können, und zwar so, dass sie, soweit es möglich ist, in der Gesellschaft jene Aufgaben, Ämter und Dienste erreichen, die ihrer Begabung und ihren Fachkenntnissen entsprechen (11). So werden jeder Einzelne und alle gesellschaftlichen Gruppen eines jeden Volkes zur vollen Entfaltung ihres kulturellen Lebens gelangen können, wie sie ihren Anlagen und Überlieferungen gemäß ist.

Darüber hinaus sind ernste Anstrengungen zu machen, dass sich alle des Rechtes auf Kultur bewusst werden und der Pflicht, sich selbst zu bilden und andere bei ihrer Bildung zu unterstützen; gibt es doch mitunter Lebens- und Arbeitsbedingungen, die die kulturellen Bemühungen der Menschen behindern und das Streben nach Kultur in ihnen ersticken. Das gilt in besonderer Weise für Landbevölkerung und Arbeiter; diesen müssen Arbeitsbedingungen geboten werden, die ihre menschliche Kultur nicht beeinträchtigen, sondern fördern. Die Frauen sind zwar schon in fast allen Lebensbereichen tätig, infolgedessen sollen sie aber auch in der Lage sein, die ihrer Eigenart angemessene Rolle voll zu übernehmen. Sache aller ist es, die je eigene und notwendige Teilnahme der Frau am kulturellen Leben anzuerkennen und zu fördern.

61. Die Erziehung zur menschlichen Gesamtkultur

Die verschiedenen Wissenschaften und Künste in eine Synthese zu bringen ist heute schwieriger als früher. Denn einerseits nimmt die Menge und Vielfalt der Elemente zu, die die Kultur ausmachen, andererseits verringert sich die Fähigkeit der Einzelnen, diese zu erfassen und organisch zu ordnen, so dass das Idealbild eines universal gebildeten Menschen immer mehr schwindet. Dennoch bleibt es Verpflichtung eines jeden, die Totalität der menschlichen Person zu wahren, die vor allem durch die Werte der Vernunft, des Willens, des Gewissens und der Brüderlichkeit bestimmt ist, Werte, die alle in Gott dem Schöpfer ihren Grund haben und in Christus wunderbar geheilt und erhoben sind.

Insbesondere in der Familie, sozusagen der Mutter und Hüterin dieser Erziehung, lernen die Kinder, von Liebe umhegt, leichter die wahre Ordnung der Wirklichkeit; die erprobten Formen der menschlichen Kultur prägen sich gleichsam von selbst dem Geist der heranwachsenden Jugend ein.

Für eben diese Erziehung gibt es in der heutigen Gesellschaft günstige Möglichkeiten, besonders durch weitere Verbreitung von Büchern und die neuen kulturellen und sozialen Kommunikationsmittel, die einer Universalkultur förderlich sein können. Da nämlich die Arbeitszeit allenthalben verkürzt wird, nimmt die frei verfügbare Zeit für sehr viele ständig zu. Die Freizeit soll nun sinnvoll zur Entspannung und zur Kräftigung der geistigen und körperlichen Gesundheit verwendet werden: durch Beschäftigung nach eigener Wahl und Studien; durch Reisen in andere Länder (Tourismus), durch die der menschliche Geist weitergebildet wird, die Menschen aber auch durch gegenseitige Bekanntschaft bereichert werden; durch den Sport mit seinen Veranstaltungen, der zum psychischen Gleichgewicht des Einzelnen und der Gesellschaft sowie zur Anknüpfung brüderlicher Beziehungen zwischen Menschen aller Lebensverhältnisse, Nationen oder Rassen beiträgt. Die Christen sollen sich also an den kollektiven Veranstaltungen und Aktionen im kulturellen Bereich beteiligen, die unserer Zeit eigentümlich sind, damit sie mit humanem und christlichem Geist durchdrungen werden.

Alle diese offenen Möglichkeiten aber vermögen eine volle kulturelle Erziehung des Menschen nicht zu verwirklichen, wenn man sich nicht gleichzeitig gründlich mit der Bedeutung von Kultur und Wissenschaft für die menschliche Person befasst.

62. Das rechte Verhältnis der menschlichen und mitmenschlichen Kultur zur christlichen Bildung

Wiewohl die Kirche zum kulturellen Fortschritt viel beigetragen hat, so steht doch durch Erfahrung fest, dass ein friedliches Verhältnis von Kultur und Christentum, wenn auch aus historisch bedingten Ursachen, sich nicht immer ohne Schwierigkeiten einstellt.

Diese Schwierigkeiten brauchen das Glaubensleben nicht notwendig zu schädigen, können vielmehr den Geist zu einem genaueren und tieferen Glaubensverständnis anregen. Denn die neuen Forschungen und Ergebnisse der Naturwissenschaften, aber auch der Geschichtswissenschaft und Philosophie stellen neue Fragen, die sogar für das Leben Konsequenzen haben und auch von den Theologen neue Untersuchungen verlangen. Außerdem sehen sich die Theologen veranlasst, immer unter Wahrung der der Theologie eigenen Methoden und Erfordernisse nach einer geeigneteren Weise zu suchen, die Lehre des Glaubens den Menschen ihrer Zeit zu vermitteln. Denn die Glaubenshinterlage selbst, das heißt die Glaubenswahrheiten, darf nicht verwechselt werden mit ihrer Aussageweise, auch wenn diese immer den selben Sinn und Inhalt meint (12). In der Seelsorge sollen nicht nur die theologischen Prinzipien, sondern auch die Ergebnisse der profanen Wissenschaften, vor allem der Psychologie und der Soziologie, wirklich beachtet und angewendet werden, so dass auch die Laien zu einem reineren und reiferen Glaubensleben kommen.

Auf ihre Weise sind auch Literatur und Kunst für das Leben der Kirche von großer Bedeutung. Denn sie bemühen sich um das Verständnis des eigentümlichen Wesens des Menschen, seiner Probleme und seiner Erfahrungen bei dem Versuch, sich selbst und die Welt zu erkennen und zu vollenden; sie gehen darauf aus, die Situation des Menschen in Geschichte und Universum zu erhellen, sein Elend und seine Freude, seine Not und seine Kraft zu schildern und ein besseres Los des Menschen voraussahnen zu lassen. So dienen sie der Erhebung des Menschen in seinem Leben in vielfältigen Formen je nach Zeit und Land, das sie darstellen.

Durch angestrengtes Bemühen soll erreicht werden, dass die Künstler das Bewusstsein haben können, in ihrem Schaffen von der Kirche anerkannt zu sein, und dass sie im Besitz der ihnen zustehenden Freiheit leichter zum Kontakt mit der christlichen Gemeinde kommen. Auch die neuen Formen der Kunst, die gemäß der Eigenart der verschiedenen Völker und Länder den Menschen unserer Zeit entsprechen, sollen von der Kirche anerkannt werden. In das Heiligtum aber sollen sie aufgenommen werden, wenn sie in einer dafür angepassten Aussageweise den Erfordernissen der Liturgie entsprechen und den Geist zu Gott erheben (13).

So wird das Wissen um Gott besser verdeutlicht, die evangelische Botschaft wird dem Geist der Menschen zugänglicher und zeigt sich als etwas, was gewissermaßen ihrem Dasein schon immer eingestiftet war.

Die Gläubigen sollen also in engster Verbindung mit den anderen Menschen ihrer Zeit leben und sich bemühen, ihre Denk- und Urteilsweisen, die in der Geisteskultur zur Erscheinung kommen, vollkommen zu verstehen. Das Wissen um die neuen Wissenschaften, Anschauungen und Erfindungen sollen sie verbinden mit christlicher Sittlichkeit und mit ihrer Bildung in der christlichen Lehre, damit religiöses Leben und Rechtschaffenheit mit der wissenschaftlichen Erkenntnis und dem täglich wachsenden technischen Fortschritt bei ihnen Schritt halten und sie so alles aus einer umfassenden christlichen Haltung zu beurteilen und zu deuten vermögen.

Die Vertreter der theologischen Disziplinen an den Seminarien und Universitäten sollen mit hervorragenden Vertretern anderer Wissenschaften in gemeinsamer Bemühung und Planung zusammenzuarbeiten suchen. Die theologische Forschung soll sich zugleich um eine tiefe Erkenntnis der geoffenbarten Wahrheit bemühen und die Verbindung mit der eigenen Zeit nicht vernachlässigen, um den in so verschiedenen Wissenszweigen gebildeten Menschen zu einem umfassenderen Glaubensverständnis verhelfen zu können. Dieses gemeinsame Bemühen wird auch für die Ausbildung der Seelsorger von größtem Nutzen sein, damit diese imstande sind, die Lehre der Kirche über Gott, den Menschen und die Welt den Menschen unserer Zeit in geeigneter Weise darzulegen, und so das Wort der Kirche von diesen auch bereitwilliger angenommen wird (14). Es ist sogar wünschenswert, dass einer großen Zahl von Laien eine hinreichende Bildung in der Theologie vermittelt werde und recht viele von ihnen die Theologie auch zum Hauptstudium machen und selber weiter fördern. Zur Ausführung dieser Aufgabe muss aber den Gläubigen, Klerikern wie Laien, die entsprechende Freiheit des Forschens, des Denkens sowie demütiger und entschiedener Meinungsäußerung zuerkannt werden in allen Bereichen ihrer Zuständigkeit (15).

Drittes Kapitel
Das Wirtschaftsleben

63. Zum Erscheinungsbild des Wirtschaftslebens
Auch im Wirtschaftsleben sind die Würde der menschlichen Person und ihre ungeschmälerte Berufung wie auch das Wohl der gesamten Gesellschaft zu achten und zu fördern, ist doch der Mensch Urheber, Mittelpunkt und Ziel aller Wirtschaft.

Wie die anderen Bereiche des gesellschaftlichen Lebens, so ist auch die heutige Wirtschaft geprägt durch die wachsende Herrschaft des Menschen über die Natur, durch die steigende Dichte und Gewichtigkeit der Beziehungen und wechselseitigen Abhängigkeit der Einzelnen, der Gruppen und der Völker sowie durch das immer häufigere Eingreifen der öffentlichen Gewalt. Zugleich haben die Fortschritte in der Produktionstechnik wie auch im Austausch von Gütern und Dienstleistungen die Wirtschaft in den Stand gesetzt, die gestiegenen Bedürfnisse der Menschheitsfamilie besser zu befriedigen.

Es fehlt aber auch nicht an Gründen zur Beunruhigung. Nicht wenige Menschen, namentlich in den wirtschaftlich fortgeschrittenen Ländern, sind von der Wirtschaft geradezu versklavt, so dass fast ihr ganzes persönliches und gesellschaftliches Leben von ausschließlich wirtschaftlichem Denken bestimmt ist, und dies ebenso in Ländern, die einer kollektivistischen Wirtschaftsweise zugetan sind, wie in anderen. Gerade zu der Zeit, da das Wachstum der Wirtschaft, vernünftig und human gelenkt und koordiniert, die sozialen Ungleichheiten mildern könnte, führt es allzu oft zu deren Verschärfung, hie und da sogar zur Verschlechterung der Lage der sozial Schwachen und zur Verachtung der Notleidenden. Während einer ungeheueren Masse immer noch das absolut

Notwendige fehlt, leben einige – auch in zurückgebliebenen Ländern – in Üppigkeit und treiben Verschwendung. Nebeneinander bestehen Luxus und Elend. Einige wenige erfreuen sich weitestgehender Entscheidungsfreiheit, während viele fast jeder Möglichkeit ermangeln, initiativ und eigenverantwortlich zu handeln, und sich oft in Lebens- und Arbeitsbedingungen befinden, die des Menschen unwürdig sind.

Ähnliche Störungen des ökonomischen und sozialen Gleichgewichts bestehen zwischen Landwirtschaft, Industrie und Dienstleistungsgewerben wie auch zwischen verschiedenen Gebieten einer und derselben Nation. Zwischen den wirtschaftlich fortgeschrittenen Völkern und anderen bildet sich ein ständig sich verschärfender Gegensatz heraus, der sogar den Weltfrieden gefährden kann.

Diese Gleichgewichtsstörungen werden von unseren Zeitgenossen mit um so wacherem Bewusstsein erlebt, als sie fest überzeugt sind, die gewaltigen technischen und ökonomischen Mittel, über die wir heute verfügen, machten es nicht nur möglich, sondern zur Pflicht, diesen unseligen Zustand zu überwinden. Daher werden vielfältige institutionelle Reformen in der Wirtschaft wie auch eine allgemeine Umstellung der Gesinnung und Verhaltensweise gefordert. Hierzu hat die Kirche Grundsätze der Gerechtigkeit und Billigkeit sowohl für das persönliche und das gesellschaftliche als auch für das internationale Leben, wie die rechte Vernunft sie fordert, im Lauf der Jahrhunderte unter dem Licht des Evangeliums erarbeitet und namentlich in jüngster Zeit vorgelegt. Das Heilige Konzil möchte diese Grundsätze der heutigen Lage entsprechend unterstreichen und vorzugsweise im Hinblick auf die Bedürfnisse einer im Fortschritt befindlichen Wirtschaft einige Orientierungen geben (1).

GAUDIUM ET SPES

Erster Abschnitt:
Der wirtschaftliche Fortschritt

64. Wirtschaftlicher Fortschritt zum Dienst am Menschen
Das Bemühen um vermehrte Erzeugung landwirtschaftlicher und industrieller Güter und um gesteigerte Darbietung von Dienstleistungen mit dem Ziel, den Bedürfnissen der wachsenden Menschenzahl gerecht zu werden und den immer höheren Ansprüchen der Menschen Genüge zu tun, erscheint heute mehr als je gerechtfertigt. Darum verdienen technischer Fortschritt, Aufgeschlossenheit für das Neue, die Bereitschaft, neue Unternehmen ins Leben zu rufen und bestehende zu erweitern, die Entwicklung geeigneter Produktionsverfahren, das ernsthafte Bemühen aller irgendwie am Produktionsprozess Beteiligten, überhaupt alles, was zu diesem Fortschritt beiträgt, durchaus gefördert zu werden. Die fundamentale Zweckbestimmung dieses Produktionsprozesses besteht aber weder in der vermehrten Produktion als solcher noch in Erzielung von Gewinn oder Ausübung von Macht, sondern im Dienst am Menschen, und zwar am ganzen Menschen im Hinblick auf seine materiellen Bedürfnisse, aber ebenso auch auf das, was er für sein geistiges, sittliches, spirituelles und religiöses Leben benötigt. Das gilt ausdrücklich für alle Menschen und für jeden einzelnen, für jede Gruppe, für Menschen jeder Rasse und jeden Erdteils. Daraus folgt: Alle wirtschaftliche Tätigkeit ist – nach den ihr arteigenen Verfahrensweisen und Gesetzmäßigkeiten – immer im Rahmen der sittlichen Ordnung (2) so auszuüben, dass das verwirklicht wird, was Gott mit dem Menschen vorhat (3).

65. Der Mensch Herr des wirtschaftlichen Fortschritts
Niemals darf der wirtschaftliche Fortschritt der Herrschaft

des Menschen entgleiten; ebensowenig darf er der ausschließlichen Bestimmung durch wenige mit übergroßer wirtschaftlicher Macht ausgestattete Einzelmenschen oder Gruppen noch auch durch den Staat, noch durch einige übermächtige Nationen ausgeliefert sein. Im Gegenteil ist geboten, dass auf jeder Stufe möglichst viele Menschen und, soweit es sich um den zwischenstaatlichen Bereich handelt, alle Nationen an der Lenkung des wirtschaftlichen Fortschritts aktiv beteiligt seien. Gleicherweise bedarf es der rechten Zusammenordnung und des sachgerechten inneren Verbundes des der eigenen Initiative entspringenden Wirkens der Einzelnen und der freien Gruppen einerseits und der Maßnahmen öffentlicher Gewalten andererseits.

Das Wachstum ist weder ausschließlich dem Automatismus des Tuns und Lassens der einzelnen Wirtschaftssubjekte noch ausschließlich dem Machtgebot der öffentlichen Gewalt zu überantworten. Sowohl die Lehren, die unter Berufung auf eine missverstandene Freiheit notwendigen Reformen den Weg verlegen, als auch solche, die um einer kollektivistischen Organisation des Produktionsprozesses willen grundlegende Rechte der Einzelpersonen und der Gruppen hintansetzen, sind daher gleicherweise als irrig abzulehnen (4).

Die Bürger sollen sich ihrer auch von der Staatsgewalt anzuerkennenden Berechtigung und Verpflichtung bewusst sein, nach Maßgabe ihrer Möglichkeiten zum wahren Fortschritt ihres Gemeinwesens beizutragen. Namentlich in den wirtschaftlich weniger entwickelten Ländern, wo alle verfügbaren Mittel dringend benötigt werden, heißt es das Gemeinwohl ernstlich gefährden, wenn man seine Mittel dem produktiven Einsatz vorenthält oder – unbeschadet des persönlichen Rechtes auszuwandern – seinem Gemeinwesen materielle und ideelle Hilfen, auf die es angewiesen ist, entzieht.

66. Abbau übergroßer sozialökonomischer Unterschiede
Um den Erfordernissen von Gerechtigkeit und Billigkeit Genüge zu tun, müssen ernsthafte Anstrengungen unternommen werden, um – unbeschadet der Rechte der menschlichen Person und der besonderen Veranlagung jedes einzelnen Volkes – die übergroßen und noch weiter zunehmenden Ungleichheiten der wirtschaftlichen Lage und die damit Hand in Hand gehende persönliche und soziale Diskriminierung möglichst rasch abzubauen. Desgleichen bedarf es in manchen Gegenden angesichts der besonderen Schwierigkeiten, denen die Landwirtschaft in bezug auf Gewinnung und Absatz ihrer Erzeugnisse unterliegt, besonderer Maßnahmen zugunsten der Bauern mit dem Ziel, ihre Produktion zu erhöhen oder günstiger abzusetzen oder erforderliche Entwicklungen und Neugestaltungen in die Wege zu leiten oder ihr Einkommen auf eine angemessene Höhe zu bringen und so zu verhüten, dass sie, wie es öfters vorkommt, auf die Dauer über die Lage von Staatsbürgern zweiter Klasse nicht hinauskommen. Sache der Bauern selbst, vor allem der jungen Generation, ist es, sich angelegentlich darum zu bemühen, ihr berufliches Können zu steigern, ohne das es keinen Fortschritt in der Landwirtschaft geben kann (5).

Gerechtigkeit und Billigkeit gebieten ferner, die für wirtschaftlichen Fortschritt unerlässliche Mobilität so zu regeln, dass das Leben der Einzelnen und der Familien nicht ungesichert oder gefährdet wird. Die aus anderen Völkern und Ländern herangezogenen Arbeiter, die durch ihre Arbeit zum wirtschaftlichen Aufstieg des Volkes oder Landes beitragen, dürfen, was Entlohnung und Arbeitsbedingungen angeht, in keiner Weise diskriminiert werden. Alle im Aufnahmeland, namentlich aber die öffentlichen Stellen, dürfen sie nicht als bloße Produktionsmittel behandeln, sondern haben ihnen als menschlichen Personen zu begegnen und sollen ihnen helfen, ihre Familien nachzuziehen und sich angemessene Wohngelegenheit zu verschaffen, sollen auch ihre Eingliederung in das gesellschaftliche Leben des Aufnahmelandes und seiner Bevölkerung begünstigen. Soweit wie möglich sollte man jedoch in ihren Heimatländern selbst Arbeitsgelegenheit schaffen.

Angesichts der heute sich vollziehenden Umwälzungen im Wirtschaftsleben und des Gestaltwandels zur industriellen Gesellschaft, wo beispielsweise die Automation im Vormarsch ist, muss Sorge dafür getragen werden, dass ausreichende und für den Einzelnen passende Arbeitsgelegenheit, verbunden mit der Möglichkeit ausreichender technischer und fachlicher Ausbildung, bereitsteht und zugleich der Lebensunterhalt und die Menschenwürde namentlich derer gesichert sind, die wegen ihres gesundheitlichen Zustandes oder ihres Alters sich in besonders schwieriger Lage befinden.

Zweiter Abschnitt:
Einige für das ganze sozialökonomische Leben verbindliche Grundsätze

67. Arbeit, Arbeitsbedingungen, Freizeit
Die in der Gütererzeugung, der Güterverteilung und in den Dienstleistungsgewerben geleistete menschliche Arbeit hat den Vorrang vor allen anderen Faktoren des wirtschaftlichen Lebens, denn diese sind nur werkzeuglicher Art.

Die Arbeit nämlich, gleichviel, ob selbständig ausgeübt oder im Lohnarbeitsverhältnis stehend, ist unmittelbarer Ausfluss der Person, die den stofflichen Dingen ihren Stempel aufprägt und sie ihrem Willen dienstbar macht. Durch seine Arbeit erhält der Mensch sein und der Seinigen Leben, tritt in tätigen Verbund mit seinen Brüdern und dient ihnen; so kann er praktische Nächstenliebe üben und seinen Beitrag zur Vollendung des Schöpfungswerkes Gottes erbringen. Ja wir halten fest: Durch seine Gott dargebrachte Arbeit verbindet der Mensch sich mit dem Erlösungswerk Jesu Christi selbst, der, indem er in Nazareth mit eigenen Händen arbeitete, der Arbeit eine einzigartige Würde verliehen hat. Daraus ergibt sich für jeden Einzelnen sowohl die Verpflichtung zu gewissenhafter Arbeit wie auch das Recht auf Arbeit; Sache der Gesellschaft aber ist es, nach jeweiliger Lage der Dinge für ihren Teil behilflich zu sein, dass ihre Bürger Gelegenheit zu ausreichender Arbeit finden können. Schließlich ist die Arbeit so zu entlohnen, dass dem Arbeiter die Mittel zu Gebote stehen, um sein und der Seinigen materielles, soziales, kulturelles und spirituelles Dasein angemessen zu gestalten – gemäß der Funktion und Leistungsfähigkeit des Einzelnen, der Lage des Unternehmens und unter Rücksicht auf das Gemeinwohl (6).

Da der Wirtschaftsprozess im Allgemeinen auf Arbeitsvereinigung beruht, ist es unbillig und menschenunwürdig, ihn so zu gestalten und zu lenken, dass irgendwelche Arbeitenden zu Schaden kommen. Nicht selten aber geschieht es auch heute noch, dass die Werktätigen geradezu zu Sklaven ihres eigenen Werkes werden. Das aber lässt sich auf keinen Fall durch sogenannte Gesetzmäßigkeiten des wirtschaftlichen Lebens rechtfertigen. Der ganze Vollzug werteschaffender Arbeit ist daher auf die Bedürfnisse der menschlichen Person und ihrer Lebensverhältnisse auszurichten, insbesondere auf die Bedürfnisse des häuslichen Lebens, dies namentlich bei den Familienmüttern, unter ständiger Rücksichtnahme auf Geschlecht und Alter. Überdies sollte der arbeitende Mensch in seiner Arbeit selbst Gelegenheit haben zur Entwicklung seiner Anlagen und Entfaltung seiner Personwerte. Alle aber, die ihre Zeit und Kraft mit gebührendem Verantwortungsbewusstsein der Arbeit widmen, sollten auch über ausreichende Ruhezeiten und Muße verfügen für das Leben mit ihren Familien, für ihr kulturelles, gesellschaftliches und religiöses Leben. Ja sie sollten auch die Möglichkeit haben, gerade diejenigen Anlagen und Fähigkeiten frei zu entwickeln, zu deren Entfaltung ihre berufliche Tätigkeit vielleicht nur wenig Gelegenheit bietet.

68. Die Beteiligung in der Ordnung von Unternehmen und Gesamtwirtschaft; die Arbeitskämpfe

In den wirtschaftlichen Unternehmen stehen Personen miteinander in Verbund, d. h. freie, selbstverantwortliche, nach Gottes Bild geschaffene Menschen. Darum sollte man unter Bedachtnahme auf die besonderen Funktionen der Einzelnen, sei es der Eigentümer, der Arbeitgeber, der leitenden oder der ausführenden Kräfte, und unbeschadet der erforderlichen einheitlichen Werkleitung die aktive Beteiligung aller an der Unternehmensgestaltung (7) voranbringen; die geeignete Art und Weise der Verwirklichung wäre näher zu bestimmen. In großem Umfang werden Entscheidungen über wirtschaftliche und soziale Angelegenheiten, die für das künftige Los der Arbeiter und ihrer Nachkommenschaft von Bedeutung sind, nicht so sehr in den einzelnen Unternehmen als vielmehr an höheren Stellen getroffen; darum sollten die Arbeiter auch daran beteiligt sein, sei es unmittelbar, sei es durch frei gewählte Abgesandte.

Eines der grundlegenden Rechte der menschlichen Person ist das Recht der im Arbeitsverhältnis stehenden Menschen, in voller Freiheit Organisationen zu gründen, die sie echt vertreten und imstande sind, zur rechten Gestaltung des Wirtschaftslebens einen wirksamen Beitrag zu leisten, wie auch in diesen Organisationen sich frei zu betätigen, ohne Gefahr zu laufen, deswegen irgendwelchen Nachteilen ausgesetzt zu sein. Durch eine solche geordnete Beteiligung, verbunden mit steigendem wirtschaftlichem und sozialem Bildungsstand, werden bei allen das Verständnis der eigenen Aufgabe und das Verantwortungsbewusstsein ständig zunehmen; das wird weiter dazu führen, alle – gemäß den Anlagen und Fähigkeiten eines jeden – ihrer Verbundenheit im gemeinsamen Bemühen um das allumfassende Werk des wirtschaftlichen und sozialen Fortschritts und um die allseitige Verwirklichung des Gemeinwohls inne werden zu lassen.

Wo der Gegensatz wirtschaftlicher oder sozialer Interessen zu kämpferischen Auseinandersetzungen zu führen droht, müssen alle Bemühungen dahin zielen, eine friedliche Lösung zu finden. An erster Stelle muss immer die ehrliche Aussprache der Beteiligten stehen. Nichtsdestoweniger wird auch unter den heutigen Verhältnissen der Streik, wenn auch nur als letzter Behelf, unentbehrlich bleiben, um Rechte der Arbeiter zu verteidigen oder berechtigte Forderungen durchzusetzen. So schnell als möglich muss dann aber versucht werden, den Weg zur Wiederaufnahme von Verhandlungen und gemeinsamen Überlegungen über eine Verständigung zu finden.

69. Die Widmung der irdischen Güter an alle Menschen
Gott hat die Erde mit allem, was sie enthält, zum Nutzen aller Menschen und Völker bestimmt; darum müssen diese geschaffenen Güter in einem billigen Verhältnis allen zustatten kommen; dabei hat die Gerechtigkeit die Führung, Hand in Hand geht mit ihr die Liebe (8). Wie immer das Eigentum und seine nähere Ausgestaltung entsprechend den verschiedenar-

tigen und wandelbaren Umständen in die rechtlichen Institutionen der Völker eingebaut sein mag, immer gilt es, achtzuhaben auf diese allgemeine Bestimmung der Güter. Darum soll der Mensch, der sich dieser Güter bedient, die äußeren Dinge, die er rechtmäßig besitzt, nicht nur als ihm persönlich zu eigen, sondern muss er sie zugleich auch als Gemeingut ansehen in dem Sinn, dass sie nicht ihm allein, sondern auch anderen von Nutzen sein können (9). Zudem steht allen das Recht zu, einen für sich selbst und ihre Familien ausreichenden Anteil an den Erdengütern zu haben. Das war die Meinung der Väter und Lehrer der Kirche, die sagen, es sei Pflicht, die Armen zu unterstützen, und zwar nicht nur vom Überfluss (10). Wer aber sich in äußerster Notlage befindet, hat das Recht, vom Reichtum anderer das Benötigte an sich zu bringen (11). Angesichts der großen Zahl derer, die in der Welt Hunger leiden, legt das Heilige Konzil sowohl den Einzelnen als auch den öffentlichen Gewalten dringend ans Herz, sie möchten doch eingedenk des Väterwortes: „Speise den vor Hunger Sterbenden, denn ihn nicht speisen heißt ihn töten (12)", jeder nach dem Maße dessen, was ihm möglich ist, Ernst damit machen, ihre Güter mitzuteilen und hinzugeben und dabei namentlich jene Hilfen zu gewähren, durch die sie, seien es Einzelne, seien es ganze Völker, sich selber helfen und entwickeln können.

In den wirtschaftlich wenig entwickelten Gesellschaften wird der Gemeinwidmung der Güter zu einem Teil durch Gewohnheiten und Überlieferungen Rechnung getragen, die jedem Glied der Gemeinschaft das unbedingt Nötige sichern. Es muss aber vermieden werden, bestimmte Gewohnheiten als starr und unveränderlich anzusehen, wenn sie neuen Bedürfnissen der Gegenwart nicht mehr genügen, nicht minder aber auch, in unkluger Weise gegen an sich achtenswerte Gewohnheiten anzugehen, die bei geschickter Anpassung an die heutigen Verhältnisse auch weiterhin großen Nutzen stiften. In ähnlicher Weise kann in wirtschaftlich weit fortgeschrittenen Ländern eine Vielfalt von Einrichtungen sozialer Vorsorge und Sicherung zu ihrem Teil die Gemeinwidmung der Güter verwirklichen. Weiter auszubauen sind Familien- und Gemeinschaftsdienste, namentlich solche mit bildenden und erzieherischen Zielen. Bei allen Maßnahmen dieser Art gilt es aber darauf zu achten, dass die Staatsbürger nicht zu Passivität gegenüber der Gesellschaft verleitet werden, nicht der Erfüllung der ihnen obliegenden Pflichten aus dem Wege gehen oder ihre Dienstleistung verweigern.

70. Investitionen, Währung

Investitionen ihrerseits müssen dahin zielen, in ausreichendem Maße Arbeits- und Verdienstgelegenheiten zu schaffen nicht allein für die gegenwärtige, sondern auch für die künftige Bevölkerung. Alle, die über diese Investitionen und über die Ausrichtung der Wirtschaft zu entscheiden haben, seien es Einzelne, Gruppen oder öffentliche Gewalten, sind gehalten, diese Zielsetzung vor Augen zu haben und ihrer strengen Verpflichtung eingedenk zu sein, einerseits den derzeitigen Bedarf menschenwürdiger Lebenshaltung sowohl der Einzelnen als auch des gesellschaftlichen Ganzen zu decken, andererseits den Blick auf die Zukunft zu richten und für ein ausgewogenes Verhältnis zu sorgen zwischen dem, was zur Deckung der derzeitigen privaten und öffentlichen Verbrauchsbedürfnisse bereitgestellt wird, und den notwendigen Investitionen zugunsten der nachfolgenden Generation. Auch die dringenden Bedürfnisse der wirtschaftlich weniger fortgeschrittenen Völker und Länder sind ständig im Auge zu halten. In Sachen der Währung hüte man sich, dem wahren

Wohl der eigenen oder fremder Nationen zuwiderzuhandeln. Darüber hinaus treffe man Vorsorge, dass die wirtschaftlich Schwachen nicht durch Änderungen des Geldwertes ungerecht geschädigt werden.

71. Der Zugang zu Eigentum und privatem Vermögen; landwirtschaftlicher Großgrundbesitz

Eigentum und andere Formen privater Verfügung über äußere Güter tragen bei zur Selbstdarstellung der Person; überdies geben sie dem Menschen die Möglichkeit, seine Aufgabe in Gesellschaft und Wirtschaft zu erfüllen; darum liegt viel daran, den Zugang sowohl der Einzelnen als auch der Vergemeinschaftungen zu einem gewissen Maß von Verfügungsmacht über äußere Güter zu begünstigen.

Privateigentum oder ein gewisses Maß an Verfügungsmacht über äußere Güter vermitteln den unbedingt nötigen Raum für eigenverantwortliche Gestaltung des persönlichen Lebens jedes Einzelnen und seiner Familie; sie müssen als eine Art Verlängerung der menschlichen Freiheit betrachtet werden; auch spornen sie an zur Übernahme von Aufgaben und Verantwortung; damit zählen sie zu den Voraussetzungen staatsbürgerlicher Freiheit (13).

Diese Verfügungsmacht oder dieses Eigentum gibt es heute in vielerlei Gestalt; von Tag zu Tag werden sie noch vielgestaltiger. Alle behalten auch neben den Einrichtungen der sogenannten sozialen Sicherheit, neben den von der Gesellschaft gewährleisteten Rechtsansprüchen und Dienstleistungen ihre Bedeutung als nicht geringzuschätzende Daseinssicherung. Das gilt aber nicht allein vom materiellen, sondern auch vom immateriellen Eigentum, z. B. von beruflichen Fähigkeiten.

Das Recht auf Privateigentum schließt aber die Rechtmäßigkeit von Gemeineigentum in verschiedenen Formen nicht aus. Die Überführung von Gütern in Gemeineigentum kann nur von den zuständigen obrigkeitlichen Stellen entsprechend dem, was das Gemeinwohl fordert, und in dieser Begrenzung sowie gegen billige Entschädigung erfolgen. Sache der öffentlichen Gewalt ist es auch, Vorsorge zu treffen gegen einen Missbrauch privaten Eigentums im Widerspruch zum Gemeinwohl (14).

Aber auch das Privateigentum selbst hat eine ihm wesentliche soziale Seite; sie hat ihre Grundlage in der Widmung der Erdengüter an alle (15). Bei Außerachtlassung dieser seiner sozialen Seite führt das Eigentum in großem Umfang zu Raffgier und schweren Verirrungen; das aber liefert seinen Gegnern den Vorwand, das Eigentumsrecht als solches in Frage zu stellen.

In manchen wirtschaftlich weniger entwickelten Ländern besteht großer, ja riesengroßer Landbesitz, der nur schwach genutzt oder gar in spekulativer Absicht völlig ungenützt liegen gelassen wird, während die Mehrheit der Bevölkerung entweder überhaupt keinen Boden besitzt oder nur äußerst geringe landwirtschaftliche Nutzflächen in Bestellung hat, während auf der anderen Seite die Steigerung der landwirtschaftlichen Erträge unverkennbar dringlich ist. Nicht selten beziehen diejenigen, die von den Eigentümern als Arbeitskräfte gedungen werden oder Teile von deren Besitz als Pächter bewirtschaften, nur einen menschenunwürdigen Lohn oder Ertragsanteil, ermangeln angemessener Unterkunft und werden von Mittelspersonen ausgebeutet. Ohne jede Daseinssicherung leben sie in einer Dienstbarkeit, die ihnen nahezu jede Möglichkeit raubt, aus eigenem Antrieb und in eigener Verantwortung etwas zu unternehmen, ihnen jeden kulturellen Fortschritt und jede Beteiligung am gesellschaftlichen und politischen Leben versagt. Hier sind Reformen geboten mit dem Ziel, je nach Lage des Falles die Bezüge zu erhöhen, die Arbeitsbedingungen zu verbessern, das Beschäftigungsverhältnis zu sichern, Anreiz zu eigener Unternehmungslust zu bieten, schließlich auch die nicht hinreichend genutzten Besitzungen aufzuteilen unter diejenigen, die imstande sind, diese Flächen ertragbringend zu machen. In letzterem Falle müssen die nötigen Sachmittel und Hilfseinrichtungen beigestellt werden, insbesondere Ausbildungsbeihilfe und organisatorischer Verbund echt genossenschaftlicher Art. Wo das Gemeinwohl die Entziehung des Eigentums erfordert, ist die Entschädigung nach Billigkeit zu bemessen unter Abwägung aller einschlägigen Gesichtspunkte.

72. Wirtschaft und Reich Christi
Wer als Christ am heutigen sozialökonomischen Fortschritt mitwirkt und dabei für Gerechtigkeit und Liebe eintritt, der möge überzeugt sein, er könne viel beitragen zum Wohl der Menschheit und zum Frieden auf dieser Welt. Bei all diesem seinem Wirken möge er, gleichviel, ob er als Einzelner oder im Verbund mit anderen tätig wird, leuchtendes Beispiel geben. Hat er sich erst einmal die unerlässliche Sachkenntnis und Erfahrung angeeignet, dann möge er unter den irdischen Betätigungen die rechte Ordnung innehalten, in Treue gegen Christus und seine frohe Botschaft, dergestalt, dass sein ganzes persönliches und gesellschaftliches Auftreten geprägt sei vom Geist der Bergpredigt, insbesondere von der Seligpreisung der Armut.

Wer immer im Gehorsam gegen Christus zuerst das Reich Gottes sucht, der stärkt und läutert dadurch seine Liebesgesinnung, um allen seinen Brüdern zu helfen und unter dem

Antrieb der göttlichen Liebe das, was die Gerechtigkeit verlangt, zur vollen Verwirklichung zu führen (16).

Viertes Kapitel
Das Leben in der politischen Gemeinschaft

73. Das öffentliche Leben heute
Tiefgreifende Änderungen zeigen sich heute auch innerhalb der politischen Strukturen und Einrichtungen der Völker als Folge ihrer kulturellen, wirtschaftlichen und gesellschaftlichen Entwicklung. Diese Veränderungen haben großen Einfluss auf das Leben der politischen Gemeinschaft, vor allem hinsichtlich der Rechte und Pflichten aller bei der Ausübung der staatsbürgerlichen Freiheit, zur Verwirklichung des Gemeinwohls und bei der Ordnung der Beziehungen der Bürger untereinander und zur öffentlichen Gewalt.

Aus dem lebendigeren Bewusstsein der menschlichen Würde wächst ja in den verschiedenen Teilen der Welt das Bestreben, eine neue politisch-rechtliche Ordnung zu schaffen, in der die Rechte der menschlichen Person im öffentlichen Leben besser geschützt sind, etwa das Recht auf Versammlungs-, Vereinigungs- und Meinungsfreiheit und das Recht auf privates und öffentliches Bekenntnis der Religion. Der Schutz dieser Personenrechte ist nämlich die notwendige Bedingung dafür, dass die Bürger einzeln oder im Verbund am Leben und der Leitung des Staates tätigen Anteil nehmen können.

Parallel zu dem kulturellen, wirtschaftlichen und gesellschaftlichen Fortschritt wächst bei vielen das Verlangen nach mehr Anteil an der Gestaltung des Lebens der politischen Gemeinschaft. Im Bewusstsein vieler wächst das Verlangen, die Rechte der Minderheiten zu wahren, ohne dass deren Pflichten der politischen Gemeinschaft gegenüber außer acht gelassen werden; überdies nimmt die Achtung vor Menschen anderer Meinung oder Religion zu. Gleichzeitig bildet sich eine immer breitere Zusammenarbeit dafür heraus, dass alle Bürger, nicht nur einige privilegierte, wirklich in den Genuss ihrer persönlichen Rechte gelangen können.

Umgekehrt werden alle jene politischen Formen in manchen Ländern verworfen, die die staatsbürgerliche und religiöse Freiheit schmälern, die Zahl der Opfer politischer Leidenschaften und Verbrechen vermehren und die Ausübung der staatlichen Gewalt zum Eigennutz einer bestimmten Partei oder gar der Machthaber selbst und zum Schaden des Gemeinwohls missbrauchen.

Für den Aufbau eines wirklich menschenwürdigen politischen Lebens ist nichts so wichtig wie die Pflege der inneren Einstellung auf Gerechtigkeit, Wohlwollen und Dienst am Gemeinwohl sowie die Schaffung fester Grundüberzeugungen über das wahre Wesen politischer Gemeinschaft und über das Ziel, den rechten Gebrauch und die Grenzen der öffentlichen Gewalt.

74. Natur und Endzweck der politischen Gemeinschaft
Die Einzelnen, die Familien und die verschiedenen Gruppen, aus denen sich die politische Gemeinschaft zusammensetzt, wissen, dass sie allein nicht imstande sind, alles das zu leisten, was zu einem in jeder Richtung menschlichen Leben gehört. Sie erfassen die Notwendigkeit einer umfassenderen Gesellschaft, in der alle täglich ihre eigenen Kräfte zusammen zur ständig besseren Verwirklichung des Gemeinwohls einsetzen (1). So begründen sie denn die politische Gemeinschaft in ihren verschiedenen Formen. Die politische Gemeinschaft besteht also um dieses Gemeinwohls willen; in ihm hat sie ihre

letztgültige Rechtfertigung und ihren Sinn, aus ihm leitet sie ihr ursprüngliches Eigenrecht ab. Das Gemeinwohl aber begreift in sich die Summe aller jener Bedingungen gesellschaftlichen Lebens, die den Einzelnen, den Familien und gesellschaftlichen Gruppen ihre eigene Vervollkommnung voller und ungehinderter zu erreichen gestatten (2).

Aber die Menschen, die zu einer politischen Gemeinschaft zusammenfinden, sind zahlreich und verschiedenartig. Sie können mit Recht verschiedene Meinungen haben. Damit nun der Staat nicht dadurch, dass jeder seiner eigenen Ansicht folgt, zerfällt, bedarf es einer Autorität, welche die Kräfte aller Bürger auf das Gemeinwohl lenkt, nicht bloß durch die Automatismen des Institutionellen oder durch brutale Gewalt, sondern vor allem als moralische Macht, die sich stützt auf die Freiheit und auf das Bewusstsein einer übernommenen Verantwortung.

Offenkundig sind also die politische Gemeinschaft und die öffentliche Autorität in der menschlichen Natur begründet und gehören zu der von Gott vorgebildeten Ordnung, wenngleich die Bestimmung der Regierungsform und die Auswahl der Regierenden dem freien Willen der Staatsbürger überlassen bleiben (3).

Ebenso ergibt sich, dass sich die Ausübung der politischen Gewalt in der Gemeinschaft als solcher oder in den für sie repräsentativen Institutionen immer nur im Rahmen der sittlichen Ordnung vollziehen darf, und zwar zur Verwirklichung des Gemeinwohls – dieses aber dynamisch verstanden – und entsprechend einer legitimen juridischen Ordnung, die bereits besteht oder noch geschaffen werden soll. Dann aber sind auch die Staatsbürger im Gewissen zum Gehorsam verpflichtet (4). Daraus ergeben sich also die Verantwortlichkeit, Würde und Bedeutung der Regierenden.

Wo jedoch die Staatsbürger von einer öffentlichen Gewalt, die ihre Zuständigkeit überschreitet, bedrückt werden, sollen sie sich nicht weigern, das zu tun, was das Gemeinwohl objektiv verlangt. Sie haben jedoch das Recht, ihre und ihrer Mitbürger Rechte gegen den Missbrauch der staatlichen Autorität zu verteidigen, freilich innerhalb der Grenzen des Naturrechts und des Evangeliums.

Die konkrete Art und Weise, wie die politische Gemeinschaft ihre eigene Verfassung und die Ausübung der öffentlichen Gewalt ordnet, kann entsprechend der Eigenart der verschiedenen Völker und der geschichtlichen Entwicklung verschieden sein. Immer aber muss sie im Dienst der Formung eines gebildeten, friedliebenden und gegenüber allen anderen wohlwollenden Menschen stehen, zum Vorteil der gesamten Menschheitsfamilie.

75. Die Mitarbeit aller am öffentlichen Leben
In vollem Einklang mit der menschlichen Natur steht die Entwicklung von rechtlichen und politischen Strukturen, die ohne jede Diskriminierung allen Staatsbürgern immer mehr die tatsächliche Möglichkeit gibt, frei und aktiv teilzuhaben an der rechtlichen Grundlegung ihrer politischen Gemeinschaft, an der Leitung des politischen Geschehens, an der Festlegung des Betätigungsbereichs und des Zwecks der verschiedenen Institutionen und an der Wahl der Regierenden (5). Alle Staatsbürger aber sollen daran denken, von Recht und Pflicht der freien Wahl Gebrauch zu machen zur Förderung des Gemeinwohls. Die Kirche ihrerseits zollt der Arbeit jener, die sich zum Dienst an den Menschen für das Wohl des Staates einsetzen und die Lasten eines solchen Amtes tragen, Anerkennung und Achtung.

Soll die verantwortungsbewusste Mitarbeit der Bürger im

täglichen Leben des Staates den gewünschten Erfolg haben, so muss eine Ordnung des positiven Rechtes vorhanden sein, in der eine sinnvolle Aufteilung der Ämter und Institutionen der öffentlichen Gewalt in Verbindung mit einem wirksamen und nach allen Seiten hin unabhängigen Schutz der Rechte gegeben ist. Die Rechte aller Personen, Familien und gesellschaftlichen Gruppen und deren Ausübung sollen anerkannt, geschützt und gefördert werden (6) zusammen mit den Pflichten, die alle Staatsbürger binden. Unter diesen Pflichten muss ausdrücklich die Pflicht genannt werden, dem Staat jene materiellen und persönlichen Dienste zu leisten, die für das Gemeinwohl notwendig sind. Die Regierenden sollen sich davor hüten, den Familien, gesellschaftlichen und kulturellen Gruppen, vorstaatlichen Körperschaften und Institutionen Hindernisse in den Weg zu legen oder ihnen den ihnen zustehenden freien Wirkungskreis zu nehmen; vielmehr sollen sie diese großzügig und geregelt fördern. Aber auch die Staatsbürger, einzeln oder in Gruppen, sollen der öffentlichen Autorität nicht eine zu umfangreiche Gewalt zugestehen noch von ihr ungebührlich große Zuwendungen und Begünstigungen fordern, so dass die Eigenverantwortung der Einzelnen, der Familien und gesellschaftlichen Gruppen gemindert wird.

Die heutzutage stets verwickelter werdenden Verhältnisse zwingen die staatliche Autorität, häufiger in soziale, wirtschaftliche und kulturelle Angelegenheiten einzugreifen; sie will damit geeignetere Voraussetzungen dafür schaffen, dass die Staatsbürger und gesellschaftlichen Gruppen wirksamer in Freiheit das Wohl des Menschen in jeder Hinsicht verwirklichen können. Je nach der Verschiedenheit der Länder und der Entwicklung der Völker können jedoch die Beziehungen zwischen der Sozialisation (7) und der Autonomie sowie der Entfaltung der Person verschieden gedacht werden. Überall jedoch, wo die Ausübung von Rechten um des Gemeinwohls willen zeitweise beschränkt wird, muss die Freiheit, sobald die Voraussetzungen für diese Beschränkung wegfallen, unverzüglich wiederhergestellt werden. Unmenschlich ist es, wenn eine Regierung auf totalitäre oder diktatorische Formen verfällt, die die Rechte der Person und der gesellschaftlichen Gruppen verletzen.

Die Staatsbürger sollen eine hochherzige und treue Vaterlandsliebe pflegen, freilich ohne geistige Enge, vielmehr so, dass sie dabei das Wohl der ganzen Menschheitsfamilie im Auge behalten, die ja durch die mannigfachen Bande zwischen den Rassen, Völkern und Nationen miteinander verbunden ist.

Die Christen sollen in der politischen Gemeinschaft jene Berufung beachten, die ihnen ganz besonders eigen ist. Sie sollen beispielgebend dafür sein, insofern sie pflichtbewusst handeln und sich für das Gemeinwohl einsetzen. Sie sollen durch ihre Tat zeigen, wie sich Autorität mit Freiheit, persönliche Initiative mit solidarischer Verbundenheit zum gemeinsamen Ganzen, gebotene Einheit mit fruchtbarer Vielfalt verbinden lassen. Berechtigte Meinungsverschiedenheiten in Fragen der Ordnung irdischer Dinge sollen sie anerkennen, und die anderen, die als Einzelne oder kollektiv solche Meinungen anständig vertreten, sollen sie achten. Die politischen Parteien müssen das fördern, was ihres Erachtens nach vom Gemeinwohl gefordert wird; sie dürfen niemals ihre Sonderinteressen über dieses Gemeinwohl stellen.

Die heute dem Volk und besonders der Jugend so notwendige staatsbürgerliche und politische Erziehung ist eifrig zu pflegen, so dass alle Bürger am Leben der politischen Gemeinschaft aktiv teilnehmen können. Wer dazu geeignet ist oder sich dazu ausbilden kann, soll sich darauf vorbereiten, den schweren, aber zugleich ehrenvollen (8) Beruf des Politikers auszuüben, und sich diesem Beruf unter Hintansetzung des eigenen Vorteils und materiellen Gewinns widmen. Sittlich integer und klug zugleich, soll er angehen gegen alles Unrecht und jede Unterdrückung, gegen Willkürherrschaft und Intoleranz eines Einzelnen oder einer politischen Partei. Redlich und gerecht, voll Liebe und politischen Muts soll er sich dem Wohl aller widmen.

76. Politische Gemeinschaft und Kirche
Sehr wichtig ist besonders in einer pluralistischen Gesellschaft, dass man das Verhältnis zwischen der politischen Gemeinschaft und der Kirche richtig sieht, so dass zwischen dem, was die Christen als Einzelne oder im Verbund im eigenen Namen als Staatsbürger, die von ihrem christlichen Gewissen geleitet werden, und dem, was sie im Namen der Kirche zusammen mit ihren Hirten tun, klar unterschieden wird.

Die Kirche, die in keiner Weise hinsichtlich ihrer Aufgabe und Zuständigkeit mit der politischen Gemeinschaft verwechselt werden darf noch auch an irgendein politisches System gebunden ist, ist zugleich Zeichen und Schutz der Transzendenz der menschlichen Person.

Die politische Gemeinschaft und die Kirche sind auf je ihrem Gebiet voneinander unabhängig und autonom. Beide aber dienen, wenn auch in verschiedener Begründung, der persönlichen und gesellschaftlichen Berufung der gleichen Menschen. Diesen Dienst können beide zum Wohl aller um so wirksamer leisten, je mehr und besser sie rechtes Zusammenwirken miteinander pflegen; dabei sind jeweils die Umstände von Ort und Zeit zu berücksichtigen. Der Mensch ist ja nicht auf die zeitliche Ordnung beschränkt, sondern inmitten der menschlichen Geschichte vollzieht er ungeschmälert seine ewige Berufung. Die Kirche aber, in der Liebe des Erlösers begründet, trägt dazu bei, dass sich innerhalb der Grenzen einer Nation und im Verhältnis zwischen den Völkern Gerechtigkeit und Liebe entfalten. Indem sie nämlich die Wahrheit des Evangeliums verkündet und alle Bereiche menschlichen Handelns durch ihre Lehre und das Zeugnis der Christen erhellt, achtet und fördert sie auch die politische Freiheit der Bürger und ihre Verantwortlichkeit.

Wenn die Apostel und ihre Nachfolger mit ihren Mitarbeitern gesandt sind, den Menschen Christus als Erlöser der Welt zu verkünden, so stützen sie sich in ihrem Apostolat auf die Macht Gottes, der oft genug die Kraft des Evangeliums offenbar macht in der Schwäche der Zeugen. Wer sich dem Dienst am Wort Gottes weiht, muss sich der dem Evangelium eigenen Wege und Hilfsmittel bedienen, die weitgehend verschieden sind von den Hilfsmitteln der irdischen Gesellschaft.

Das Irdische und das, was am konkreten Menschen diese Welt übersteigt, sind miteinander eng verbunden, und die Kirche selbst bedient sich des Zeitlichen, soweit es ihre eigene Sendung erfordert. Doch setzt sie ihre Hoffnung nicht auf Privilegien, die ihr von der staatlichen Autorität angeboten werden. Sie wird sogar auf die Ausübung von legitim erworbenen Rechten verzichten, wenn feststeht, dass durch deren Inanspruchnahme die Lauterkeit ihres Zeugnisses in Frage gestellt ist, oder wenn veränderte Lebensverhältnisse eine andere Regelung fordern. Immer und überall aber nimmt sie das Recht in Anspruch, in wahrer Freiheit den Glauben zu verkünden, ihre Soziallehre kundzumachen, ihren Auftrag unter den Menschen unbehindert zu erfüllen und auch politische Angelegenheiten einer sittlichen Beurteilung zu unterstellen, wenn die Grundrechte der menschlichen Person oder das Heil der Seelen es verlangen. Sie wendet dabei alle, aber auch nur jene Mittel an, welche dem Evangelium und dem Wohl aller je nach den verschiedenen Zeiten und Verhältnissen entsprechen.

In der Treue zum Evangelium, gebunden an ihre Sendung in der Welt und entsprechend ihrem Auftrag, alles Wahre, Gute und Schöne in der menschlichen Gemeinschaft zu fördern (9) und zu überhöhen, festigt die Kirche zur Ehre Gottes den Frieden unter den Menschen (10).

Fünftes Kapitel
Die Förderung des Friedens und der Aufbau der Völkergemeinschaft

77. Einführung

In unseren Jahren, in denen die Leiden und Ängste wütender oder drohender Kriege noch schwer auf den Menschen lasten, ist die gesamte Menschheitsfamilie in einer entscheidenden Stunde ihrer Entwicklung zur Reife angelangt. Allmählich ist sie sich untereinander nähergekommen, und überall ist sie sich schon klarer ihrer Einheit bewusst. Da kann sie ihre Aufgabe, die Welt für alle überall wirklich menschlicher zu gestalten, nur erfüllen, wenn alle sich in einer inneren Erneuerung dem wahren Frieden zuwenden. Dann strahlt unserer Zeit jene Botschaft des Evangeliums, die dem höchsten Sehnen und Bemühen der Menschheit entspricht, in neuem Licht auf, jene Botschaft, die die Friedensstifter seligpreist, „denn sie werden Kinder Gottes heißen" (Mt 5,9).

Darum möchte das Konzil den wahren und hohen Begriff des Friedens klarlegen, die Unmenschlichkeit des Krieges verurteilen und mit allem Ernst einen Aufruf an alle Christen richten, mit Hilfe Christi, in dem der Friede gründet, mit allen Menschen zusammenzuarbeiten, um untereinander in Gerechtigkeit und Liebe den Frieden zu festigen und all das bereitzustellen, was dem Frieden dient.

78. Vom Wesen des Friedens
Der Friede besteht nicht darin, dass kein Krieg ist; er lässt sich auch nicht bloß durch das Gleichgewicht entgegengesetzter Kräfte sichern; er entspringt ferner nicht dem Machtgebot eines Starken; er heißt vielmehr mit Recht und eigentlich ein „Werk der Gerechtigkeit" (Jes 32,17). Er ist die Frucht der Ordnung, die ihr göttlicher Gründer selbst in die menschliche Gesellschaft eingestiftet hat und die von den Menschen durch stetes Streben nach immer vollkommenerer Gerechtigkeit verwirklicht werden muss. Zwar wird das Gemeinwohl des Menschengeschlechts grundlegend vom ewigen Gesetz Gottes bestimmt, aber in seinen konkreten Anforderungen unterliegt es dem ständigen Wandel der Zeiten; darum ist der Friede niemals endgültiger Besitz, sondern immer wieder neu zu erfüllende Aufgabe. Da zudem der menschliche Wille schwankend und von der Sünde verwundet ist, verlangt die Sorge um den Frieden, dass jeder dauernd seine Leidenschaft beherrscht und dass die rechtmäßige Obrigkeit wachsam ist.

Dies alles genügt noch nicht. Dieser Friede kann auf Erden nicht erreicht werden ohne Sicherheit für das Wohl der Person und ohne dass die Menschen frei und vertrauensvoll die Reichtümer ihres Geistes und Herzens miteinander teilen. Der feste Wille, andere Menschen und Völker und ihre Würde zu achten, gepaart mit einsatzbereiter und tätiger Brüderlichkeit – das sind unerlässliche Voraussetzungen für den Aufbau des Friedens. So ist der Friede auch die Frucht der

Liebe, die über das hinausgeht, was die Gerechtigkeit zu leisten vermag.

Der irdische Friede, der seinen Ursprung in der Liebe zum Nächsten hat, ist aber auch Abbild und Wirkung des Friedens, den Christus gebracht hat und der von Gott dem Vater ausgeht. Dieser menschgewordene Sohn, der Friedensfürst, hat nämlich durch sein Kreuz alle Menschen mit Gott versöhnt und die Einheit aller in einem Volk und in einem Leib wiederhergestellt. Er hat den Hass an seinem eigenen Leib getötet (1), und durch seine Auferstehung erhöht, hat er den Geist der Liebe in die Herzen der Menschen ausgegossen.

Das ist ein eindringlicher Aufruf an alle Christen: „die Wahrheit in Liebe zu tun" (Eph 4,15) und sich mit allen wahrhaft friedliebenden Menschen zu vereinen, um den Frieden zu erbeten und aufzubauen.

Vom gleichen Geist bewegt, können wir denen unsere Anerkennung nicht versagen, die bei der Wahrung ihrer Rechte darauf verzichten, Gewalt anzuwenden, sich vielmehr auf Verteidigungsmittel beschränken, so wie sie auch den Schwächeren zur Verfügung stehen, vorausgesetzt, dass dies ohne Verletzung der Rechte und Pflichten anderer oder der Gemeinschaft möglich ist.

Insofern die Menschen Sünder sind, droht ihnen die Gefahr des Krieges, und sie wird ihnen drohen bis zur Ankunft Christi. Soweit aber die Menschen sich in Liebe vereinen und so die Sünde überwinden, überwinden sie auch die Gewaltsamkeit, bis sich einmal die Worte erfüllen: „Zu Pflügen schmieden sie ihre Schwerter um, zu Winzermessern ihre Lanzen. Kein Volk zückt mehr gegen das andere das Schwert. Das Kriegshandwerk gibt es nicht mehr" (Jes 2,4).

Erster Abschnitt:
Von der Vermeidung des Krieges

79. Der Unmenschlichkeit der Kriege Dämme setzen
Obwohl die jüngsten Kriege unserer Welt ungeheuren materiellen und moralischen Schaden zugefügt haben, setzt der Krieg doch jeden Tag in irgendeinem Teil der Welt seine Verwüstungen fort. Es droht sogar beim Gebrauch wissenschaftlicher Waffen, gleich welcher Art, eine Barbarei der Kriegführung, die die Kämpfenden zu Grausamkeiten verleitet, die die vergangener Zeiten weit übersteigt. Die Kompliziertheit der heutigen Lage und die Verflochtenheit der internationalen Beziehungen ermöglichen zudem neue hinterhältige und umstürzlerische Methoden, Kriege zu tarnen und in die Länge zu ziehen. In vielen Fällen gibt der Einsatz terroristischer Praktiken der Kriegführung eine neue Gestalt.

Diesen beklagenswerten Zustand der Menschheit vor Augen, möchte das Konzil vor allem an die bleibende Geltung des natürlichen Völkerrechts und seiner allgemeinen Prinzipien erinnern. Das Gewissen der gesamten Menschheit bekennt sich zu diesen Prinzipien mit wachsendem Nachdruck. Handlungen, die in bewusstem Widerspruch zu ihnen stehen, sind Verbrechen; ebenso Befehle, die solche Handlungen anordnen; auch die Berufung auf blinden Gehorsam kann den nicht entschuldigen, der sie ausführt. Zu diesen Handlungen muss man an erster Stelle rechnen: ein ganzes Volk, eine Nation oder eine völkische Minderheit aus welchem Grunde und mit welchen Mitteln auch immer auszurotten. Das sind furchtbare Verbrechen, die aufs schärfste zu verurteilen sind. Höchste Anerkennung verdient dagegen die Haltung derer, die sich solchen Befehlen furchtlos und offen widersetzen.

Für den Kriegsfall bestehen verschiedene internationale Konventionen, von einer recht großen Anzahl von Ländern mit dem Ziel unterzeichnet, die Unmenschlichkeit von Kriegshandlungen und -folgen zu mindern, etwa die Konventionen zum Schutz der Verwundeten und Kriegsgefangenen und verschiedene ähnliche Abmachungen. Diese Verträge müssen gehalten werden. Außerdem müssen alle, insbesondere die Regierungen und die Sachverständigen, alles tun, um diese Abmachungen nach Möglichkeit zu verbessern und dadurch die Unmenschlichkeiten des Krieges besser und wirksamer einzudämmen. Ferner scheint es angebracht, dass Gesetze für die in humaner Weise Vorsorge treffen, die aus Gewissensgründen den Wehrdienst verweigern, vorausgesetzt, dass sie zu einer anderen Form des Dienstes an der menschlichen Gemeinschaft bereit sind.

Allerdings – der Krieg ist nicht aus der Welt geschafft. Solange die Gefahr von Krieg besteht und solange es noch keine zuständige internationale Autorität gibt, die mit entsprechenden Mitteln ausgestattet ist, kann man, wenn alle Möglichkeiten einer friedlichen Regelung erschöpft sind, einer Regierung das Recht auf sittlich erlaubte Verteidigung nicht absprechen. Die Regierenden und alle, die Verantwortung für den Staat tragen, sind verpflichtet, das Wohl der ihnen anvertrauten Völker zu schützen, und sie sollen diese ernste Sache ernst nehmen. Der Einsatz militärischer Mittel, um ein Volk rechtmäßig zu verteidigen, hat jedoch nichts zu tun mit dem Bestreben, andere Nationen zu unterjochen. Das Kriegspotential legitimiert auch nicht jeden militärischen oder politischen Gebrauch. Auch wird nicht deshalb, weil ein Krieg unglücklicherweise ausgebrochen ist, damit nun jedes Kampfmittel zwischen den gegnerischen Parteien erlaubt.

Wer als Soldat im Dienst des Vaterlandes steht, betrachte

sich als Diener der Sicherheit und Freiheit der Völker. Indem er diese Aufgabe recht erfüllt, trägt er wahrhaft zur Festigung des Friedens bei.

80. Der totale Krieg

Mit der Fortentwicklung wissenschaftlicher Waffen wachsen der Schrecken und die Verwerflichkeit des Krieges ins Unermessliche. Die Anwendung solcher Waffen im Krieg vermag ungeheure und unkontrollierbare Zerstörungen auszulösen, die die Grenzen einer gerechten Verteidigung weit überschreiten. Ja wenn man alle Mittel, die sich schon in den Waffenlagern der Großmächte befinden, voll einsetzen würde, würde sich daraus eine fast totale und gegenseitige Vernichtung des einen Gegners durch den anderen ergeben, abgesehen von den zahllosen Verwüstungen in der Welt, die dem Gebrauch solcher Waffen als verhängnisvolle Nachwirkungen folgen.

All dies zwingt uns, die Frage des Krieges mit einer ganz neuen inneren Einstellung zu prüfen (2). Die Menschen unseres Zeitalters sollen wissen, dass sie über ihre kriegerischen Handlungen einmal schwere Rechenschaft abzulegen haben. Von ihren heutigen Entscheidungen hängt nämlich weitgehend der Lauf der Zukunft ab.

Deshalb macht sich diese Heilige Synode die Verurteilung des totalen Krieges, wie sie schon von den letzten Päpsten ausgesprochen wurde (3), zu eigen und erklärt:

Jede Kriegshandlung, die auf die Vernichtung ganzer Städte oder weiter Gebiete und ihrer Bevölkerung unterschiedslos abstellt, ist ein Verbrechen gegen Gott und gegen den Menschen, das fest und entschieden zu verwerfen ist.

Die besondere Gefahr des modernen Krieges besteht darin, dass er sozusagen denen, die im Besitz neuerer wissenschaftlicher Waffen sind, die Gelegenheit schafft, solche Verbrechen zu begehen, und in einer Art unerbittlicher Verstrickung den Willen des Menschen zu den fürchterlichsten Entschlüssen treiben kann. Damit in Zukunft so etwas nie geschieht, beschwören die versammelten Bischöfe des ganzen Erdkreises alle, insbesondere die Regierenden und die militärischen Befehlshaber, sich jederzeit der großen Verantwortung bewusst zu sein, die sie vor Gott und der ganzen Menschheit tragen.

81. Der Rüstungswettlauf

Die wissenschaftlichen Waffen werden nun allerdings nicht nur zum Einsatz im Kriegsfall angehäuft. Weil man meint, dass die Stärke der Verteidigung von der Fähigkeit abhänge, bei einem Angriff des Gegners blitzartig zurückzuschlagen, dient diese noch jährlich wachsende Anhäufung von Waffen dazu, auf diese ungewöhnliche Art mögliche Gegner abzuschrecken. Viele halten dies heute für das wirksamste Mittel, einen gewissen Frieden zwischen den Völkern zu sichern.

Wie immer man auch zu dieser Methode der Abschreckung stehen mag – die Menschen sollten überzeugt sein, dass der Rüstungswettlauf, zu dem nicht wenige Nationen ihre Zuflucht nehmen, kein sicherer Weg ist, den Frieden zu sichern, und dass das daraus sich ergebende sogenannte Gleichgewicht kein sicherer und wirklicher Friede ist. Statt dass dieser die Ursachen des Krieges beseitigt, drohen diese dadurch sogar eher weiter zuzunehmen. Während man riesige Summen für die Herstellung immer neuer Waffen ausgibt, kann man nicht genügend Hilfsmittel bereitstellen zur Bekämpfung all des Elends in der heutigen Welt. Anstatt die Spannungen zwischen den Völkern wirklich und gründlich zu lösen, überträgt man sie noch auf andere Erdteile. Neue

Wege, von einer inneren Wandlung aus beginnend, müssen gewählt werden, um dieses Ärgernis zu beseitigen, die Welt von der drückenden Angst zu befreien und ihr den wahren Frieden zu schenken.

Darum muss noch einmal erklärt werden: Der Rüstungswettlauf ist eine der schrecklichsten Wunden der Menschheit, er schädigt unerträglich die Armen. Wenn hier nicht Hilfe geschaffen wird, ist zu befürchten, dass er eines Tages all das tödliche Unheil bringt, wozu er schon jetzt die Mittel bereitstellt.

Gewarnt vor Katastrophen, die das Menschengeschlecht heute möglich macht, wollen wir die Frist, die uns noch von oben gewährt wurde, nützen, um mit geschärftem Verantwortungsbewusstsein Methoden zu finden, unsere Meinungsverschiedenheiten auf eine Art und Weise zu lösen, die des Menschen würdiger ist. Die göttliche Vorsehung fordert dringend von uns, dass wir uns von der alten Knechtschaft des Krieges befreien. Wohin uns der verhängnisvolle Weg, den wir beschritten haben, führen mag, falls wir nicht diesen Versuch zur Umkehr machen, das wissen wir nicht.

82. Die absolute Ächtung des Krieges: eine weltweite Aktion, ihn zu verhindern

Es ist also deutlich, dass wir mit all unseren Kräften jene Zeit vorbereiten müssen, in der auf der Basis einer Übereinkunft zwischen allen Nationen jeglicher Krieg absolut geächtet werden kann. Das erfordert freilich, dass eine von allen anerkannte öffentliche Weltautorität eingesetzt wird, die über wirksame Macht verfügt, um für alle Sicherheit, Wahrung der Gerechtigkeit und Achtung der Rechte zu gewährleisten. Bevor aber diese wünschenswerte Autorität konstituiert werden kann, müssen die jetzigen internationalen höchsten Gremien sich intensiv um Mittel bemühen, die allgemeine Sicherheit besser zu gewährleisten. Da der Friede aus dem gegenseitigen Vertrauen der Völker erwachsen sollte, statt den Nationen durch den Schrecken der Waffen auferlegt zu werden, sollten alle sich bemühen, dem Wettrüsten ein Ende zu machen. Man soll wirklich mit der Abrüstung beginnen, nicht einseitig, sondern in vertraglich festgelegten gleichen Schritten und mit echten und wirksamen Sicherungen (4).

Inzwischen sind Versuche, wie sie schon unternommen wurden und noch werden, die Gefahr des Krieges abzuwenden, keineswegs geringzuschätzen. Man sollte vielmehr den guten Willen der überaus vielen stützen, die, beladen durch ihr hohes Amt, aber zugleich im Gewissen bedrängt durch die Schwere ihrer Verantwortung, darauf hinwirken, dass der Krieg, den sie verabscheuen, aus der Welt geschafft werde, wenn sie auch nicht an der Kompliziertheit der faktischen Verhältnisse vorbeisehen können. Inständig muss man zu Gott beten, dass er ihnen die Kraft gibt, dieses hohe Werk der Liebe zu den Menschen, den kraftvollen Aufbau des Friedens immer wieder neu zu beginnen und tapfer durchzuhalten. Dies verlangt heute sicher von ihnen, dass sie mit Geist und Herz über die Grenzen ihrer eigenen Nation hinausschauen, dass sie auf nationalen Egoismus und den Ehrgeiz, andere Nationen zu beherrschen, verzichten, dass sie eine tiefe Ehrfurcht empfinden für die ganze Menschheit, die sich so mühsam schon auf eine größere Einheit hinbewegt.

Über die Probleme des Friedens und der Abrüstung sind schon tiefe, mutige und unermüdliche Forschungen angestellt worden. Internationale Kongresse befassten sich damit. Man sollte dies alles als erste Schritte zur Lösung dieser so schwierigen Fragen ansehen und für die Zukunft noch intensiver fördern, wenn man praktikable Ergebnisse erreichen will. Indessen soll man sich hüten, sich nur auf die Anstrengungen einiger zu verlassen, ohne die eigene Einstellung zu überprüfen. Denn die Staatsmänner, die das Gemeinwohl ihres eigenen Volkes zu verantworten und gleichzeitig das Wohl der gesamten Welt zu fördern haben, sind sehr abhängig von der öffentlichen Meinung und Einstellung der Massen. Nichts nützt ihnen ihr Bemühen, Frieden zu stiften, wenn Gefühle der Feindschaft, Verachtung, Misstrauen, Rassenhass und ideologische Verhärtung die Menschen trennen und zu Gegnern machen. Darum sind vor allem eine neue Erziehung und ein neuer Geist in der öffentlichen Meinung dringend notwendig. Wer sich der Aufgabe der Erziehung, vor allem der Jugend, widmet und wer die öffentliche Meinung mitformt, soll es als seine schwere Pflicht ansehen, in allen eine neue Friedensgesinnung zu wecken. Wir alle müssen uns wandeln in unserer Gesinnung und müssen die ganze Welt und jene Aufgaben in den Blick bekommen, die wir alle zusammen zum Fortschritt der Menschheit auf uns nehmen können.

Täuschen wir uns nicht durch eine falsche Hoffnung! Wenn Feindschaft und Hass nicht aufgegeben werden, wenn es nicht zum Abschluss fester und ehrenhafter Verträge kommt, die für die Zukunft einen allgemeinen Frieden sichern, dann geht die Menschheit, die jetzt schon in Gefahr schwebt, trotz all ihrer bewundernswürdigen Wissenschaft jener dunklen Stunde entgegen, wo sie keinen andern Frieden mehr spürt als die schaurige Ruhe des Todes. Aber während die Kirche Christi mitten in den Ängsten dieser Zeit lebt und diese Worte ausspricht, hört sie nicht auf, zuversichtlich zu hoffen. Unserer Zeit will sie immer wieder – gelegen oder ungelegen – die apostolische Botschaft verkünden: „Seht, jetzt ist die Zeit der Gnade" zur Bekehrung der Herzen; „jetzt ist der Tag des Heils" (5).

Zweiter Abschnitt:
Der Aufbau der internationalen Gemeinschaft

83. Die Ursachen der Zwietracht und ihre Heilmittel
Um den Frieden aufzubauen, müssen vor allem die Ursachen der Zwietracht in der Welt, die zum Krieg führen, beseitigt werden, an erster Stelle die Ungerechtigkeiten. Nicht wenige entspringen allzu großen wirtschaftlichen Ungleichheiten oder auch der Verzögerung der notwendigen Hilfe. Andere entstehen aus Herrschsucht und Missachtung der Menschenwürde und, wenn wir nach den tieferen Gründen suchen, aus Neid, Misstrauen, Hochmut und anderen egoistischen Leidenschaften. Da der Mensch so viel Unordnung nicht ertragen kann, folgt daraus, dass die Welt auch ohne das Wüten des Krieges dauernd von zwischenmenschlichen Spannungen und gewaltsamen Auseinandersetzungen vergiftet wird. Weil außerdem dieselben Übel auch in den Beziehungen unter den Völkern zu finden sind, müssen, will man sie überwinden oder verhüten und die zügellose Gewaltanwendung verhindern, die internationalen Institutionen besser und enger zusammenarbeiten und koordiniert werden; ebenso muss auf die Bildung neuer Organe für die Förderung des Friedens unermüdlich hingearbeitet werden.

84. Die Völkergemeinschaft und die internationalen
 Institutionen
Um bei der wachsenden gegenseitigen engen Abhängigkeit aller Menschen und aller Völker auf dem ganzen Erdkreis das allgemeine Wohl der Menschheit auf geeignetem Weg zu suchen und in wirksamerer Weise zu erreichen, muss sich die Völkergemeinschaft eine Ordnung geben, die den heutigen Aufgaben entspricht, vor allem im Hinblick auf

die zahlreichen Gebiete, die immer noch unerträgliche Not leiden.

Um diese Ziele zu erreichen, müssen die Institutionen der internationalen Gemeinschaft den verschiedenen Bedürfnissen der Menschen nach Kräften Rechnung tragen, und zwar sowohl in den Bereichen des sozialen Lebens, z.B. Ernährung, Gesundheit, Erziehung, Arbeit, als auch in besonderen Situationen, die hier und dort entstehen können, z.B. die allgemein bestehende Notwendigkeit, den Aufstieg der Entwicklungsländer zu fördern, die Leiden der Flüchtlinge in der ganzen Welt zu lindern oder auch Auswanderer und ihre Familien zu unterstützen.

Die bereits bestehenden internationalen Institutionen, sowohl auf weltweiter wie auf regionaler Ebene, machen sich ohne Zweifel um die Menschheit hoch verdient. Sie erscheinen als erste Versuche, eine internationale Grundlage für die Gemeinschaft der ganzen Menschheit zu schaffen, damit so die schweren Fragen unserer Zeit gelöst werden: den Fortschritt überall zu fördern und Kriege in jeder Form zu verhindern. Die Kirche freut sich über den Geist wahrer Brüderlichkeit zwischen Christen und Nichtchristen, der auf all diesen Gebieten zu immer größeren Anstrengungen drängt, um die ungeheuere Not zu lindern.

85. Die internationale wirtschaftliche Zusammenarbeit
Die heutige enge Verbundenheit der Menschheit erfordert auch auf wirtschaftlichem Gebiet eine stärkere internationale Zusammenarbeit. Wenn auch fast alle Völker politische Unabhängigkeit erlangt haben, ist es doch noch lange nicht so weit, dass sie von allzu großen Ungleichheiten und jeder Form ungebührlicher Abhängigkeit frei und jeder Gefahr schwerer innerer Konflikte enthoben sind.

Die Entwicklung einer Nation hängt von menschlichen und finanziellen Hilfen ab. Die Bürger einer jeden Nation müssen durch Erziehung und Berufsausbildung für die verschiedenen Aufgaben in Wirtschaft und Gesellschaft vorbereitet werden. Dazu ist die Hilfe ausländischer Fachkräfte erforderlich, die bei ihrem Einsatz nicht als Herren auftreten dürfen, sondern Helfer und Mitarbeiter sein sollen. Materielle Hilfe wird den aufstrebenden Völkern nicht zuteil werden, wenn die Praktiken des heutigen Welthandels sich nicht von Grund auf ändern. Darüber hinaus müssen von den hochentwickelten Ländern Hilfen in Form von Zuschüssen, Krediten und Kapitalinvestitionen gewährt werden. Diese sollen von der einen Seite großherzig und ohne Profitsucht gewährt und von der anderen in ehrenhafter Haltung angenommen werden.

Um zu einer echten weltumfassenden Wirtschaftsordnung zu kommen, muss auf übertriebenes Gewinnstreben, nationales Prestige, politische Herrschsucht, militaristische Überlegungen und Machenschaften zur zwangsweisen Verbreitung von Ideologien verzichtet werden. Viele wirtschaftliche und soziale Systeme werden vorgeschlagen. Es ist zu wünschen, dass Fachleute eine gemeinsame Grundlage für einen gesunden Welthandel finden können. Das wird leichter zu erreichen sein, wenn die Einzelnen ihre Vorurteile ablegen und zu einem aufrichtigen Dialog bereit sind.

86. Einige praktische Normen

Für diese Zusammenarbeit scheinen folgende Normen nützlich zu sein:

a) Den Völkern der Entwicklungsländer muss sehr daran gelegen sein, als Ziel des Fortschritts ausdrücklich und entschieden die volle menschliche Entfaltung ihrer Bürger zu erstreben. Sie sollen daran denken, dass der Fortschritt vor allem aus der Arbeit und den Fähigkeiten der Völker selbst entspringt und sich steigert und sich nicht allein auf fremde Hilfe, sondern vor allem auf die volle Erschließung der eigenen Hilfsquellen und ihren Ausbau entsprechend den eigenen Fähigkeiten und Traditionen stützen muss. Hier sollen jene Völker mit gutem Beispiel vorangehen, die größeren Einfluss auf andere haben.

b) Es ist eine schwere Verpflichtung der hochentwickelten Länder, den aufstrebenden Völkern bei der Erfüllung der genannten Aufgaben zu helfen. Darum sollen sie bei sich selbst die geistigen und materiellen Anpassungen durchführen, die zur Organisation dieser weltweiten Zusammenarbeit erforderlich sind. So sollen sie beim Handel mit den schwächeren und ärmeren Nationen deren Wohl bewusst berücksichtigen. Denn diese brauchen den Erlös aus dem Verkauf ihrer Erzeugnisse zum eigenen Unterhalt.

c) Aufgabe der internationalen Gemeinschaft ist es, die wirtschaftliche Entwicklung zu ordnen und ihr Anreize zu geben, jedoch so, dass die dafür bestimmten Mittel so wirksam und gerecht wie möglich vergeben werden. Sache dieser Gemeinschaft ist es auch, unter Berücksichtigung des Subsidiaritätsprinzips die wirtschaftlichen Verhältnisse weltweit so zu ordnen, dass sie sich nach der Norm der Gerechtigkeit entwickeln.

Es sollen geeignete Institutionen zur Förderung und Ordnung des internationalen Handels gegründet werden, vor allem mit den weniger entwickelten Nationen, und zwar zum Ausgleich der Unzuträglichkeit, die sich aus den allzu großen Machtunterschieden zwischen den Völkern ergeben. Solche ordnende Maßnahmen in Verbindung mit technischer, kultureller und finanzieller Unterstützung sollen den aufstrebenden

Nationen die notwendigen Hilfen gewähren, damit sie ein entsprechendes Wachstum ihrer Wirtschaft erreichen können.

d) In vielen Fällen besteht die Notwendigkeit, die wirtschaftliche und soziale Struktur zu überprüfen. Aber man muss sich hüten vor bloß organisatorischen, unausgereiften Lösungen, besonders vor solchen, die dem Menschen zwar materielle Erleichterungen bieten, seiner geistigen Anlage und Entwicklung aber schaden. Denn „nicht vom Brot allein lebt der Mensch, sondern von jedem Wort, das aus dem Munde Gottes kommt" (Mt 4,4). Jeder Teil der Menschheitsfamilie trägt in sich und in seinen besten Traditionen einen Teil des geistigen Erbes, das Gott der Menschheit anvertraut hat, wenn auch viele seine Herkunft nicht kennen.

87. Die internationale Zusammenarbeit im Hinblick auf das Bevölkerungswachstum

Besonders drängend wird die internationale Zusammenarbeit im Hinblick auf jene Völker, die heute häufig neben vielen anderen Problemen vor allem durch jenes bedrängt werden, das aus dem raschen Bevölkerungswachstum entsteht. Es ist dringend erforderlich, dass alle Nationen, besonders die wohlhabenden, in umfassender und gründlicher Zusammenarbeit Wege suchen, wie die zum Lebensunterhalt und zur angemessenen Ausbildung nötigen Mittel bereitgestellt und der ganzen Menschheit zugänglich gemacht werden können. Manche Völker könnten ihre Lebensbedingungen sehr verbessern, wenn sie nach entsprechender Unterweisung von veralteten Methoden der landwirtschaftlichen Erzeugung zu neuen technischen Verfahren übergingen, die sie mit der notwendigen Klugheit ihren Verhältnissen anpassen müssten, und darüber hinaus eine bessere soziale Ordnung einführten sowie die Verteilung des Landbesitzes gerechter ordneten.

Die Regierungen aber haben in Bezug auf die Bevölkerungsprobleme in ihrem eigenen Land Rechte und Pflichten innerhalb der Grenzen ihrer Zuständigkeit, z.B. was die Sozial- und Familiengesetzgebung angeht, die Landflucht und die Information über den Zustand und die Bedürfnisse der Nation. Da die Menschen heute von diesem Problem so stark bewegt werden, ist auch zu wünschen, dass katholische Fachleute, vor allem an den Universitäten, die Forschung und die Versuche auf diesem Gebiet planmäßig weiterverfolgen und entwickeln.

Vielfach wird die Behauptung aufgestellt, das Wachstum der Erdbevölkerung müsse, wenigstens in bestimmten Ländern, mit allen Mitteln, auch durch Eingriffe des Staates, gleich welcher Art, radikal gedrosselt werden. Das Konzil richtet deshalb an alle die Mahnung, sich vor öffentlich oder privat empfohlenen, manchmal auch aufgenötigten Lösungen zu hüten, die dem Sittengesetz widersprechen. Nach dem unveräußerlichen Menschenrecht auf Ehe und Kinderzeugung hängt die Entscheidung über die Zahl der Kinder vom rechten Urteil der Eltern ab und kann keinesfalls dem Urteil der staatlichen Autorität überlassen werden. Da aber das Urteil der Eltern ein richtig gebildetes Gewissen voraussetzt, ist es von großer Bedeutung, dass allen die Möglichkeit geboten wird, in sich die rechte und wahrhaft menschliche Verantwortlichkeit zu bilden, die sich am göttlichen Gesetz orientiert und die jeweiligen Verhältnisse berücksichtigt. Das erfordert aber, dass weithin die erzieherischen und sozialen Bedingungen verbessert werden und vor allem dass eine religiöse Bildung oder wenigstens eine umfassende sittliche Unterweisung geboten wird. Über die wissenschaftlichen Fortschritte in der Erforschung von sicheren und moralisch einwandfreien Methoden, die den Eheleuten bei der Regelung der Kinderzahl helfen können, sollen die Menschen in kluger Weise unterrichtet werden.

88. Der Auftrag der Christen zur Hilfeleistung

Zum Aufbau einer internationalen Ordnung, in der die rechtmäßigen Freiheiten aller wirklich geachtet werden und wahre Brüderlichkeit bei allen herrscht, sollen die Christen gern und von Herzen mitarbeiten, und das um so mehr, als der größere Teil der Welt noch unter solcher Not leidet, dass Christus selbst in den Armen mit lauter Stimme seine Jünger zur Liebe aufruft. Das Ärgernis soll vermieden werden, dass einige Nationen, deren Bürger in überwältigender Mehrheit den Ehrennamen „Christen" tragen, Güter in Fülle besitzen, während andere nicht genug zum Leben haben und von Hunger, Krankheit und Elend aller Art gepeinigt werden. Denn der Geist der Armut und Liebe ist Ruhm und Zeugnis der Kirche Christi.

Lob und Unterstützung verdienen jene Christen, vor allem jene jungen Menschen, die freiwillig anderen Menschen und Völkern ihre persönliche Hilfe zur Verfügung stellen. Es ist jedoch Sache des ganzen Volkes Gottes, wobei die Bischöfe mit Wort und Beispiel vorangehen müssen, die Nöte unserer Zeit nach Kräften zu lindern, und zwar nach alter Tradition der Kirche nicht nur aus dem Überfluss, sondern auch von der Substanz.

Das Sammeln und Verteilen von Mitteln muss, zwar ohne starre und einförmige Organisation, jedoch ordnungsgemäß, in den Diözesen, den Ländern und in der ganzen Welt durchgeführt werden, und das in Zusammenarbeit der Katholiken mit den übrigen Christen, wo immer es angebracht erscheint. Denn der Geist der Liebe verbietet durchaus nicht die wohlüberlegte und organisierte Durchführung einer sozialen und caritativen Aktion, sondern fordert sie sogar. Darum ist es auch notwendig, dass diejenigen, die sich dem Dienst in Entwicklungsländern widmen wollen, in geeigneten Instituten ausgebildet werden.

89. Die wirksame Präsenz der Kirche in der internationalen Gemeinschaft
Kraft ihrer göttlichen Sendung verkündet die Kirche allen Menschen das Evangelium und spendet ihnen die Schätze der Gnade. Dadurch leistet sie überall einen wichtigen Beitrag zur Festigung des Friedens und zur Schaffung einer soliden Grundlage der brüderlichen Gemeinschaft unter den Menschen und Völkern, nämlich die Kenntnis des göttlichen und natürlichen Sittengesetzes. Darum muss die Kirche in der Völkergemeinschaft präsent sein, um die Zusammenarbeit unter den Menschen zu fördern und anzuregen. Das geschieht sowohl durch ihre öffentlichen Institutionen wie durch die umfassende und aufrichtige Zusammenarbeit aller Christen, deren einziger Beweggrund der Wunsch ist, allen zu dienen.

Das wird um so eher gelingen, wenn alle Gläubigen im Bewusstsein ihrer menschlichen und christlichen Verantwortung in ihrem eigenen Lebensbereich daran mitwirken, den Wunsch zu tatkräftiger Zusammenarbeit mit der internationalen Gemeinschaft zu wecken. Besondere Sorgfalt ist dabei auf die Bildung der Jugend zu verwenden, vor allem in der religiösen und staatsbürgerlichen Erziehung.

90. Die Aufgabe der Christen in den internationalen Institutionen
Eine hervorragende Form des internationalen Wirkens der Christen ist zweifellos die Mitarbeit, die sie einzeln und orga-

nisiert in den vorhandenen oder zu gründenden Institutionen zur Förderung der Zusammenarbeit unter den Nationen leisten. Darüber hinaus können die verschiedenen katholischen internationalen Organisationen auf vielfache Weise zum Aufbau einer friedlichen und brüderlichen Völkergemeinschaft beitragen. Sie verdienen gestärkt zu werden durch erhöhten Einsatz gut vorgebildeter Mitarbeiter, durch Vermehrung der notwendigen Hilfsmittel und durch geeignete Koordinierung der Kräfte. Denn in unserer Zeit sind sowohl zum Erfolg von Aktionen als auch zu dem notwendig gewordenen Dialog gemeinsame Bemühungen erforderlich. Solche Vereinigungen tragen außerdem nicht wenig dazu bei, den Sinn für die Weltprobleme zu entwickeln, was den Katholiken gemäß ist, und das Bewusstsein wahrhaft weltweiter Solidarität und Verantwortung zu wecken.

Schließlich ist zu wünschen, dass die Katholiken zur rechten Erfüllung ihrer Aufgabe in der internationalen Gemeinschaft eine tatkräftige und positive Zusammenarbeit anstreben mit den getrennten Brüdern, die sich gemeinsam mit ihnen zur Liebe des Evangeliums bekennen, und mit allen Menschen, die den wahren Frieden ersehnen.

Aber angesichts der zahllosen Drangsale, unter denen der größere Teil der Menschheit auch heute noch leidet, hält es das Konzil für sehr zweckmäßig, ein Organ der Gesamtkirche zu schaffen, um die Gerechtigkeit und Liebe Christi den Armen in aller Welt zuteil werden zu lassen. Seine Aufgabe soll es sein, die Gemeinschaft der Katholiken immer wieder anzuregen, den Aufstieg der notleidenden Gebiete und die soziale Gerechtigkeit unter den Völkern zu fördern.

GAUDIUM ET SPES

Schlusswort

91. Der Auftrag der einzelnen Gläubigen und der Teilkirchen
Was diese Heilige Synode aus dem Schatz der kirchlichen Lehre vorlegt, will allen Menschen unserer Zeit helfen, ob sie an Gott glauben oder ihn nicht ausdrücklich anerkennen, klarer ihre Berufung unter jeder Hinsicht zu erkennen, die Welt mehr entsprechend der hohen Würde des Menschen zu gestalten, eine weltweite und tiefer begründete Brüderlichkeit zu erstreben und aus dem Antrieb der Liebe in hochherzigem, gemeinsamem Bemühen den dringenden Erfordernissen unserer Zeit gerecht zu werden.

Mit Rücksicht auf die unabsehbare Differenzierung der Verhältnisse und der Kulturen in der Welt hat diese konziliare Erklärung in vielen Teilen mit Bedacht einen ganz allgemeinen Charakter; ja, obwohl sie eine Lehre vorträgt, die in der Kirche schon anerkannt ist, wird sie noch zu vervollkommnen und zu ergänzen sein, da oft von Dingen die Rede ist, die einer ständigen Entwicklung unterworfen sind. Wir sind aber von der festen Zuversicht erfüllt, dass vieles von dem, was wir, gestützt auf Gottes Wort und den Geist des Evangeliums, vorgetragen haben, allen eine gute Hilfe sein kann, zumal wenn es von den Gläubigen unter Leitung ihrer Hirten an die Situation und Denkweisen der einzelnen Völker angepasst sein wird.

92. Der Dialog mit allen Menschen
Die Kirche wird kraft ihrer Sendung, die ganze Welt mit der Botschaft des Evangeliums zu erleuchten und alle Menschen aller Nationen, Rassen und Kulturen in einem Geist zu vereinigen, zum Zeichen jener Brüderlichkeit, die einen aufrichtigen Dialog ermöglicht und gedeihen lässt.

Das aber verlangt von uns, dass wir vor allem in der Kirche selbst, bei Anerkennung aller rechtmäßigen Verschiedenheit, gegenseitige Hochachtung, Ehrfurcht und Eintracht pflegen, um ein immer fruchtbareres Gespräch zwischen allen in Gang zu bringen, die das eine Volk Gottes bilden, Geistliche und Laien. Stärker ist, was die Gläubigen eint als was sie trennt. Es gelte im Notwendigen Einheit, im Zweifel Freiheit, in allem die Liebe (1).

Im Geist umarmen wir auch die Brüder, die noch nicht in voller Einheit mit uns leben, und ihre Gemeinschaften, mit denen wir aber im Bekenntnis des Vaters und des Sohnes und des Heiligen Geistes und durch das Band der Liebe verbunden sind. Dabei sind wir uns bewusst, dass heute auch von vielen Nichtchristen die Einheit der Christen erwartet und gewünscht wird. Je mehr diese Einheit unter dem mächtigen Antrieb des Heiligen Geistes in Wahrheit und Liebe wächst, um so mehr wird sie für die ganze Welt eine Verheißung der Einheit und des Friedens sein. Darum müssen wir mit vereinten Kräften und in Formen, die zur wirksamen Erreichung dieses großen Zieles immer besser geeignet sind, in immer größerer Übereinstimmung mit dem Evangelium brüderlich zusammenarbeiten, um der Menschheitsfamilie zu dienen, die in Christus Jesus zur Familie der Gotteskinder berufen ist.

Wir wenden uns dann auch allen zu, die Gott anerkennen und in ihren Traditionen wertvolle Elemente der Religion und Humanität bewahren, und wünschen, dass ein offener Dialog uns alle dazu bringt, die Anregungen des Geistes treulich aufzunehmen und mit Eifer zu erfüllen.

Der Wunsch nach einem solchen Dialog, geführt einzig aus Liebe zur Wahrheit und unter Wahrung angemessener Diskretion, schließt unsererseits niemanden aus, weder jene, die hohe Güter der Humanität pflegen, deren Urheber aber noch nicht anerkennen, noch jene, die Gegner der Kirche sind und sie auf verschiedene Weise verfolgen. Da Gott der Vater Ursprung und Ziel aller ist, sind wir alle dazu berufen, Brüder zu sein. Und darum können und müssen wir aus derselben menschlichen und göttlichen Berufung ohne Gewalt und ohne Hintergedanken zum Aufbau einer wahrhaft friedlichen Welt zusammenarbeiten.

93. Der Aufbau und die Vollendung der Welt

Die Christen können, eingedenk des Wortes des Herrn: „Daran werden alle erkennen, dass ihr meine Jünger seid, wenn ihr einander liebt" (Joh 13,35), nichts sehnlicher wünschen, als den Menschen unserer Zeit immer großherziger und wirksamer zu dienen. Dem Evangelium gewissenhaft folgend und aus seinen Kräften lebend, verbunden mit allen, die die Gerechtigkeit lieben und pflegen, haben sie das große Werk, das sie hier auf Erden zu erfüllen haben, begonnen, über das sie ihm, der am Jüngsten Tag alle richten wird, Rechenschaft geben müssen. Nicht alle, die sagen „Herr, Herr", werden ins Himmelreich eingehen, sondern die den Willen des Vaters tun (2) und tatkräftig ans Werk gehen. Der Vater will, dass wir in allen Menschen Christus als Bruder sehen und lieben in Wort und Tat und so der Wahrheit Zeugnis geben und anderen das Geheimnis der Liebe des himmlischen Vaters mitteilen. Auf diese Weise wird in den Menschen überall in der Welt eine lebendige Hoffnung erweckt, die eine Gabe des Heiligen Geistes ist, dass sie am Ende in Frieden und vollkommenem Glück aufgenommen werden in das Vaterland, das von der Herrlichkeit des Herrn erfüllt ist.

„Dem aber, der Macht hat, gemäß der in uns wirkenden Kraft weitaus mehr zu tun als alles, was wir erbitten oder ersinnen, ihm sei Ehre in der Kirche und in Christus Jesus durch alle Geschlechter von Ewigkeit zu Ewigkeit. Amen" (Eph 3,20–21).

Anmerkungen

* Die Pastoralkonstitution über die Kirche in der Welt von heute besteht zwar aus zwei Teilen, bildet jedoch ein Ganzes.

Sie wird „pastoral" genannt, weil sie, gestützt auf Prinzipien der Lehre, das Verhältnis der Kirche zur Welt und zu den Menschen von heute darzustellen beabsichtigt. So fehlt weder im ersten Teil die pastorale Zielsetzung noch im zweiten Teil die lehrhafte Zielsetzung.

Im ersten Teil entwickelt die Kirche ihre Lehre vom Menschen, von der Welt, in die der Mensch eingefügt ist, und von ihrem Verhältnis zu beiden. Im zweiten Teil betrachtet sie näher die verschiedenen Aspekte des heutigen Lebens und der menschlichen Gesellschaft, vor allem Fragen und Probleme, die dabei für unsere Gegenwart besonders dringlich erscheinen. Daher kommt es, dass in diesem zweiten Teil die Thematik zwar den Prinzipien der Lehre unterstellt bleibt, aber nicht nur unwandelbare, sondern auch geschichtlich bedingte Elemente enthält.

Die Konstitution ist also nach den allgemeinen theologischen Interpretationsregeln zu deuten, und zwar, besonders im zweiten Teil, unter Berücksichtigung des Wechsels der Umstände, der mit den Gegenständen dieser Thematik verbunden ist.

(Anmerkung des Übersetzers. Die Titel der einzelnen Nummern gehören bei dieser Konstitution aufgrund einer eigenen Abstimmung zum verkündeten Konzilstext selbst.)

[Diese Fußnote zum Titel der Pastoralen Konstitution stammt vom damaligen Erzbischof von Krakau, Karol Józef Wojtyła, dem späteren Papst Johannes Paul II.]

Vorwort/Einführung
(1) Vgl. Joh 18,37.
(2) Vgl. Joh 3,17; Mt 20,28; Mk 10,45.
(3) Vgl. Röm 7,14 ff.
(4) Vgl. 2Kor 5,15.
(5) Vgl. Apg 4,12.
(6) Vgl. Hebr 13,8.
(7) Vgl. Kol 1,15.

GAUDIUM ET SPES

I. Hauptteil: Kapitel 1

(1) Vgl. Gen 1,26; Weish 2,23.
(2) Vgl. Sir 17,3-10.
(3) Vgl. Röm 1,21-25.
(4) Vgl. Joh 8,34.
(5) Vgl. Dan 3,57-90.
(6) Vgl. 1Kor 6,13-20.
(7) Vgl. 1Kön 16,7; Jer 17,10.
(8) Vgl. Sir 17,7-8.
(9) Vgl. Röm 2,14-16.
(10) Vgl. Pius XII., Radiobotschaft über die rechte Ausbildung des christlichen Gewissens in den Jugendlichen, 23. März 1952: AAS 44 (1952) 271.
(11) Vgl. Mt 22,37-40; Gal 5,14.
(12) Vgl. Sir 15,14.
(13) Vgl. 2Kor 5,10.
(14) Vgl. Weish 1,13; 2,23-24; Röm 5,21; 6,23; Jak 1,15.
(15) Vgl. 1Kor 15,56-57.
(16) Vgl. Pius XI., Enz. Divini Redemptoris, 19. März 1937: AAS 29 (1937) 65-106; Pius XII., Enz. Ad Apostolorum Principis, 29. Juni 1958: AAS 50 (1958) 601-614; Johannes XXIII., Enz. Mater et Magistra, 15. Mai 1961: AAS 53 (1961) 451-453; Paul VI., Enz. Ecclesiam suam, 6. Aug. 1964: AAS 56 (1964) 651-653.
(17) Vgl. II. Vat. Konzil, Dogm. Konst. über die Kirche Lumen Gentium, I. Kap., Nr. 8: AAS 57 (1965) 12.
(18) Vgl. Phil 1,27.
(19) Augustinus, Bekenntnisse I,1: PL 32, 661.
(20) Vgl. Röm 5,14. Vgl, Tertullian, De carnis resurr. 6: „Was im Lehm geformt wurde, war auf Christus hin gedacht, den künftigen Menschen": PL 2, 802 (848); CSEL 47, S. 33, Z. 12-13.
(21) Vgl. 2Kor 4,4.
(22) Vgl. II. Konzil von Konstantinopel, Can. 7: „Weder wurde das Wort (Gottes) in die Natur des Fleisches verwandelt, noch ging das Fleisch in die Natur des Wortes über": Denz. 219 (428). – Vgl. auch III. Konzil von Konstantinopel: „Wie nämlich sein heiligstes und unbeflecktes beseeltes Fleisch durch die Vergöttlichung nicht verschlungen, sondern in dem ihm eigenen Zustand und Wesen blieb": Denz. 291 (556). Vgl. Konzil von Chalcedon: „in beiden Naturen unvermischt, unverwandelt, ungetrennt, ungesondert": Denz. 148 (302).

(23) Vgl. III. Konzil von Konstantinopel: „So ist auch sein menschlicher Wille durch die Vergöttlichung nicht zerstört worden": Denz. 291 (556).
(24) Vgl. Hebr 4,15.
(25) Vgl. 2Kor 5,18-19; Kol 1,20-22.
(26) Vgl. 1Petr 2,21; Mt 16,24; Lk 14,27.
(27) Vgl. Röm 8,29; Kol 3,10-14.
(28) Vgl. Röm 8,1-11.
(29) Vgl. 2Kor 4,14.
(30) Vgl. Phil 3,10; Röm 8,17.
(31) Vgl. II. Vat. Konzil, Dogm. Konst. über die Kirche Lumen Gentium, II. Kap., Nr. 16: AAS 57 (1965) 20.
(32) Vgl. Röm 8,32.
(33) Vgl. die byzantinische Osterliturgie.
(34) Vgl. Röm 8,15; Gal 4,6; Joh 1,12 u. 1Joh 3,1.

Kapitel 2

(1) Vgl. Johannes XXIII., Enz. Mater et Magistra, 15. Mai 1961: AAS 53 (1961) 401-404; ders., Enz. Pacem in terris, 11. Apr. 1963: AAS 55 (1963) 257-304; Paul VI., Enz. Ecclesiam suam, 6. Aug. 1964: AAS 56 (1964) 609-659.
(2) Vgl. Lk 17,33.
(3) Vgl. Thomas v. Aquin, L. 1 zum I. Buch der Ethik.
(4) Vgl. Johannes XXIII., Enz. Mater et Magistra: AAS 53 (1961) 418; Pius XI., Enz. Quadragesimo anno, 15. Mai 1931: AAS 23 (1931) 222 ff.
(5) Vgl. Johannes XXIII., Enz. Mater et Magistra: AAS 53 (1961) 417.
(6) Vgl. Mk 2,27.
(7) Vgl. Johannes XXIII., Enz. Pacem in terris: AAS 55 (1963) 266.
(8) Vgl. Jak 2,15-16.
(9) Vgl. Lk 16,19-31.
(10) Vgl. Johannes XXIII., Enz. Pacem in terris: AAS 55 (1963) 299-300.
(11) Vgl. Lk 6,37-38; Mt 7,1-2; Röm 2,1-11; 14,10-12.
(12) Vgl. Mt 5,45-47.
(13) II. Vat. Konzil, Dogm. Konst. über die Kirche Lumen Gentium, Kap. II, Nr. 9: AAS 57 (1965) 12-13.
(14) Vgl. Ex 24,1-8.

Kapitel 3

(1) Vgl. Gen 1,26-27; 9,3; Weish 9,3.

Gaudium et spes

(2) Vgl. Ps 8,7.10.
(3) Vgl. Johannes XXIII., Enz. Pacem in terris: AAS 55 (1963) 297.
(4) Vgl. Botschaft der Konzilsväter an alle Menschen zu Beginn des II. Vat. Konzils, 20. Okt. 1962: AAS 54 (1962) 822–823.
(5) Vgl. Paul VI., Ansprache an das Diplomatische Korps, 7. Jan. 1965: AAS 57 (1965) 232.
(6) Vgl. I. Vat. Konzil, Dogm. Konst. über den katholischen Glauben Dei Filius, Kap. III: Denz. 1785–1786 (3004–3005).
(7) Vgl. Pio Paschini, Vita e opere di Galileo Galilei, 2 Bde. (Päpstl. Akademie der Wissenschaften, Vatikanstadt 1964).
(8) Vgl. Mt 24,13; 13,24–30.36–43.
(9) Vgl. 2Kor 6,10.
(10) Vgl. Joh 1,3.14.
(11) Vgl. Eph 1,10.
(12) Vgl. Joh 3,14–16; Röm 5,8–10.
(13) Vgl. Apg 2,36; Mt 28,18.
(14) Vgl. Röm 15,16.
(15) Vgl. Apg 1,7.
(16) Vgl. 1Kor 7,31; Irenäus, Adv. Haer. V, 36: PG 7, 1222.
(17) Vgl. 2Kor 5,2; 2Petr 3,13.
(18) Vgl. 1Kor 2,9; Apk 21,4–5.
(19) Vgl. 1Kor 15,42.53.
(20) Vgl. 1Kor 13,8; 3,14.
(21) Vgl. Röm 8,19–21.
(22) Vgl. Lk 9,25.
(23) Vgl. Pius XI., Enz. Quadragesimo anno: AAS 23 (1931) 207.
(24) Missale Romanum, Präfation vom Christkönigsfest.

Kapitel 4

(1) Vgl. Paul VI., Enz. Ecclesiam suam, III: AAS 56 (1964) 637–659.
(2) Vgl. Tit 3,4: 7.
(3) Vgl. Eph 1,3.5.6.13–14.23.
(4) II. Vat. Konzil, Dogm. Konst. über die Kirche Lumen Gentium, Kap. I, Nr. 8: AAS 57 (1965) 12.
(5) Ebd. Kap. II, Nr. 9: AAS 57 (1965) 14; vgl. Nr. 8: a. a. O. 11.
(6) Ebd. Kap. I, Nr. 8: AAS 57 (1965) 11.
(7) Ebd. Kap. IV, Nr. 38: AAS 57 (1965) 43, mit Anm. 120.
(8) Vgl. Röm 8,14–17.

(9) Vgl. Mt 22,39.
(10) Vgl. II. Vat. Konzil, Dogm. Konst. über die Kirche Lumen Gentium, Kap. II, Nr. 9: AAS 57 (1965) 12–14.
(11) Vgl. Pius XII., Ansprache an Historiker und Archäologen, 9. März 1956: AAS 48 (1956) 212: „Ihr göttlicher Stifter Jesus Christus gab ihr „weder einen Auftrag noch eine Zielsetzung auf der Ebene der Kultur. Das Ziel, das Christus ihr anweist, ist streng religiös [...]. Die Kirche muss die Menschen zu Gott führen, damit sie sich ihm vorbehaltlos hingeben [...]. Die Kirche kann dieses streng religiöse und übernatürliche Ziel nie aus dem Auge verlieren. Der Sinn all ihrer Tätigkeiten, bis zum letzten Artikel ihres Rechtsbuches, kann nur der sein, direkt oder indirekt zu diesem Ziel beizutragen."
(12) II. Vat. Konzil, Dogm. Konst. über die Kirche Lumen Gentium, Kap. I, Nr. 1: AAS 57 (1965) 5.
(13) Vgl. Hebr 13,14.
(14) Vgl. 2Thess 3,6–13; Eph 4,28.
(15) Vgl. Jes 58,1–12.
(16) Vgl. Mt 23,3–33; Mk 7,10–13.
(17) Vgl. Johannes XXIII., Enz. Mater et Magistra, IV: AAS 53 (1961) 456–457, I: a. a. O. 407.410–411.
(18) Vgl. II. Vat. Konzil, Dogm. Konst. über die Kirche Lumen Gentium, Kap. III., Nr. 28: AAS 57 (1965) 34–35.
(19) Ebd. Nr. 28: AAS 57 (1965) 35–36.
(20) Vgl. Ambrosius, De Virginitate, Kap. VIII., Nr. 48: PL 16, 278.
(21) II. Vat. Konzil, Dogm. Konst. über die Kirche Lumen Gentium, Kap. II, Nr. 15: AAS 57 (1965) 20.
(22) Vgl. II. Vat. Konzil, Dogm. Konst. über die Kirche Lumen Gentium, Kap. II, Nr. 13: AAS 57 (1965) 17.
(23) Vgl. Justin, Dialogus cum Tryphone, Kap. 110: PG 6, 729: ed. Otto (1897) 391–393: „ ... je mehr aber solches uns zugefügt wird, um so mehr entstehen andere Gläubige und Fromme durch den Namen Jesu." Vgl. Tertullian, Apologeticus, Kap. 50, 13: PL 1, 534; CChr ser. lat. I, 171: „Auch werden wir mehr, sooft wir von euch niedergemäht werden: der Samen ist das Blut der Christen!" Vgl. Dogm. Konst. über die Kirche Lumen Gentium, Kap. II, Nr. 9: AAS 57 (1965) 14.
(24) Vgl. II. Vat. Konzil, Dogm. Konst. über die Kirche Lumen Gentium, Kap. VII., Nr. 48: AAS 57 (1965) 53.
(25) Vgl. Paul VI., Ansprache, 3.2.1965: L'Osservatore Romano, 4. Febr. 1965.

Gaudium et spes

II. Hauptteil: Kapitel 1

(1) Vgl. Augustinus, De bono coniugali: PL 40, 375–376 u. 394; Thomas v. Aquin, Summa Theol., Suppl. q. 49, a. 3, ad 1; Decretum pro Armenis: Denz. 702 (1327); Pius XI., Enz. Casti connubii: AAS 22 (1930) 543–555; Denz. 2227–2238 (3703–3714).

(2) Vgl. Pius XI., Enz. Casti connubii: AAS 22 (1930) 546–547; Denz. 2231 (3706).

(3) Vgl. Hos 2; Jer 3,6–13; Ez 16 u. 23; Jes 54.

(4) Vgl. Mt 9,15; Mk 2,19–20; Lk 5,34–35; Joh 3,29; 2Kor 11,2; Eph 5,27; Apk 19,7–8; 21,2.9.

(5) Vgl. Eph 5,25.

(6) Vgl. II. Vat. Konzil, Dogm. Konst. über die Kirche Lumen Gentium: AAS 57 (1965) 15–16.40–41.47.

(7) Vgl. Pius XI., Enz. Casti connubii: AAS 22 (1930) 583.

(8) Vgl. 1 Tim 5,3.

(9) Vgl. Eph 5,32.

(10) Vgl. Gen 2,22–24; Spr 5,18–20; 31,10–31; Tob 8,4–8; Hhld 1,1–3; 2,16; 4,16–5,1; 7,8–14; 1Kor 7,3–6; Eph 5,25–33.

(11) Vgl. Pius XI., Enz. Casti connubii: AAS 22 (1930) 547–548; Denz. 2232 (3707).

(12) Vgl. 1Kor 7,5.

(13) Vgl. Pius XII., Ansprache „Tra le visite", 20. Jan. 1958: AAS 50 (1958) 91.

(14) Vgl. Pius XI., Enz. Casti connubii: AAS 22 (1930) 559–561; Denz.-Schönm. 3716–3718; Pius XII., Ansprache an die Hebammen, 29. Okt. 1951: AAS 43 (1951) 835–854; Paul VI., Ansprache an die Kardinäle, 23. Juni 1964: AAS 56 (1964) 581–589. Bestimmte Fragen, die noch anderer sorgfältiger Untersuchungen bedürfen, sind auf Anordnung des Heiligen Vaters der Kommission für das Studium des Bevölkerungswachstums, der Familie und der Geburtenhäufigkeit übergeben worden, damit, nachdem diese Kommission ihre Aufgabe erfüllt hat, der Papst eine Entscheidung treffe. Bei diesem Stand der Doktrin des Lehramtes beabsichtigt das Konzil nicht, konkrete Lösungen unmittelbar vorzulegen.

(15) Vgl. Eph 5,16; Kol 4,5.

(16) Vgl. Sacramentarium Gregorianum: PL 78, 262.

(17) Vgl. Röm 5,15.18; 6,5–11; Gal 2,20.

(18) Vgl. Eph 5,25–27.

Kapitel 2
(1) Vgl. die Einführung dieser Konstitution, Nr. 4–10.
(2) Vgl. Kol 3,1–2.
(3) Vgl. Gen 1,28.
(4) Vgl. Spr 8,30–31.
(5) Vgl. Irenäus, Adv. Hær. III., 11,8: ed. Sagnard, S. 200: vgl. ebd. 16, 6, S. 290 bis 292; 21, 10–22, S. 370–372; 22, 3, S. 378 u. ö.
(6) Vgl. Eph 1,10.
(7) Vgl. die Worte Pius' XI. an M.-D. Roland-Gosselin: „Nie darf man aus dem Blick verlieren, dass es das Ziel der Kirche ist, zu evangelisieren, und nicht, Kultur zu treiben. Wenn sie Kultur betreibt, dann durch Evangelisation" (Semaine sociale de Versailles, 1936, 461–462).
(8) I. Vat. Konzil, Dogm. Konst. über den kath. Glauben Dei Filius, Kap. IV: D 1795.1799 (3015.3019): Vgl. Pius XI., Enz. Quadragesimo anno: AAS 23 (1931) 190.
(9) Vgl. Johannes XXIII., Enz. Pacem in terris: AAS 55 (1963) 260.
(10) Johannes XXIII., Enz. Pacem in terris: AAS 55 (1963) 283; Pius XII., Radiobotschaft, 24. Dez. 1941: AAS 34 (1942) 16–17.
(11) Vgl. Johannes XXIII., Enz. Pacem in terris: AAS 55 (1963) 260.
(12) Vgl. Johannes XXIII., Rede zur Konzilseröffnung, 11. Okt. 1962: AAS 54 (1962) 792.
(13) Vgl. II. Vat. Konzil, Konstitution über die heilige Liturgie Sacrosanctum Concilium, Nr. 123: AAS 56 (1964) 131; Paul VI., Ansprache an die römischen Künstler („Messa degli Artisti"), 7. Mai 1964: AAS 56 (1964) 439–442.
(14) Vgl. II. Vat. Konzil, Dekret über die Ausbildung der Priester Optatam totius und Erklärung über die christliche Erziehung Gravissimum educationis.
(15) Vgl. II. Vat. Konzil, Dogm. Konst. über die Kirche Lumen Gentium, Kap. IV, Nr. 37: AAS 57 (1965) 42–43.

Kapitel 3
(1) Vgl. Pius XII., Botschaft, 23. März 1952: AAS 44 (1952) 273; Johannes XXIII., Ansprache an die ACLI., 1. Mai 1959: AAS 51 (1959) 358.
(2) Vgl. Pius XI., Enz. Quadragesimo anno: AAS 23 (1931) 190 ff.; Pius XII., Botschaft, 23. März 1952: AAS 44 (1952) 276 ff.; Johannes XXIII., Enz. Mater et Magistra: AAS 53 (1961) 450; II. Vat. Konzil, Dekret über die sozialen Kommunikationsmittel Inter mirifica, Kap. I, Nr. 6: AAS 56 (1964) 147.

GAUDIUM ET SPES

(3) Vgl. Mt 16,26; Lk 16,1–31; Kol 3,17.

(4) Vgl. Leo XIII., Enz. Libertas præstantissimum, 20. Juni 1888: ASS 20 (1887–88) 597 ff.; Pius XI., Enz. Quadragesimo anno: AAS 23 (1931) 191 ff.; ders., Divini Redemptoris: AAS 29 (1937) 65 ff.; Pius XII., Weihnachtsbotschaft 1941: AAS 34 (1942) 10 ff.; Johannes XXIII., Enz. Mater et Magistra: AAS 53 (1961) 401–464.

(5) Zum Problem der Landwirtschaft vgl. vor allem Johannes XXIII., Enz. Mater et Magistra: AAS 53 (1961) 431 ff.

(6) Vgl. Leo XIII., Enz. Rerum novarum: ASS 23 (1890–91) 649–662: Pius XI., Enz. Quadragesimo anno: AAS 23 (1931) 200–201; ders., Enz. Divini Redemptoris: AAS 29 (1937) 92; Pius XII., Radiobotschaft am Vorabend des Weihnachtsfestes 1942: AAS 35 (1943) 20; ders., Ansprache, 13. Juni 1943: AAS 35 (1943) 172; ders., Radiobotschaft an die Arbeiter Spaniens, 11. März 1951: AAS 43 (1951) 215; Johannes XXIII., Enz. Mater et Magistra: AAS 53 (1961) 419.

(7) Vgl. Johannes XXIII., Enz. Mater et Magistra: AAS (1961) 408.424.427; der Begriff „curatio" (Mitgestaltung) wurde dem lateinischen Text der Enz. Quadragesimo anno entnommen: AAS 23 (1931) 199. Für die Entwicklung dieses Problemkreises vgl. auch Pius XII., Ansprache, 3. Juni 1950: AAS 42 (1950) 485–488; Paul VI., Ansprache, 8. Juni 1964: AAS 56 (1964) 574–579.

(8) Vgl. Pius XII., Enz. Sertum Lætitiæ: AAS 31 (1939) 642; Johannes XXIII., Konsistorialrede: AAS 52 (1960) 5–11; ders., Enz. Mater et Magistra: AAS 53 (1961) 411.

(9) Vgl. Thomas, Summa Theol. II–II., q. 32, a. 5, ad 2; q. 66, a. 2; vgl. die Erklärung dazu bei Leo XIII., Enz. Rerum novarum: ASS 23 (1890–91) 651; vgl. auch Pius XII., Ansprache, 1. Juni 1941: AAS 35 (1941) 199; ders., Radiobotschaft zum Weihnachtsfest 1954: AAS 47 (1955) 27.

(10) Vgl. Basilius, Homilie zu Lukas Destruam horrea mea, Nr. 2: PG 31, 263; Lactantius, Divinarum Institutionum, 5. Buch: Über die Gerechtigkeit: PL 6, 565 B; Augustinus, In Ioannis Evang. tr. 50, N. 6: PL 35, 1760; ders., Enarratio in Ps 147,12: PL 37,1922; Gregor d. Gr., Homilien zu den Evangelien, hom. 20, 12: PL 76, 1165; ders., Regulæ Pastoralis liber, Pars III., c. 21: PL 77, 87; Bonaventura, In III Sent., d. 33, dub. 1: ed. Quaracchi III., 728; ders., In IV Sent., d. 15, p. 2, a. 2, q. 4: ed. cit. IV, 371b; q. de superfluo: ms. Assisi, Bibl. Commun. 186, fol. 112a–113a; Albertus Magnus, In III Sent., d. 33, a. 3, sol. 1: ed. Borgnet XXVIII., 611; ders., In IV Sent., d. 15, a. 16: ed. cit. XXIX, 494–497.Was die Bestimmung des

"superfluum" für unsere Zeit angeht, vgl. Johannes XXIII., Radio- und Fernsehbotschaft, 11. Sept. 1962: AAS 54 (1962) 682: „Pflicht eines jeden Menschen, drängende Pflicht des Christen ist es, den Überfluss am Maßstab der Not anderer zu betrachten und gut darüber zu wachen, dass die Verwaltung und Verteilung der geschaffenen Güter zum Vorteil aller erfolgt."

(11) Für diesen Fall gilt das alte Prinzip: „In äußerster Notlage ist alles gemeinsam, d. h. mitzuteilen." Andererseits vgl. für die Begründung, as Ausmaß und die Art und Weise, wie das Prinzip im vorliegenden Text angewendet wird, neben bewährten modernen Autoren schon Thomas, Summa Theol. II–II., q. 66, a. 7. Natürlich sind für die richtige Anwendung dieses Prinzips alle erforderlichen sittlichen Voraussetzungen zu erfüllen.

(12) Vgl. Gratiani Decretum, C. 21, dist. 86: ed. Friedberg I, 302. Dieser Satz findet sich schon in PL 54, 591 A und PL 56, 1132 B. Vgl. Antonianum 27 (1952) 349–366.

(13) Vgl. Leo XIII., Enz. Rerum novarum: ASS 23 (1890–91) 643–646; Pius XI., Enz. Quadragesimo anno: AAS 23 (1931) 191; Pius XII., Radiobotschaft, 1. Juni 1941: AAS 33 (1941) 199; ders., Radiobotschaft am Vorabend des Weihnachtsfestes 1942: AAS 35 (1943) 17: ders., Radiobotschaft. 1. Sept. 1944: A AS 36 (1944) 253: Johannes XXIII., Enz. Mater et Magistra: AAS 53 (1961) 428–429.

(14) Vgl. Pius XI., Enz. Quadragesimo anno: AAS 23 (1931) 214; Johannes XXIII., Enz. Mater et Magistra: AAS 53 (1961) 429.

(15) Vgl. Pius XII., Radiobotschaft zum Pfingstfest 1941: AAS 33 (1941) 199; Johannes XXIII., Enz. Mater et Magistra: AAS 53 (1961) 430.

(16) Zum rechten Gebrauch der Güter nach der Lehre des Neuen Testaments vgl. Lk 3,11; 10,30 ff.; 11,41; 1Petr 5,3; Mk 8,36; 12,29–31; Jak 5,1–6; Tim 6,8; Eph 4,28; 2Kor 8,13 ff.; 1Joh 3,17–18.

Kapitel 4

(1) Vgl. Johannes XXIII., Enz. Mater et Magistra: AAS 53 (1961) 417.
(2) Vgl. ders., ebd.
(3) Vgl. Röm 13,1–5.
(4) Vgl. Röm 13,5.
(5) Vgl. Pius XII., Radiobotschaft, 24. Dez. 1942: AAS 35 (1943) 9–24; ders., Radiobotschaft, 24. Dez. 1944: AAS 37 (1945) 11–17; Johannes XXIII., Enz. Pacem in terris: AAS 55 (1963) 263,272 277 f

GAUDIUM ET SPES

(6) Vgl. Pius XII., Radiobotschaft, 1. Juni 1941: AAS 33 (1941) 200; Johannes XXIII., Enz. Pacem in terris: AAS 55 (1963) 273 f.

(7) Vgl. Johannes XXIII., Enz. Mater et Magistra: AAS 53 (1961) 415–418.

(8) Pius XI., Ansprache an die Leiter der „Federazione Universitari Cattolica": Discorsi di Pio XI., Bd. I: ed. Bertetto (Turin 1960) 743.

(9) Vgl. II. Vat. Konzil, Dogm. Konst. über die Kirche Lumen Gentium, Nr. 13: AAS 57 (1965) 17.

(10) Vgl. Lk 2,14.

Kapitel 5

(1) Vgl. Eph 2,16; Kol 1,20–22.

(2) Vgl. Johannes XXIII., Enz. Pacem in terris, 11. April 1963: AAS 55 (1963) 291: „Darum ist es in unserer Zeit, die sich des Besitzes der Atomkraft rühmt, sinnlos, den Krieg als geeignetes Mittel zur Wiederherstellung verletzter Rechte zu betrachten."

(3) Vgl. Pius XII., Ansprache, 30. Sept. 1954: AAS 46 (1954) 589; ders., Radiobotschaft, 24. Dez. 1954: AAS 47 (1955) 15 ff.; Johannes XXIII., Enz. Pacem in terris: AAS 55 (1963) 286–291; Paul VI., Ansprache an die Vereinten Nationen, 4. Okt. 1965: AAS 57 (1965) 877–885.

(4) Vgl. Johannes XXIII., Enz. Pacem in terris, wo von der Abrüstung die Rede ist: AAS 55 (1963) 287.

(5) Vgl. 2 Kor 2,6.

Schlusswort

(1) Vgl. Johannes XXIII., Enz. Ad Petri Cathedram, 29. Juni 1959: AAS 51 (1959) 513.

(2) Vgl. Mt 7,21.

B
Erläuterungen

Ulrich H. J. Körtner

1. Zum Text und seiner Entstehungsgeschichte

Der authentische Originaltext von *Gaudium et spes* ist, wie alle Dokumente des Zweiten Vatikanischen Konzils, auf Latein verfasst. Die vorliegende Ausgabe fußt auf der von den deutschen Bischöfen autorisierten deutschen Übersetzung. Sie ist der lateinisch-deutschen Ausgabe im dritten Ergänzungsband zur zweiten Auflage des Lexikons für Theologie und Kirche entnommen. Diese bietet eine umfangreiche Einleitung zum Gesamtdokument sowie Einleitungen und ausführlichen Kommentaren zu den einzelnen Kapiteln. Die Anmerkungen samt der mit * gekennzeichneten Fußnote zum Titel der Pastoralkonstitutionen gehören zum offiziellen Text. Die autorisierte deutsche Übersetzung ist auch im Internet zugänglich unter https://www.vatican.va/archive/hist_councils/ii_vatican_council/documents/vat-ii_const_19651207_gaudium-et-spes_ge.html.

Für die vorliegende Ausgabe wurde die deutsche Übersetzung lediglich behutsam den Regeln der „neuen" Rechtschreibung in der Fassung von 2006 angepasst. Abkürzungen folgen dem Abkürzungsverzeichnis der 4. Auflage des Lexikons Religion in Geschichte und Gegenwart (RGG[4]). Eine neue deutsch-lateinische Ausgabe aller Konzilstexte bietet der erste Band von Herders Theologischem Kommentar zum Zweiten Vatikanischen Konzil, herausgegeben von Peter Hünermann. Die deutsche Übersetzung ist an einigen Stellen näher am lateinischen Ausgangstext, doch handelt es sich nicht um eine kirchlich autorisierte Übersetzung. Da aber die meiste deutschsprachige Literatur zu *Gaudium et spes* nach der von den deutschen Bischöfen autorisierten Übersetzung zitiert, wird diese auch der vorliegenden Ausgabe zu Grunde gelegt.

Im Unterschied zu anderen Konzilsdokumenten gab es zu *Gaudium et spes* zu Beginn des Konzils allenfalls einzelne Vorarbeiten zu sozialen Fragen, aber noch keine klare Vorstellung von einem derartigen Konzilstext. Dieses Dokument, das zunächst nur die formelle Bezeichnung eines Schemas (Nr. 17) trug und ab der dritten Sitzungsperiode (September bis November 1964) unter dem Titel „Schema XIII" firmierte, gewann erst auf dem Konzil seine Konturen, wobei im Laufe der Zeit immer klarer zu Tage trat, dass es gerade dieses Dokument sein sollte, das dem gesamt Konzil seinen Stempel als einem pastoralen Konzil aufprägen sollte und um dessen Endgestalt bis in die letzten Tage der vierten Sitzungsperiode gerungen wurde. Seine Befürworter und Wegbereiter konnten sich allerdings darauf berufen, dass eine solche Pastoralkonstitution durchaus den Intentionen entsprach, die Johannes XXIII. bei Einberufung des Konzils leiteten.

Eine Unterkommission der Theologischen Vorbereitungskommission war mit einem Schema über die soziale und internationale Ordnung beauftragt. Die Vorbereitungskommission für das Laienapostolat legte einen Text über das soziale Handeln vor. Auf Basis dieser Vorarbeiten entstand ein erster gemeinsamer Text mit dem Titel „De ordine morali christiano", der den Konzilsvätern im September 1962 vorgelegt wurde und über weite Strecken noch der klassischen Ausrichtung katholischer Soziallehre folgte. Er firmiert in der Konzilsgeschichte unter dem Namen „Text 1".

Einen neuen Anlauf nahm das Konzil mit einem „Text 2" genannten Entwurf, zu welchem der unmittelbare Anstoß von dem lateinamerikanischen Bischof Dom Helder Camara kam. Er war zur Zeit des Konzils Weihbischof von Rio de Janeiro und später Erzbischof von Olinda und Recife. Es könne nicht angehen, so Camara, dass sich die Kirche auf dem

Konzil überwiegend nur mit sich selbst beschäftige, während zwei Drittel der Weltbevölkerung Hunger leiden müssten. Nicht der Priestermangel, sondern die Unterentwicklung sei das Hauptproblem Lateinamerikas. Neben lateinamerikanischen Bischöfen waren es Bischöfe aus dem frankophonen Bereich, die sich sehr für eine Ortsbestimmung der Kirche in der heutigen Welt starkmachten.

Nachdem die Entscheidung für eine Erklärung zur Stellung der Kirche in der modernen Gesellschaft gefallen war, wurde freilich lange darum gerungen, in welcher Form diese auszuarbeiten und mit welchem theologischen und kirchenrechtlichen Gewicht sie zu versehen sei. Bis zuletzt gab es Kräfte, die lediglich für eine Erklärung (*declaratio*) votierten, welche schon durch ihre formelle Bezeichnung deutlich von den dogmatischen Konstitutionen abgehoben werde.

Die anfänglichen Überlegungen gingen auch dahin, ein zweigeteiltes Dokument zu verfassen, das in einem eher dogmatisch gehaltenen Grundlagenteil über die Kirche *ad intra* und in einem zweiten Teil, der sich mit konkreten Fragen der Gesellschaft und der Sozialethik befassen würde, über die Kirche *ad extra* sprechen sollte. Diese Zweiteilung wurde im wechselvollen Verlauf der Beratungen auf Kommissionebene und später auch im Plenum schlussendlich verworfen, wenngleich man der Endgestalt des Textes noch immer ansieht, wie sehr die ursprünglich angedachte Zweiteilung die Textarbeit bestimmt hat.

Selbst noch unmittelbar vor der Schlussabstimmung sprachen sich Kritiker des Endtextes dafür aus, allenfalls den ersten Teil als Konstitution, den zweiten hingegen nur als Deklaration zu bezeichnen. Schlussendlich konnten sich aber diejenigen durchsetzen, die von Beginn an für die Bezeichnung „Pastoralkonstution" (*Consitutio Pastoralis*) geworben und gekämpft hatten. Damit ist *Gaudium et spes* nicht nur auf eine Ebene mit der dogmatischen Konstitution über die Kirche *Lumen gentium* gehoben worden, sondern gehört neben dieser und der dogmatischen Konstitution über die Offenbarung *Dei verbum* und der Konstitution über die Liturgie *Sacrosanctum concilium* „zur Quadriga der Konstitutionen" (Charles Moeller).

Im Detail ist die Entstehungsgeschichte von *Gaudium et spes* einigermaßen verwickelt. Das gilt schon für die Ausarbeitung von Text 2, die zwischen Januar und Mai 1963 erfolgte. In diese Zeit fiel auch die Veröffentlichung der Enzyklika *Pacem in terris*, in der Johannes XXIII. zwei Monate vor seinem Tod auf die weltpolitische Lage im Kalten Krieg reagierte. Wie später *Gaudium et spes* wandte sich der Papst in dieser Enzyklika ausdrücklich an alle Menschen guten Willens und nicht etwa nur an die Mitglieder der katholischen Kirche. Bereits der Text 2 der späteren Pastoralkonstitution. der als Schema XVII geführt wurde, machte deutlich, dass der Konzilstext über die Kirche in der Welt von heute im Zusammenhang mit der dogmatischen Konstitution über die Kirche *Lumen gentium* zu lesen sein würde, die noch in Arbeit war und im November 1964 von Papst Paul VI. promulgiert wurde. Auch übernahm er aus der Enzyklika *Pacem in terris* den Ausdruck „Zeichen der Zeit" (*signa temporum*).

Auf Text 2 folgte eine Reihe von Zwischentexten, an denen zwischen den Sitzungsperioden des Konzils gearbeitet wurde, zum einen der sogenannten Mechelner Text (September 1963), der unter dem Vorsitz des Mechelner Erzbischofs, Kardinal Léon-Joseph Suenens (1904–1996), beraten wurde, sowie zum anderen der erste und der zweite Text von Zürich (Februar 1964; Februar bis November 1964).

Eine nicht unwichtige Rolle spielt in den Zürcher Beratungen die ökumenische Zusammenarbeit mit dem Weltrat der Kirchen. Im April 1963 hatte Lukas Vischer (1926–2008), Forschungssekretär der Sektion „Faith and Order" des Ökumenischen Rates der Kirchen in Genf, einen ausführlichen Brief an Bischof Emilio Guano (1900–1970) geschrieben, in dem er darlegte, wie „Faith and Order" einen Grundlagentext über die heutige Welt konzipieren würde. Dem Brief, der auch den Wunsch nach Zusammenarbeit mit den Katholiken in praktischen Fragen äußerte, waren einige Anhänge zu Themen wie die Beziehungen unter den Völkern, die Entwicklungsländer und die Religionsfreiheit beigefügt. Außerdem stellte Vischer den christozentrischen Zugang des Ökumenischen Rates zu den großen Gegenwartsfragen heraus, ausgehend von der Denkfigur der Königsherrschaft Christi. Dieser Gedanke wurde vom Redaktionskomitee des Mechelner Textes aufgegriffen. Auch gab es im weiteren Verlauf der Arbeit am ersten Zürcher Text eine lange Unterredung mit Lukas Vischer.

Zweifellos ist *Gaudium et spes* der am stärksten ökumenisch erarbeite Konzilstext. Auffälligerweise ist aber die Orthodoxie in diesen Dialog nicht einbezogen worden. Auch Themen, die der orientalischen Theologie wichtig sind, wie etwa das Anliegen einer christlichen Kosmologie, bleiben in der Pastoralkonstitution unterbelichtet. Bei aller ökumenischen Anschlussfähigkeit fällt außerdem auf, dass das Problem der getrennten Kirchen nicht angesprochen wird. Heutige interkonfessionelle Bemühungen um eine Ökumenische Sozialethik beziehen die orthodoxe Tradition ausdrücklich ein.

Im Juni 1964 war das Schema („Text 3") soweit ausgereift, dass es den Konzilsvätern zugeleitet werden konnte. Es trug von da ab die Nummer XIII, nachdem es lange als „Schema ohne Namen" firmiert hatte. Was heute als krönender Schlussstein des Konzils gilt, wirkte auf manche Beobachter eher als ein Sammelbehälter für alle möglichen Themen, die man andernorts nicht recht unterzubringen wusste.

Nach intensiven konziliaren Debatten wurde nochmals eine neue Textfassung in Angriff genommen (Text 4), auch als Text von Arricia (eine Stadt nahe bei Rom) bekannt. Dass das ganze Projekt am Ende nicht scheiterte, ist der Arbeit des neu zusammengestellten Redaktionskomitees unter Leitung von Peter Haubtmann und dem Engagement von Kommissionsmitgliedern wie dem belgischen Theologen Gérard Philips (1899–1972) zu verdanken. Doch auch der Text von Arricia sollte noch nicht die Endfassung werden. Nach schwerwiegender Kritik namentlich von seiten deutscher Bischöfe, die von Beginn an während der vierten Sitzungsperiode geübt wurde, wurden noch zwei weitere Textfassungen erstellt (Text 5 und Text 6). Erst diese letzte sollte am Ende die überwältigende Zustimmung der Konzilsväter finden. Am 7. Dezember 1965 fand die letzte Abstimmung statt, noch am selben Tag des Konzils wurde die Pastoralkonstitution von Paul VI. feierlich promulgiert.

Die verwickelte Textgeschichte spiegelt die Veränderungen im Selbstverständnis der römisch-katholischen Kirche wider, die im Verlauf des Konzils stattgefunden haben. Mit *Gaudium et spes* hat die römische Kirche die Vorstellung von einer in sich geschlossenen *societas perfecta* aufgegeben, ohne ein relativistisches Kirchenverständnis zu vertreten. Die Pastoralkonstitution vollzieht die Öffnung der Kirche gegenüber der modernen Welt bei gleichzeitiger Betonung ihrer Selbstunterscheidung von der Welt. Statt nur die Welt über ihre Probleme zu belehren, problematisiert die Kirche sich selbst.

Die wechselvolle Textgeschichte dokumentiert auch das Ringen um eine angemessene Methode. In der Einführung heißt es, es gelte „die Welt in der wir leben, ihre Erwartungen, Bestrebungen und ihren oft dramatischen Charakter zu erfassen und zu verstehen" (GS 4). Es fällt auf, dass der Begriff des Naturrechts weitgehend vermieden wird, wofür es offenbar biblisch-theologische, aber auch ökumenische Gründe gibt. Der Begriff „Naturrecht" fällt nur ein einziges Mal, und zwar in dem Abschnitt über den Endzweck der politischen Gemeinschaft (GS 74). Dort ist vom Recht der Staatsbürger die Rede, innerhalb der Grenzen des Naturrechts und des Evangeliums ihre Rechte und diejenigen ihrer Mitbürger gegen den Missbrauch staatlicher Autorität zu verteidigen. Gleichwohl trägt die Beschreibung der menschlichen Gemeinschaft (GS 23-32) durchaus naturrechtliche Züge. Die Grundlage des ersten Teils wie auch der ersten Kapitel des zweiten Teils ist der biblische Gedanke der Gottebenbildlichkeit des Menschen, während die letzten drei Kapitel von der Idee der Menschenwürde ausgehen. Der Weltbegriff nimmt unterschiedliche Bedeutung an, je nachdem, ob von der menschlichen Gemeinschaft oder von Tun des Menschen gesprochen wird. Hieraus resultiert der bisweilen als „dialektisch" (Charles Moeller) bezeichnete Charakter des Argumentationsgangs.

Theologisch ist die endgültige Fassung stark von der zeitgenössischen französischen, belgischen und italienischen Theologie geprägt worden. Erwähnt seien Yves Congar (1904-1995) und Marie-Dominique Chenu (1895-1990). Statt der von deutscher Seite präferierten Verbindung von Theologie und Anthropologie – auch Karl Rahner (1904-1984) gehörte als Berater des Münchner Kardinals Julius Döpfner (1913-1976) zu dieser Fraktion – plädierten Theologen wie Chenu für eine Verbindung von Theologie und Soziologie.

Es gab nicht nur beständige Auseinandersetzungen zwischen Traditionalisten und Progressiven, sondern eine Gemengelage von theologischen und politischen Interessen, insbesondere in der Frage, wie mit dem Thema des Kommunismus umzugehen sei und welche Stellung das Konzil zur Atombewaffnung beziehen sollte. Insbesondere die amerikanischen Bischöfe setzten alles daran, in der Frage der Ächtung des Krieges und der Atomwaffen eine radikale Positionierung zu verhindern, welche in offenem Widerspruch zur Politik der USA gestanden hätte. Dennoch blieb es Ende bei einer vergleichsweise pazifistischen Positionierung des Konzils.

Auch in seiner Endgestalt kann der Text den disparaten Charakter seiner verschiedenen Teile nicht verbergen. Er zeigt aber theologische Schwächen, ist er doch auch in seiner Endfassung nicht aus einem Guss. Das freilich muss man wohl auch vom Konzil insgesamt sagen, wenn man es als einen Gesamttext lesen will.

2. Zum Aufbau

Gaudium et spes gliedert sich in zwei Teile, einen vorwiegend dogmatischen und einen vorwiegend pastoralen Teil, die aber, wie in der der schon ausführlich besprochenen Fußnote zum *Vorwort* (GS 1–3) dargelegt wird, nicht voneinander zu trennen sind. Die dogmatischen Ausführungen sollen unter pastoralem Vorzeichen verstanden werden, wie umgekehrt die pastoralen Ausführungen als zeitgemäße Gestalt kirchlicher Lehre zu lesen sind.

Die *Einführung* (GS 4–10) unternimmt den Versuch einer Standortbestimmung, indem die Situation des Menschen in der heutigen Welt beschrieben wird. Sie mündet in fünf für das Folgende bestimmende Grundfragen: „Was ist der Mensch? Was ist der Sinn des Schmerzes, des Bösen, des Todes – alles

Dinge, die trotz solchen Fortschritts noch immer weiterbestehen? Wozu diese Siege, wenn sie so teuer erkauft werden mussten? Was kann der Mensch der Gesellschaft geben, was von ihr erwarten? Was kommt nach diesem irdischen Leben?" (GS 10)

Der *erste Hauptteil*, der von der Kirche und der Berufung des Menschen handelt, hat zwei Kapitel. Das *erste Kapitel* handelt von der Würde der menschlichen Person als Ebenbild Gottes (GS 12–22). Die Pastoralkonstitution nimmt also ihren Ausgangspunkt bei der Anthropologie, weist aber schon am Ende der Einleitung auf die Christologie als Erkenntnisgrund hin (GS 10). Das erste Kapitel, das sich unter anderem mit dem modernen Atheismus auseinandersetzt, mündet in eine Betrachtung über Christus als den neuen Menschen (GS 22).

Das *zweite Kapitel* über die menschliche Gesellschaft (GS 23–32) ruft einige Grundaussagen, „Hauptwahrheiten" genannt, der katholischen Soziallehre in Erinnerung (GS 23), Ein Ziel besteht darin, die Grenzen einer individualistischen Ethik zu überwinden (GS 30).

Das *dritte Kapitel* (GS 33–39) handelt von der Weltgestaltung durch den Menschen, seinem Schaffen und der Herrschaft des Menschen über die Natur. Die menschliche Weltgestaltung steht dabei in einer gewissen Spannung zur eschatologischen Hoffnung auf einen neuen Himmel und eine neue Erde. Das Konzil sucht beide Sichtweise so miteinander zu verbinden, dass der innerweltliche Fortschritt zwar vom Wachstum des Reiches Christi unterschieden wird. Andererseits wird ihm eschatologisches Gewicht beigemessen, „insofern er zu einer besseren Ordnung der menschlichen Gesellschaft" auf dem Weg zum Reich Gottes „beitragen kann" (GS 39).

Das *vierte Kapitel* (GS 40–45) beschreibt die Aufgabe der Kirche in der Welt von heute. Die Kirche erscheint als „der

Sauerteig und die Seele der in Christus zu erneuernden und in die Familie Gottes umzugestaltende menschlichen Gesellschaft" (GS 40). Die Welt kann nicht nur Hilfe von der Kirche, sondern diese ihrerseits Hilfe von der modernen Welt empfangen (GS 44). Dazu muss die Kirche in einen offenen Dialog mit der modernen Welt und Kultur treten. Auch dieses Kapitel endet mit einer christologischen Betrachtung, indem Christus als Ziel der menschlichen Geschichte interpretiert wird, auf das hin „alle Bestrebungen der Geschichte und der Kultur konvergieren" (GS 45).

Der *zweite Hauptteil* behandelt pastorale Einzelfragen. Das *erste Kapitel* (GS 47–52) erörtert, wie die Würde von Ehe und Familie in der modernen Gesellschaft zu fördern sind. Es rekapituliert in Grundzügen das katholische, sakramentale Eheverständnis, betont aber gegenüber der traditionellen Lehre von den auf Nachkommenschaft ausgerichteten Ehezwecken den Eigenwert der gegenseitigen Liebe der Ehepartner (GS 50) und erörtert die Probleme einer verantwortlichen Geburtenregelung, die erst in der Enzyklika *Humanae vitae* (1968) eine abschließende lehramtliche Beurteilung erfahren haben. *Gaudium et spes* belässt es bei der vagen Auskunft, es sei den Ehepartner „nicht erlaubt, in der Geburtenregelung Wege zu beschreiten, die das *Lehramt in Auslegung des göttlichen Gesetzes verwirft*" (GS 51).

Das *zweite Kapitel* (GS 53–62) handelt in drei Unterabschnitten vom kulturellen Fortschritt und seiner Förderung. Es beschreibt zunächst die Situation der Kultur in der modernen Welt (GS 54–56) und fordert unter anderem eine Synthese von Naturwissenschaft und Technik mit den Geisteswissenschaften bzw. mit der „Geisteskultur" (GS 56). Im zweiten Abschnitt werden Prinzipien zur im Sinne der Kirche richtigen Förderung der Kultur aufgestellt (GS 57–59), wobei der Kirche und dem Evangelium eine kulturfördernde Wirkung zugesprochen wird. So handelt denn auch der dritte Unterabschnitt von den Aufgaben der Christen im Bereich der Kultur (GS 60–62). Leitend ist die Idee einer Erziehung zur menschlichen Gesamtkultur (GS 61).

Das *dritte Kapitel* (GS 63–72) beschäftigt sich mit wirtschaftsethischen Fragen. Grundlage ist die Idee der Würde der menschlichen Person, die als Urheber, Mittelpunkt und Ziel des Wirtschaftslebens gilt. In zwei Abschnitten handelt das Kapitel vom wirtschaftlichen Fortschritt (GS 64–66), wobei sich die Pastoralkonstitution sowohl vom individualistischen Gewinnstreben wie von einer kollektivistischen Wirtschaftsordnung abgrenzt, die das Individuum kollektiven Interessen unterordnet. Der zweite Abschnitt (GS 67–72) stellt Grundsätze auf, die nach katholischer Lehre für das sozialökonomische Leben verbindlich sind. Bemerkenswert ist der Gedanke, seine Arbeit verbinde den Menschen mit dem Erlösungswerk Christi, der als Handwerker (Zimmermann) gearbeitet und dadurch der menschlichen Arbeit eine einzigartige Würde verliehen habe (GS 67). Dieser Gedanke taucht übrigens schon in GS 32 und GS 43 auf. Der Beitrag von Christen zum sozialökonomischen Fortschritt dient somit als Wegbereitung für das kommende Reiches Gottes (GS 72).

Das *vierte Kapitel* (GS 73–76) befasst sich mit dem Leben der politischen Gemeinschaft und der rechten politischen Ordnung. Zwar warnt das Konzil vor totalitärer und diktatorischer Willkür (GS 75) und macht sich Gedanken über die Stellung der Kirche in einer pluralistischen Gesellschaft (GS 76), votiert aber nicht eindeutig für die Staatsform der Demokratie, sondern zieht sich auf den Standpunkt zurück, dass die Kirche hinsichtlich ihrer Aufgabe und Zuständigkeit in keiner Weise mit dem politischen Gemeinwesen verwechselt werden dürfe und auch an kein politisches System gebunden sei, im Bereich des Politischen aber „zugleich Zeichen und Schutz des Transzendenten der menschlichen Person" sei (GS 76).

Im *fünften Kapitel* (GS 77–90), das aus drei Abschnitten besteht, kommt die Pastoralkonstitution auf den Weltfrieden und den Aufbau der Völkergemeinschaft zu sprechen. Man beachte in diesem Zusammenhang, dass Papst Paul VI. während der vierten Sitzungsperiode des Konzils am 4. Oktober 1965 eine Ansprache vor der Generalversammlung der Vereinten Nationen in New York gehalten hat. Im ersten Abschnitt des Kapitels (GS 79–81) verurteilt das Konzil den totalen Krieg (GS 79) und mahnt „die bleibende Geltung des natürlichen Völkerrechts und seiner allgemeinen Prinzipien" ein (ebd.). Sofern allen Möglichkeiten einer friedlichen Konfliktbeilegung erschöpft sind, wird einer Regierung das Recht auf sittlich erlaubte Selbstverteidigung allerdings nicht abgesprochen (ebd.). Kritisiert wird der Rüstungswettlauf während des Kalten Krieges (GS 81), angestrebt wir die absolute Ächtung des Krieges (GS 82). Der zweite Abschnitt (GS 83–89) widmet sich dem Aufbau der internationalen Gemeinschaft und ihrer Institutionen. GS 86 formuliert einige praktische Normen für die internationale Zusammenarbeit, die sich an den grundlegenden Prinzipien der katholischen Soziallehre wie dem Subsidiaritätsprinzip und dem Solidaritätsprinzip orientieren. Auch in diesem Abschnitt scheint die Idee des Naturrechts durch, insofern die Präsenz der Kirche in der Völkergemeinschaft – man beachte, dass der Apostolische Stuhl ein Völkerrechtssubjekt ist! – mit ihrem Auftrag legitimiert wird, „die Kenntnis des göttlichen und natürlichen Sittengesetzes" (GS 89) lebendig zu halten.

Das *Schlusswort* (GS 91–93) wendet sich nochmals nicht nur an die Mitglieder der katholischen Kirche, sondern bekräftigt den Willen der katholischen Kirche zum Dialog mit allen Menschen guten Willens, insbesondere mit den Angehörigen der übrigen christlichen Kirchen und kirchlichen Gemeinschaften (GS 92). Die Pastoralkonstitution endet mit einem eschatologischen Ausblick, der innerweltlichen Fortschrittoptimismus und christliche Hoffnung auf das kommende Gottesreich verbindet. Die Kirche wie die einzelnen Christen sollen von der Wahrheit und der Liebe Gottes Zeugnis geben, um auf diese Weise „in den Menschen überall in der Welt eine lebendige Hoffnung" zu erwecken, „die eine Gabe des Heiligen Geistes ist, dass sie am Ende in Frieden und vollkommenem Glück aufgenommen werden in das Vaterland, das von der Herrlichkeit des Herrn erfüllt ist" (GS 93).

3. Zur Rezeptionsgeschichte

Die Ansichten über die Bedeutung der Pastoralkonstitution *Gaudium et spes* für das Verhältnis der römisch-katholischen Kirche zur Moderne liegen denkbar weit auseinander. Auf katholischer Seite herrscht die Ansicht vor, mit *Gaudium et spes* habe die Kirche einen entscheidenden Schritt zur Öffnung zur Welt von heute getan, mit weitrechenden Konsequenzen für das eigene Selbstverständnis und also auch für die Ekklesiologie. Karl Gabriel versteht das Zweite Vatikanum in seiner Gesamtheit als entscheidenden Schritt zur nachholenden Selbstmodernisierung des Katholizismus. Hans-Joachim Sander, der einen großen Kommentar zur Pastoralkonstitution geschrieben hat, deutet ihre Textgeschichte als eine Geschichte der katholischen Selbstrelativierung. Die Selbstabschließung des katholischen Glaubens im Modus der Kirche sei durch das Konzil aufgebrochen worden. Mit *Gaudium et spes* habe das Konzil „eine Grammatik für mögliche Lösungen" der durch die zuvor bestehende Selbstabschließung erzeugten Probleme gefunden, die es freilich produktiv und kritisch weiterzudenken gelte, indem Kirche und Theologie – ganz im Sinne des Konzils – auf die sich beständig ändernden „Zeichen der Zeit" achten.

Der evangelische Theologe Friedrich Wilhelm Graf ist gegenteiliger Ansicht. Dem in der katholischen Rezeption des Konzils und namentlich der Pastoralkonstitution *Gaudium et spes* dominierenden kirchenhistorischen Fortschrittsmodell, in dem er vermeintlich überholte triumphalistische Selbstbilder der römischen Kirche zu erkennen glaubt, setzt er eine Lesart entgegen, welche *Gaudium et spes* als Kulturkritik interpretiert, die sich unverhohlen gegen den westeuropäischen Liberalismus ausspricht, der in starkem Maße vom Protestantismus geprägt ist. Die Pastoralkonstitution biete mitnichten eine konstruktive Rezeption der Aufklärungstradition, sondern entwerfe ein Gegenmodell, das nur den Schein von Modernität verbreite.

Modernität ist für sich genommen freilich kein theologischer Maßstab, und zur Aufgabe theologischer Zeitgenossenschaft gehört doch auch die Kritik der Moderne im Licht des Evangeliums, was für die protestantischen Kirchen wie für die katholische gleichermaßen gilt. Das Aggiornamento, zu dem Johannes XXIII. aufgerufen hat, ist nicht mit Anpassung an den Zeitgeist zu verwechseln, sondern meint eine kritische Öffnung, die auf die „Zeichen der Zeit" achtet und sie theologisch zu deuten weiß, wie es programmatisch in GS 4 heißt. Auch diese Formel, die auf Mt 16,3 (vgl. Lk 12,54–56) anspielt – ein Vers, der nicht in allen griechischen Handschriften steht! –, geht auf Johannes XXIII. zurück. Modernitätstheoretisch lässt sich argumentieren, dass die Kritik der Moderne ein fester Bestandteil und ein Movens derselben ist.

Eine Kernfrage für das Verständnis von *Gaudium et spes* wie des Zweiten Vatikanums insgesamt lautet, inwieweit die Konzilstexte in Kontinuität oder Diskontinuität zum Ersten Vatikanum (1869–1870) stehen. In der Rezeptionsgeschichte herrscht die Ansicht vor, das Zweite Vatikanum habe gegenüber dem Ersten Vatikanum, das auf Grund des Ausbruchs des Deutsch-Französischen Krieges (1870/71) auf unbestimmte Zeit unterbrochen wurde, in fundamentaltheologischen und dogmatischen Fragen einen einschneidenden Richtungswechsel vollzogen, der nicht zuletzt das Verhältnis von Kirche und Moderne betreffe. Genannt seien nur die Abkehr vom neuscholastischen Denken und einem instruktionellen Verständnis von Offenbarung (Offenbarung als übernatürliche Belehrung über übernatürliche Gegenstände) zu einem epiphanisch-geschichtlichen Offenbarungsverständnis (Offenbarung als geschichtliche Selbstoffenbarung Gottes und als kommunikatives Geschehen). Tatsächlich sind aber die theologischen und ethischen Kontinuitäten zwischen beiden Konzilen größer als weithin angenommen wird. So hat Paul VI. in seinen Ansprachen zum Beginn und zum Abschluss der zweiten Sitzungsperiode sowie in seiner Ansprache bei der Eröffnung der dritten Sitzungsperiode hervorgehoben, das Zweite Vatikanum sei die natürliche Fortsetzung, Ergänzung und Vollendung des Ersten Vatikanischen Konzils. Ohne die Bedeutung von *Gaudium et spes* schmälern zu wollen, eignet sich das Erste Vatikanum nicht als die negative Kontrastfolie, als die es reformorientierten katholischen Theologen und Theologinnen dient. Die These von der nachgeholten Selbstmodernisierung der katholischen Kirche wird diesem Befund nicht gerecht. Der Text selbst suggeriert allerdings eine fortschrittsoptimistische Interpretation seiner selbst, die einer genaueren Prüfung letztlich nicht standhält, ganz abgesehen davon, dass es sich nicht um einen Text aus einem Guss handelt. Statt einer einlinigen Auslegung ist eine differenzierte Analyse der Pastoralkonstitution und ihrer Wirkungsgeschichte vonnöten.

Starken Einfluss auf die Rezeptionsgeschichte haben die umfangreichen Kommentare zum Gesamttext und zu den einzelnen Teilen ausgeübt, die sich in Ergänzungsbänden zur zweiten Auflage des Lexikons für Theologie finden. In diesem Fall handelt es sich um Band 14 (LThK.E III). Die Kommentierungen stammen von Charles Moeller, Joseph Ratzinger, Otto Semmelroth, Alfond Auer, Yves Congar, Bernhard Häring, Roberto Tucci, Herbet Vorgrimmler, Oswald von Nell-Breuning, Wilhelm J. Schuijt und René Coste. Die Autoren waren selbst am Konzil und auch an der Entstehungsgeschichte von *Gaudium et spes* beteiligt. Besonders seien die Exkurse von Oswald von Nell-Breuning zur Enzyklika *Populorum progressio* (LThK² 14, 578 f.), von Stefan Swieżawski zu Kommission *Iustitia et pax* (a. a. O., 579 f.) sowie von Richard Völkl zum Begriff der Caritas und der Idee der Kirche der Liebe in den Dokumenten des Zweiten Vatikanums (a. a. O., 580–585) erwähnt, weil diese Exkurse bereits Querverbindungen und Wirkungen über das Konzil hinaus aufweisen.

Einen großen Kommentar hat Hans-Joachim Sander vorlegt (HThK Vat. II, Bd. 4, 581–868). Im Sinne Melchior Canos (1509–1560) interpretiert er *Gaudium et spes* als eigenen theologischen Ort (*locus theologicus*) und macht, von Michel Foucault inspiriert, den Begriff der Topologie zur Grundlage seiner Gesamtdeutung. Mit seiner Hilfe und mit der „Anerkennung der Zeichen der Zeit als Kristallisationskerne einer pastoralen Ortsbestimmung" (a. a. O., 832) will er eine tragfähige Verbindung zwischen Soziologie und Anthropologie schaffen, um die während der Entstehungsgeschichte von *Gaudium et spes* bis zuletzt gerungen wurde. Er möchte mit der Pastoralkonstitution über diese hinausgehen, ist er doch der Ansicht, dass das im Text angelegte topologische Denken nicht konsequent zu Ende gedacht worden sei. Den aus der Befreiungstheologie bekannten Dreischritt von Sehen – Urteilen – Handeln verbindet er mit dem zeitweilig von Foucault verwendeten Begriff der Heterotopie. Er steht bei Foucault für Orte oder Räume, die nicht nach den allgemeinen in der Gesellschaft vorgegebenen Regeln funktionieren. Es handelt sich um reale Orte, an denen bestehende gesellschaftliche Verhältnisse in besonderer Weise reflektiert wie auch Alternativen aufgezeigt und praktiziert werden. Nach Überzeugung von Sanders bietet *Gaudium et spes* solch eine Heterotopie, nicht etwa eine Utopie, wie es einer Theologie der Hoffnung, die in den 1960er Jahren intensiv diskutiert wurde, entsprechen würde. Allerdings hängt Sanders Gesamtinterpretation in starkem Maße von seiner Deutung des Terminus „Zeichen der Zeit" ab, die über die Textgestalt der Pastoralkonstitution deutlich hinausgeht.

Gaudium et spes hat in der Weltkirche unterschiedliche Aufnahme gefunden. In der deutschsprachigen Theologie dominieren Vorbehalte dagegen, die Pastoral gegenüber der Dogmatik zu verselbständigen. Weitaus positivere Aufnahme fand die Pastoralkonstitution hingegen in Frankreich, Italien und Spanien.

Namentlich Karl Rahner kritisiert an der Pastoralkonstitution eine Ausdrucksweise, „die weder den Charakter einer immer gültigen Lehre noch den kirchenrechtlicher Anordnungen hat" (zitiert nach Sander, a. a. O., 848). Man könne eher von Weisungen oder Appellen sprechen. Immerhin hat

Rahner die Konstitution schließlich aber doch auch positiv als „Anfang eines Anfangs" gewürdigt, der über seine existential-anthropologische Theologie hinausweise. Hingegen ist Joseph Ratzinger, zur Zeit des Konzils Professor in Tübingen, später lange Zeit Präfekt der Glaubenskongregation und schließlich Nachfolger Johannes Paul II. auf dem Stuhl Petri, zeitlebens kritisch eingestellt geblieben. Im Unterschied zu seinem Vorgänger im Papstamt hat sich Ratzinger von der Methode der Pastoralkonstitution, die Zeichen der Zeit im Licht des Evangeliums zu deuten, zunehmend distanziert. Der von Ratzinger maßgeblich verantwortete Weltkatechismus spricht eine andere Sprache als *Gaudium et spes*. Auch der Konflikt um die Befreiungstheologie und ihr Verhältnis zum Marxismus, insbesondere der „Fall Boff" – ausgelöst durch Leonardo Boffs 1981 erschienenes Werk „Kirche: Charisma und Macht" (deutsche Übersetzung 1985) –, sowie das gegen die pluralistische Theologie der Religionen gerichtete Dokument der Glaubenskongregation *Dominus Iesus* (2000) sind ein Beleg Ratzingers kritischer Haltung gegenüber der Methode von *Gaudium et spes* und seiner Ortsbestimmung der Kirche in der heutigen Welt. Peter Hünermann, einer der beiden Hauptherausgeber von Herdes Theologischem Kommentar zum Zweiten Vatikanischen Konzil, versteht *Gaudium et spes* als Dokument des Übergangs, dessen Ansatz und Absicht über das bis dahin geläufige begriffliche, anthropologische und theologische Instrumentarium hinausweise, ohne eine abschließende Lösung zu bieten.

Für die Rezeption der Pastoralkonstitution in Lateinamerika sei exemplarisch auf Gustavo Gutierrez verwiesen. Er würdigt das Anliegen Papst Johannes XXIII., die Präsenz der Kirche in der Welt der Armen zum Thema zu machen, was aber auf dem Konzil letztlich eine unerledigte Aufgabe geblieben sei. Auch sei das Konzil zu sehr auf die Welt des globalen Nordens ausgerichtet gewesen. „Die Welt, für die sich das Konzil öffnete, war vor allem die Welt der Wissenschaft und der Technik der Moderne, es war eben so die Welt der Demokratie, der Menschenrechte und der modernen Freiheitsrechte. [...] Kurz gesagt, es handelte sich um die moderne, westliche, im wesentlichen nordatlantische Welt" (Gutierrez, Konzil, 166 f.). Erst die lateinamerikanischen Bischofskonferenzen in Medellín (1968) und Puebla (1979) rückten die Option für die Armen ins Zentrum, wenngleich es auch starke Gegenkräfte im Episkopat gab, diese Option abzuschwächen oder zu unterminieren. Jedenfalls kann man davon sprechen, dass mit der Versammlung in Medellin eine konsequente Kontextualisierung nicht nur der Pastoralkonstitution *Gaudium et spes*, sondern des Zweiten Vatikanums insgesamt stattgefunden hat. Sie wurde von lateinamerikanischen Theologie entschlossen vorangetrieben, was freilich nicht ohne Widerstände in den lateinamerikanischen Kirchen und auf Weltebene geschah.

In ökumenischer Perspektive fällt das Urteil über die Pastoralkonstitution gemischt aus. Einerseits handelt es sich bei ihr um den am stärksten ökumenisch erarbeiteten Konzilstext. Die Rolle des reformierten Theologen und Repräsentanten des Ökumenischen Rates der Kirchen, Lukas Vischer, wurde bereits erwähnt. Anthropologie; Sünden- und Freiheitsverständnis in *Gaudium et spes* stehen allerdings deutlich im Widerspruch zum reformatorischen Verständnis des Menschen als erlösungsbedürftigem und im Glauben gerechtfertigtem Sünder. Die Aussage, die durch die Sünde lediglich verwundete Freiheit könne mit Hilfe der Gnade Gottes die Hinordnung des Menschen auf Gott bewirken (GS 17), klingt geradezu pelagianisch, wie Peter Hünermann mit

Recht kritisiert. Im Grunde, so sein Vorwurf, bleibt die Pastoralkonstitution einer gegenreformatorischen Anthropologie treu. Darüber können auch gemeinsame Sozialworte der evangelischen und der Katholischen Kirche in Deutschland und Österreich aus jüngerer Zeit als mögliche Fernwirkung der Pastoralkonstitution nicht hinwegtäuschen.

Versuche, die Pastoralkonstitution in einem progressiven und reformorientierten Sinne fortzuschreiben – etwa auch in Verbindung mit dem Synodalen Weg in Deutschland oder dem von Papst Franziskus eingeleiteten Synodalen Prozess auf Ebene der katholischen Weltkirche –, berufen sich gern auf den Geist des Konzils, der von seinem Buchstaben zu unterscheiden sei. Diese Hermeneutik kann sich auf die Schule von Bologna und ihren Spiritus rector, Giuseppe Alberigo (1926–2007) berufen. Sie ist auch in der lateinamerikanischen Befreiungstheologie präsent. Beispielsweise ist der aus Spanien stammende, in El Salvador lebende und lehrende Theologe Jon Sobrino der Auffassung, die allgemeine lateinamerikanische Bischofskonferenz (CELAM) in Medellín 1968 sei nicht so sehr den Buchstaben, als vielmehr dem Geist des Konzils gefolgt, und zwar insbesondere dem Geist von *Gaudium et spes*. Nun ist es zweifellos legitim und notwendig, die Impulse des Konzils aufzugreifen und weiterzudenken. Andernfalls würde die Rezeption in einer restaurativen Konzilsscholastik erstarren. Hermeneutisch und theologisch problematisch sind freilich Interpretationen, die den Geist des Konzils gegen den Buchstaben seiner Texte, im konkreten Fall des Textes der Pastoralkonstitution auszuspielen versuchen, um aus ihr nicht etwas nur herauszulesen, sondern in sie hineinzulesen, was nun einmal nicht in ihr steht. Das betrifft auch den Umgang mit den Dekreten des Konzils – darunter das Dekret über Dienst und Leben der Priester (*Presbyterorum ordi-*

nis), die von reformerischen Kräften als zeitbedingte Zwischenschritte auf dem Weg zu einer fortschreitenden Reform der katholischen Kirche relativiert werden.

Walter Kardinal Kasper hält in einem Interview, das er 2022 der Zeitschrift *Communio* gegeben hat, dagegen. Zwar gebe es einen Überschuss an progressiven Ideen, hinter denen die auf dem Konzil formulierten, bisweilen kompromisshaften Texte zurückblieben. Buchstabe und Geist ließen sich folglich durchaus unterscheiden, jedoch „schon rein sprachphilosophisch [...] ebenso wenig wie Leib und Seele einfach scheiden und trennen". Die hermeneutische Grundregel laute: „Theologisch wie kanonistisch maßgebend ist der Buchstabe der verabschiedeten Texte. Von ihnen und nicht von dem, was man sich wünschen mag, gilt es auszugehen." (Communio, Online-Version [https://www.communio.de/pdf/vorabveroeffentlichung/Communio-Kasper-Interview-2022-10.pdf], 11.10.2022, VI) Diesem Grundsatz folgt auch die vorliegende Interpretation der Pastoralkonstitution. Er entspricht der von Umberto Eco starkgemachten Idee der *intentio operis*, die gleichermaßen von der Aussageabsicht des Autors (*intentio auctoris*) wie von der Auslegungsabsicht der Textrezipienten (*intentio lectoris*) zu unterscheiden ist.

4. Erläuterungen zu Vorwort und Einleitung (GS 1–10)

Über die Klassifizierung des Schemas über die Kirche in der Welt von heute – die Zeit um 1960 – ist, wie geschildert, von Beginn an heftig gerungen worden. Ungewöhnlich, aber aus der Vorgeschichte des Dokumentes erklärbar, wurde die Konstitution mit einer Fußnote versehen, die zum authentischen promulgierten Text gehört und aus der Feder des damaligen Erzbischofs von Krakau und späteren Papstes Johannes Paul II., Karol Józef Wojtyła, stammte. Zum einen unterstreicht die Anmerkung, dass die beiden Teile der Pastoralkonstitution ein Ganzes bilden. Eine Interpretation, welche den Text entsprechend der lange verfolgten Bestrebungen zugunsten eines dualen Schemas *ad intra* – *ad extra* auslegt, wird somit als der Intention des Konzils zuwiderlaufend zurückgewiesen. Zum anderen gibt die Fußnote eine authentische Definition des Begriffs „pastoral": Die Konstitution „wird ‚pastoral' genannt, weil sie, gestützt auf Prinzipien der Lehre, das Verhältnis der Kirche zur Welt und zu den Menschen von heute darzustellen beabsichtigt. So fehlt weder im ersten Teil die pastorale Zielsetzung noch im zweiten Teil die lehrhafte Zielsetzung." Mit anderen Worten ist der Text in seiner Gesamtheit als *pastorale* Konstitution zu lesen, die gerade in ihrer pastoralen Ausrichtung einen lehrhaften, *dogmatischen* Gehalt und Charakter hat. Abschließend benennt die Fußnot das Problem der Hermeneutik – man kann durchaus sagen: das Problem der Konzilshermeneutik insgesamt. Der gegenüber dem ersten Teil veränderte Charakter der Gedankenführung sei dem Wechsel der Umstände geschuldet, der mit den in ihnen behandelten Gegenständen verbunden sei. Jedoch sei der Wechsel der Umstände nicht nur bei der Interpretation des zweiten Teils, sondern insgesamt bei der Interpretation der Pastoralkonstitution zu beachten, die „nach den allgemeinen theologischen Interpretationsregeln zu deuten" sei.

Noch einen Schritt weiter gehen die Herausgeber von Herders Theologischem Kommentar zum Zweiten Vatikanischen Konzil (HThK Vat. II). Sie argumentieren, die Konzilsdokumente seien in ihrer Gesamtheit als ein einziger Makrotext zu lesen, der eine gewisse Ähnlichkeit mit Verfassungstexten aufweise. Indem sie den Makrotext, wenn auch mit einer gewissen Vorsicht, im Ganzen als „konstitutionellen Text des Glaubens" bezeichnen, strahlt der Terminus *constitutio* auch auf jene Konzilsdokumente aus, die ihrer Selbstbezeichnung nach keine Konstitution sind. Der Vorschlag, vom Konzilstext im Singular zu sprechen, arbeitet mit der Unterstellung, es gebe so etwas wie eine einheitliche „Textintention" – mit Umberto Eco gesprochen: eine durchgängige *intentio operis* des Zweiten Vatikanums, die wiederum näher als „pastoral" bestimmt wird. Anhalt findet diese Deutung an der Ansprache Pauls VI. bei der Eröffnung der zweiten Sitzungsperiode am 29. September 1964. Was die Ekklesiologie betrifft, so ist der Makrotext des Konzils allerdings zweigipflig, und es ist keineswegs ausgemacht, ob das ganze Konzil und damit auch *Lumen gentium* vom Ende her, also von *Gaudium et spes* aus gelesen werden will, oder ob die Pastoralkonstitution von der dogmatischen Konstitution über die Kirche aus zu lesen ist.

Adressaten der Pastoralkonstitution sind nicht nur die Gläubigen, also die Mitglieder der römisch-katholischen Kirche, sondern die gesamte Menschheit, die „ganze Menschheitsfamilie" (GS 3), mit der das Konzil in einen Dialog treten will. In diesem geht es gleichermaßen um „die Rettung der menschlichen Person" wie „um den rechten Aufbau der menschlichen Gesellschaft" (ebd.).

Am Beginn der Einführung (GS 4) fällt das programmatische Stichwort von den „Zeichen der Zeit" (*signa temporum*). Genau heißt es dort, die Kirche habe die Pflicht, „nach den Zeichen der Zeit zu forschen und sie im Licht des Evangeliums zu deuten". Man sagt nicht zuviel, wenn man den Begriff als Vorzeichen auffasst, das gewissermaßen vor der Klammer der ganzen Pastoralkonstitution steht. Eine maßgebliche Interpretationslinie sieht in den Zeichen der Zeit – kongenial zum Schlagwort „aggiornamento" – den Schlüsselbegriff nicht nur von *Gaudium et spes*, sondern des Konzils bzw. des Makrotextes des Zweiten Vatikanums schlechthin. Johannes XXIII. hatte die Wendung „i segni dei tempi" in einer optimistischen Bedeutung bereits in seiner das Konzil ankündigenden Konstitution *Humanae salutis* (25.12.1961) gebraucht.

Im Unterschied zu manchen Interpretationen zu *Gaudium et spes*, die von der Redewendung „Zeichen der Zeit" intensiven Gebrauch machen, verfährt der Konzilstext selbst mit diesem Wort allerdings äußerst sparsam. GS 11 spricht vom Bemühen der Kirche („Volk Gottes"), „in den Ereignissen, Bedürfnissen und Wünschen, die es zusammen mit den übrigen Menschen unserer Zeit teilt, zu unterscheiden, was darin wahre Zeichen der Gegenwart oder der Absicht Gottes sind". Man kann dies als eine Näherbestimmung der Aussage von GS 4 verstehen. Die Formel „Zeichen der Zeit" taucht sonst aber nirgends mehr auf. Es bleibt den Rezipienten überlassen, die in *Gaudium et spes* beschriebenen gesellschaftlichen und kulturellen Phänomene ausdrücklich als Zeichen der Zeit zu identifizieren. Zwar wird der Zeichenbegriff als solcher verschiedentlich verwendet. Die einmütig zusammenarbeitenden Gläubigen sind ein „Zeichen der Einheit" (GS 21). Die „Siege der Menschheit" im Verlauf ihrer Fortschrittsgeschichte gelten als „ein Zeichen der Größe Gottes und die Frucht seines unergründlichen Ratschlusses" (GS 34). Die Kirche ist „Zeichen und Werkzeug für die innigste Vereinigung mit Gott wie für die Einheit der ganzen Menschheit" (GS 42) – es handelt sich dabei um ein wörtliches Zitat aus *Lumen gentium* (LG 1). Sie ist „Zeichen des Heils" (GS 43). Ihre sichtbare gesellschaftliche Struktur ist „Zeichen ihrer Einheit in Christus" (GS 44). In der Ehe können leiblich-seelische Ausdrucksmöglichkeiten „Elemente und besondere Zeichen der ehelichen Freundschaft" (GS 49) sein. Im gesellschaftlichen und politischen Raum ist die Kirche „Zeichen und Schutz der Transzendenz der menschlichen Person" (GS 79). Kraft ihrer Sendung wird die Kirche in der Welt „zum Zeichen jener Brüderlichkeit, die einen aufrichtigen Dialog ermöglicht und gedeihen lässt" (GS 92). Doch nirgends wird an den genannten Stellen von Zeichen der Zeit gesprochen.

Dieser bemerkenswerte Umstand erklärt sich aus dem eigentümlichen Schicksal, das der Ausdruck im Verlauf des Konzils genommen hat. Auch wenn sich für seine Verwendung auf die Enzyklika *Pacem in terris* von Johannes XXIII. berufen konnte und es sogar eine eigene Unterkommission für die „Zeichen der Zeit" auf dem Konzil gab, stieß der Terminus doch auch auf heftige Kritik. So bemängelten unter anderem Beobachter des Ökumenischen Rates der Kirchen, dass der eschatologische, um nicht zu sagen apokalyptische Sinn des biblischen Ausdrucks im konziliaren Fortschrittsoptimismus völlig unterzugehen drohe. Es bestehe die Gefahr einer „prophetischen Exegese", welche die Geschichte letztlich „menschlich" lese. Tatsächlich sollte der Terminus „Zeichen der Zeit", abgesehen von GS 4, völlig aus dem Konzilstext verschwinden.

Der Grundtenor, den Johannes XXIII. und das Konzil anschlagen, ist nicht apokalyptisch, sondern optimistisch gefärbt. Im Vordergrund steht das Bemühen, die Zeit in einer Weise zu deuten, die nicht auf eine Ablehnung der modernen Welt hinausläuft, sondern auch eine positive Öffnung der katholischen Kirche. Dennoch ist die Kritik berechtigt, dass die Pastoralkonstitution zwar die Ambivalenzen der Moderne, nicht aber ihre katastrophalen Seiten benennt. „Totalitarismus, die Vernichtung von Millionen Menschen in KZs und Gulags aufgrund ihrer Rasse, religiösen Überzeugung, Nationalität oder Klassenzugehörigkeit finden ebenso wenig Erwähnung wie die Opfer des Kolonialismus und Imperialismus. Das, was Adorno und Horkheimer in einem Versuch, das Ungeheuerliche zu fassen, als die ‚Dialektik der Aufklärung' bezeichneten, bleibt verblüffenderweise ausgeklammert" (Ingeborg Gabriel, in: dies./Alexandros K. Papaderos/Ulrich H.J. Körtner, Perspektiven Ökumenischer Sozialethik, 140).

Die Wendung „Zeichen der Zeit" ist biblischen Ursprungs. Als die Pharisäer von Jesus ein Zeichen seiner Vollmacht fordern, kontert dieser in Mt 16,3: „Über das Aussehen des Himmels könnt ihr urteilen; könnt ihr dann nicht auch über die Zeichen der Zeit urteilen?" Der griechische Text spricht von *semeía ton kairoon*/σημεῖα τῶν καιρῶν, die Vulgata von *signa temporum*. Das ist wörtlich die Wendung, die wir auch in GS 4 finden. In gewichtigen griechischen Handschriften ist Mt 16,3 (Vulgata: Mt 16,4) allerdings nicht enthalten. Anders als die katholische Einheitsübersetzung und die Lutherbibel 2017 lässt die Zürcherbibel 2007 den Vers aus. Die Einheitsübersetzung trägt die Wendung „Zeichen dieser Zeit" außerdem in die Parallelstelle Lk 12,56 ein. Dort ist gar nicht von Zeichen der Zeit die Rede, sondern vom Deuten des Kairos. Die Lutherbibel 2017 übersetzt: „warum aber könnt ihr diese Zeit nicht prüfen?", die Zürcherbibel 2007 gibt den griechischen Text wieder: „wie kommt es dann, dass ihr diese Stunde nicht zu deuten wisst?". Offenbar will die Einheitsübersetzung eine Verbindung zu GS 4 herstellen, um so die biblische Grundlage der dortigen Aussage zu verstärken. Im Neuen Testament sind die Zeichen der Zeit jedoch augenscheinlich nicht in der Weise ein Zentralmotiv, wie es *Gaudium et spes* suggeriert.

Dessen ungeachtet gibt es Interpretationen der Pastoralkonstitution, welche den Terminus ständig gebrauchen und die Zeichen der Zeit im Sinne der klassischen fundamentaltheologischen Begrifflichkeit Melchior Canos zu *loci theologici alieni* aufwerten, die neben die *loci theologici* gestellt werden. *Loci theologici* sind Orte theologischer Erkenntnis. Zu unterscheiden ist freilich am jeweiligen Erkenntnisort zwischen dem Erkenntnis*gegenstand* und der Erkenntnis*quelle*. Laut GS 4 ist das Evangelium die Erkenntnisquelle, wobei nicht ganz klar ist, auf welche Weise – mittels welcher Methode – die Zeichen der Zeit aufgespürt werden und ob sie ohne ihre Deutung im Licht des Evangeliums überhaupt im theologischen Sinne als Zeichen der Zeit gelten können. Mit anderen Worten stellt sich das hermeneutische Problem, in welchem Verhältnis Text und Kontext zueinanderstehen. Eine mögliche Gefahr besteht darin, die Zeichen der Zeit zu einer eigenen theologischen Erkenntnisquelle aufzuwerten und damit dem Kontext, in dem das Evangelium immer neu zur Sprache kommen soll und will, die Qualität einer Offenbarungsquelle zuzusprechen, so dass sich am Ende das Interpretationsverhältnis umkehrt. In diesem Fall werden nicht mehr die Zeichen der Zeit im Licht des Evangeliums, sondern dieses im Licht der Zeitzeichen interpretiert. Das ist kaum die Intention von *Gaudium et spes*, lässt sich aber als eine gewisse Tendenz in neueren Gesamtinterpretationen beobachten.

5. Erläuterungen zum ersten Hauptteil

5.1 Zum ersten Kapitel (GS 11–22)

Die Würde der menschlichen Person, von der das erste Kapitel handelt, ist Grundlage und Cantus firmus des ganzen ersten Hauptteils. Die Pastoralkonstitution wählt also ihren Einstieg bei der theologischen Anthropologie. Sie rekapituliert zunächst klassische Aussagen der kirchlichen Überlieferung über die Gottebenbildlichkeit und die Binarität von Mann und Frau als elementare Form personaler Gemeinschaft, über die menschliche Sünde, Leib und Seele, Vernunft, Wahrheit und Weisheit, das Gewissen und die menschliche Freiheit sowie das Geheimnis des Todes.

GS 13 stellt den Menschen als zwiespältiges Wesen dar, dessen ganzes Leben ein dramatischer Kampf zwischen Gut und Böse, Licht und Finsternis ist. Dieses Sündenverständnis und Menschenbild trägt dualistische Züge, die in Verbindung mit dem in GS 17 entwickelten Freiheitsbegriff in Richtung einer pelagianischen Anthropologie und Erlösungslehre gehen. Während Martin Luther die Unfreiheit des sündigen Willens behauptet und von da aus dem Gedanken, dass der Mensch allein aus Gnade (*sola gratia*) gerechtfertigt und gerettet wird, ist nach Ansicht von *Gaudium et spes* die menschliche Freiheit durch die Sünde lediglich verwundet. Auch in der Passage über den Menschen als leiblich-seelisches Wesen wird nur von der Verwundung des Menschen durch die Sünde gesprochen (GS 14). Mit Hilfe der Gnade wird die Schwäche der Willensfreiheit ausgeglichen, so dass der Mensch nun den in GS 13 beschriebenen Kampf zwischen Gut und Böse selbst ausfechten kann. Dieser Gedanke wird in dem christologischen Abschnitt GS 22 wieder aufgegriffen, liege doch auch auf dem Christenmenschen „ganz gewiss die Notwendigkeit und auch Pflicht, gegen das Böse durch viele Anfechtungen hindurch anzukämpfen und auch den Tod zu ertragen".

Gegenüber dem aufklärerischen Verständnis menschlicher Autonomie argumentiert die Pastoralkonstitution, in seinem Gewissen entdecke der Mensch „ein Gesetz, das er sich nicht selbst gibt, sondern dem er gehorchen muss" (GS 16). Das klingt nach Heteronomie. Wie weit der Gedanke der Autonomie christlich im Sinne einer Theonomie zu denken ist, bei welchem menschliche Freiheit und Gehorsam gegenüber Gott keinen Gegensatz bilden, wird nicht beantwortet.

GS 14 beschreibt den Menschen als leiblich-seelische Einheit und würdigt seine leibliche Existenz. Durch seine Leiblichkeit ist der Mensch mit der materiellen Welt verbunden. Sie ist ein Teil seiner selbst. Mit Hilfe der modernen Wissenschaft und Technik erforscht er diesen Teil der Welt (GS 15). Technisches Verfügungswissen sei aber nicht mit Weisheit zu verwechseln. Diese zu erlangen ist die Bestimmung der menschlichen Vernunftnatur. So sehr *Gaudium et spes* die Leiblichkeit des Menschen bejaht, vertritt die Pastoralkonstitution doch keine naturalistische Anthropologie, sondern sieht die menschliche Person und ihre Innerlichkeit, welche ganz traditionell mit der unsterblichen Seele gleichgesetzt wird, als der materiellen Welt überlegen (GS 14). Verglichen mit philosophischen und theologischen Konzepten einer Phänomenologie des Leibes, welche die Dialektik zum Thema hat, dass der Mensch gleichermaßen einen Leib hat und zugleich sein Leib ist, bleibt der Leibbegriff in *Gaudium et spes* abstrakt. Im Grunde wird nicht zwischen dem Körper als biologisch beschreibbarem Organismus und dem Leib als der existentiell erfahrenen und erlebten je eigenen Körperlichkeit unterschieden. Der Leib ist bloße Materie. Dass der platonische Leib-Seele-Dualismus nicht wirklich überwunden wird, zeigt sich auch in der Sicht des Todes, die *Gaudium et spes* entwickelt. Mit seiner unsterblichen Seele, die kein epigenetisches Produkt der Materie ist, trägt der Mensch den „Keim der Ewigkeit" und damit das Verlangen nach ewigem Leben in sich, das nicht mit einer unendlichen Verlängerung der biologischen Lebensdauer zu verwechseln ist (GS 18). Das wäre – mit Hegel gesprochen – nur eine schlechte Form der Unendlichkeit. Einseitig bringt die Pastoralkonstitution den Tod mit der Sünde in Verbindung, wofür sie sich unter anderem auf die Aussage des Paulus beruft, der Tod sei der Sünde Sold (Röm 6,23). *Gaudium et spes* deutet diese Aussage biologisch, was der theologischen Tradition entspricht. Hätte der Mensch nicht gesündigt, wäre ihm der leibliche Tod erspart geblieben (GS 18). Das ist freilich eine evolutionsbiologisch unhaltbare These. Neuere Ansätze einer Theologie des Todes versuchen, den natürlichen Tod von seiner existentiellen Erfahrung als Preis der Sünde zu unterscheiden und die Sterblichkeit als Teil der guten Schöpfung Gottes zu verstehen. Zu einer solchen Neubewertung und differenzierten Sicht des Todes gelangt die Pastoralkonstitution nicht.

Hans-Joachim Sander vertritt die Ansicht, im Würdebegriff der Pastoralkonstitution klinge das neuzeitliche Menschenrechtsdenken an [HThK Vat. II 4, 729]. Tatsächlich hatte Johannes XXIII. alias Guiseppe Roncalli als päpstlicher Nuntius in Paris einen gewissen Einfluss auf die Entstehung der Allgemeinen Erklärung der Menschenrechte von 1948. Auch hat er in seiner Enzyklika *Pacem in terris* (1963) erstmals ein lehramtlich verbindliches katholisches Konzept der Menschenrechte vorgelegt. Das Zweite Vatikanum hat diesen Ansatz weitergeführt, vor allem in der Erklärung über die Religionsfreiheit *Dignitatis humanae*, die am selben Tag wie *Gaudium et spes* von Paul VI. promulgiert wurde (7. Dezember 1965). Der Begriff der Menschenrechte (*iura hominum*) wird allerdings nur an wenigen Stellen gebraucht. GS 29 wählt den Begriff „Grundrechte des Menschen" (*iura hominum fundamentalia*). Besonders hervorgehoben wird der Begriff der Menschenrechte in GS 41, wo es heißt, dass die Kirche kraft des ihr anvertrauen Evangeliums die Menschenrechte verkündet. Der Terminus begegnet außerdem in GS 87, wo das Problem der wachsenden Weltbevölkerung diskutiert wird. Die Pastoralkonstitution reklamiert das „unveräußerliche[] Menschenrecht auf Ehe und Kinderzeugung". Man könnte heute vom Recht auf reproduktive Autonomie sprechen, die freilich durch die Vorgaben der kirchlichen Sexualmoral hinsichtlich der Empfängnisverhütung sogleich wieder eingeschränkt wird – von modernen Methoden der Reproduktionsmedizin, von denen das Konzil noch nichts wissen konnte, die aber von der katholischen Kirche heute als schwere Verfehlungen verurteilt werden, ganz zu schweigen.

Statt von Menschenrechten spricht die Pastoralkonstitution in GS 21, 29, 42 und 76 von den Grundrechten der menschlichen Person (*personae humanae iura fundamentalia*). Häufiger fällt der Begriff der Menschenwürde (*dignitas hominis* [GS 14, 21, 91]) beziehungsweise der menschlichen Würde (*dignitas humanae* [GS 19]). Er wird auch in der deutschen Übersetzung von GS 83 gebraucht, steht dort aber nicht im lateinischen Original. Wie die Überschrift zum ersten Kapitel spricht die Pastoralkonstitution ansonsten von der Würde der menschlichen Person (*humanae personae dignitas* [GS 29 und 40]) oder auch der Personwürde (*personarum dignitas* [GS 29]). Menschenwürde ist Personwürde, und am lehramtlichen Personbegriff – der Mensch ist selbstzwecklich von Gott als Einheit von irdischem Leib und unsterblicher Seele geschaffen – hängt das katholische Verständnis der Menschenwürde.

Einen Schwerpunkt bilden im anthropologischen Grundlagenkapitel Reflexionen zum Atheismus und der Haltung der Kirchen zu ihm (GS 19–21). Die absichtliche Leugnung Gottes gilt als menschliche Schuld. Die Pastoralkonstitution gibt aber zu bedenken, dass auch die Gläubigen durch eigene

Versäumnisse oder ihr mangelhaftes Glaubenszeugnis eine
Mitverantwortung am modernen Atheismus tragen. Letztlich aber wird jeglicher Atheismus als schwere Verletzung der
menschlichen Würde beurteilt, nicht nur der systematische
Atheismus in Gestalt religionsfeindlicher Ideologien und
einer religionsfeindlichen Politik wie beispielsweise in kommunistischen Staaten. Gleichwohl bekennt sich das Konzil
zur praktischen Zusammenarbeit mit allen Menschen „zum
richtigen Aufbau dieser Welt, in der sie gemeinsam leben" (GS
21), das heißt eben auch zur Zusammenarbeit mit Nichtglaubenden, mit denen es „einen aufrichtigen und klugen Dialog"
(ebd.) geben müsse. Dabei ist die Kirche von der Überzeugung
geleitet, dass im Sinne des berühmten Diktums aus Augustins Bekenntnissen (Confessiones I,1) die Herzen aller Menschen auf Gott hin ausgerichtet sind, ob sie es nun wissen
oder nicht (GS 21).

Aus heutiger Sicht stellt sich die religiöse Lage komplexer
dar. Zwar gibt es einen neuen Atheismus, der militant gegen
das Christentum und jegliche Religion zu Felde zieht. Weit
größer ist aber die Herausforderung durch einen religiösen Indifferentismus, der sich schon längst nicht mehr – wie etwa
der moderne Protestatheismus – an der Gottesfrage abarbeitet,
weil ihm schon diese selbst abhandengekommen ist. Was man
heute als religiösen Indifferentismus bezeichnet, kann unterschiedliche Schattierungen annehmen. Er kann die Gestalt
von Konfessionslosigkeit annehmen, die nicht mit Religionslosigkeit gleichzusetzen ist. Es gibt aber eben auch einen praktischen Gewohnheitsatheismus, der sich um die klassischen
Probleme der Theodizee oder das Pro und Contra von Gottesbeweisen schon längst nicht mehr den Kopf zerbricht.

Der Argumentationsgang mündet in eine christologische
Reflexion, kläre sich doch das Geheimnis des Menschen letzt-

endlich „nur im Geheimnis des fleischgewordenen Wortes" auf (GS 22). Das Gewicht liegt auf dem Inkarnationsgedanken. Christus, der neue Adam, ist geboren aus der Jungfrau Maria. Zwar wird auch von Tod und Auferstehung beziehungsweise vom „österlichen Geheimnis" gesprochen (GS 22), aber der Akzent liegt auf der Menschwerdung Christi, in der er sich „Gewissermaßen mit jedem Menschen vereinigt" hat (GS 22).

Christus, der neue Mensch, und seine Gnade wirken nicht nur in den Christusgläubigen. Vielmehr wirkt die Gnade auch in den Herzen aller Menschen guten Willens, was die Pastoralkonstitution damit begründet, „dass der Heilige Geist allen die Möglichkeit anbietet, diesem österlichen Geheimnis in einer Gott bekannten Weise verbunden zu sein" (GS 22). Man könnte, was die Pastoralkonstitution nicht ausdrücklich tut, auf die altkirchliche Lehre vom *Logos spermatikos* verweisen oder auch auf die These Karl Rahners vom anonymen Christentum. Die Pastoralkonstitution ebnet auf diese Weise den Weg zu einem Heilsinklusivismus, der in *Nostra aetate*, der Erklärung des Zweiten Vatikanums zu den nichtchristlichen Religionen (Oktober 1965) seinen Ausdruck in einer inklusivistischen Theologie der Religionen und der Idee einer Hierarchie der Wahrheiten gefunden hat.

5.2 Zum zweiten Kapitel (GS 23–32)

Der Titel des Kapitels lautet nicht „Die menschliche Gesellschaft", sondern „Die menschliche Gemeinschaft". Der lateinische Leitbegriff lautet *communitas*, wenngleich gleich im ersten Artikel auf die jüngere lehramtliche Lehre der Kirche über die menschliche Gesellschaft (*societas*) verwiesen wird (GS 23). Der vorausgesetzte Gemeinschaftsbegriff wird mit dem Bild der Familie erklärt: Alle Menschen bilden „*eine* Familie" (una familia, GS 23), in der das Doppelgebot der Gottes- und Nächstenliebe das oberste Gebot ist.

Bemerkenswerterweise wird einzig dem Menschen zugestanden, um seiner selbst willen von Gott erschaffen zu sein (GS 24). Tieren und Pflanzen kommt keine Selbstzwecklichkeit zu. Die Perspektive, die das Kapitel einnimmt, ist vom Fortschrittsgedanken geprägt. Der Fortschritt der menschlichen Einzelperson und das Wachsen der Gesellschaft bedingen einander gegenseitig (GS 25). Für Überlegungen zur Ökologie, zu einer ökologischen Ethik oder Schöpfungsethik – von Tierethik im heutigen Sinne ganz zu schweigen – ist noch keine Rede. Das erweist die Pastoralkonstitution als Kind ihrer Zeit.

In GS 25 fällt das Stichwort der Sozialisation, das nicht im wirtschaftlichen, sondern im soziologischen Sinne gemeint ist. Die Personwerdung des Menschen geschieht im gesellschaftlichen Kontext, der sich auf die charakterliche und moralische Entwicklung positiv oder auch hemmend auswirken kann. Zu den Grundlagen der katholischen Soziallehre, wie sie seit der Enzyklika *Rerum novarum* von Leo XIII. (1891) entwickelt worden ist, gehört das Gemeinwohlprinzip. Die Pastoralkonstitution begreift es als globale Verpflichtung. Es genügt demnach nicht, das Gemeinwohl einer begrenzten Gesellschaft im Auge zu haben. Rechte und Pflichten betreffen vielmehr die ganze Menschheitsfamilie und ihr Gemeinwohl. Gemäß katholischer Soziallehre ist aber das Individuum nicht dem Kollektiv unterzuordnen, sondern stets in seiner Personwürde und Selbstzwecklichkeit zu achten. Darauf weist auch die Pastoralkonstitution hin: „[D]ie Ordnung der Dinge muss der Ordnung der Personen dienstbar werden und nicht umgekehrt" (GS 26). Zur Begründung erinnert *Gaudium et spes* an das Sabbatwort Jesu, wonach der Sabbat um des Menschen willen und nicht der Mensch um des Sabbat willen da ist (vgl. Mt 2,27).

Gemäß Mt 25,40 begegnet Christus in den Notleidenden (GS 27). Der Nächste ist ausnahmslos und universal als „anderes Ich" (alterum seipsum) zu achten (GS 27), was jede Art Mord und Völkermord, aber auch Abtreibung, Euthanasie und freiwilligen Suizid ausschließt. Geächtet werden Folter, psychischer Zwang, unmenschliche Lebensbedingungen, willkürliche Verhaftungen, Verschleppung, Sklaverei, Prostitution und Mädchenhandel, aber auch unwürdige Arbeitsbedingungen und Ausbeutung von Arbeitern.

Interessant ist die Überschrift zu Artikel 28. Sie fordert Achtung und Liebe gegenüber dem Gegner (adversarius). Der Text spricht dann allerdings nicht nur von der Feindesliebe, sondern auch von Andersdenkenden, zum Beispiel denjenigen, welche die christliche Botschaft ablehnen, wobei in pastoralem Ton dazu aufgefordert wird, zwischen dem Irrtum und dem Irrenden zu unterscheiden. Nun kann sich abweichendes Denken zur Gegnerschaft steigern, aber es besteht doch auch die Gefahr, Andersdenkende vorschnell als Gegner zu bekämpfen. Hinter den knappen Ausführungen an dieser Stelle steht erkennbar das Bemühen des Konzils, den Dialog mit Andersdenkenden zu suchen, wie es schon in den Passagen zum Atheismus (GS 19–21) zum Tragen kommt.

Die Achtung vor der Würde der Person konkretisiert sich in der wesentlichen Gleichheit aller Menschen und in der Forderung nach sozialer Gerechtigkeit (GS 29). Die Pastoralkonstitution rechnet mit bestehenden Unterschieden auf dem Gebiet der intellektuellen Fähigkeit und sittlichen Kräfte, verurteilt aber jede Form der Diskriminierung aufgrund von Geschlecht, ethnischer Zugehörigkeit („Rasse"), Hautfarbe, gesellschaftlichem Rang, Sprache oder Religion.

Hier zeigt sich die positive Sicht der modernen Menschenrechte, zu der die katholische Kirche seit dem Pontifikat von Johannes XXIII. gefunden hat, auch wenn die Menschenrechte als solche, wie schon erwähnt, in der Pastoralkonstitution lediglich an einer Stelle (GS 87) ausdrücklich genannt werden. Der Sache nach geht es in GS 29 um die Menschenrechte.

Hervorzuheben ist die Erwähnung von Frauenrechten. Frauen haben, wie das Konzil anerkennt, in gleicher Weise wie Männer das Recht der freien Gattenwahl und des Lebensstandes sowie das Recht auf Bildung und Kultur. Weitergehende Frauenrechte – man denke nur an das allgemeine Wahlrecht – bleiben ungenannt. Auch ist von Frauenrechten innerhalb der katholischen Kirche keine Rede. Man kann die ausdrückliche Thematisierung von Frauenrechten durch das Konzil als Anfang eines Anfangs würdigen. Ihre Anerkennung und ihr Umfang sind bis heute innerkirchlich ein kontroverses Thema – von der Frauenordination ganz zu schweigen. Umstritten war und ist auch, wie weit etwa das Recht der Frau auf sexuelle Selbstbestimmung und Geburtenregelung reicht, was nicht nur für die Frage des Schwangerschaftsabbruchs gilt.

Die Pastoralkonstitution geht nicht so weit, die Achtung der Menschenrechte mit der Forderung nach Demokratie zu verbinden. Auch der Katechismus der Katholischen Kirche (KKK) aus dem Jahr 1993 lässt die Frage der angemessenen Staatsform offen. „Unterschiedliche Regierungsformen", heißt es dort, „sind sittlich zulässig, sofern sie zum rechtmäßigen Wohl der Gemeinschaft, die sie annimmt, beitragen" (KKK 1990). Abgelehnt werden „Regierungen, deren Wesen dem natürlichen Sittengesetz, der öffentlichen Ordnung und den Grundrechten der Person widerspricht" (ebd.). Es liegt auf dieser Linie, wenn die Pastoralkonstitution von privaten und öffentlichen Institutionen fordert, gegen jede Form der gesellschaftlichen oder politischen Unterdrückung anzukämpfen „und die Wahrung der Grundrechte des Menschen (iura hominum fundamentalia) unter jedem politischen Regime" zu sichern (GS 29).

GS 30 kontrastiert die katholische Ethik und Sozialllehre gegenüber einer individualistischen Ethik, aber auch gegenüber jeder Form einer Sondergruppenethik. Ihnen wird das Gemeinwohlprinzip gegenübergestellt. Was genau unter einer „rein individualistischen Ethik" zu verstehen ist, wird nicht genau erklärt. Reiner Egoismus, noch dazu in Gestalt der vom Konzil gegeißelten Missachtung gesetzlicher Vorschriften oder des Steuerbetrugs, kann sicher keinen Anspruch erheben, eine Form der Ethik zu sein. GS 31 richtet das Augenmerk auf die Erziehung der Jugend und die Förderung eines globalen Verantwortungsbewusstseins. Vor einem wohlfeilen Idealismus schützt die Erkenntnis, dass menschenunwürdige Lebensbedingungen die menschliche Freiheit und das Verantwortungsbewusstsein einschränken können. Zugleich warnt die Pastoralkonstitution vor einer moralischen Selbstimmunisierung in Gestalt einer „einsamen Selbstherrlichkeit" (GS 31).

Wie schon das erste Kapitel schließt auch das zweite mit einem christologischen Gedankengang (GS 32). Die geforderte menschliche Solidarität wird mit dem Verweis auf das menschgewordene Wort Gottes begründet. Wieder steht der Inkarnationsgedanke im Fokus, wobei die Pastoralkonstitution eine Beziehung zur dogmatischen Konstitution über die Kirche Lumen gentium herstellt, indem sie aus LG 9 zitiert und auf diese Weise den dort verwendeten Begriff des Volkes Gottes mit dem Prinzip der Solidarität aus der katholischen

Soziallehre verbindet. Durch das Leben und Wirken Jesu sei das menschliche Alltags- und Gemeinschaftsleben in all seinen Bezügen geheiligt worden. Jesus war zwar unverheiratet, habe aber doch an einer Hochzeit teilgenommen, mit Zöllnern und Sündern Tischgemeinschaft gepflegt und in seinen Gleichnissen Bilder aus der Alltagswelt gebraucht. So habe er „die menschlichen, besonders die familiären Verflechtungen, den Anfang der Gesellschaftlichkeit überhaupt" geheiligt, die Gesetze seines Heimatlandes befolgt und das Leben eines Arbeiters geführt – ein Gedanke, der in GS 43 und GS 67 wieder aufgegriffen wird.

Dieser Gedankengang erinnert an die Rekapitulationstheorie des Irenäus von Lyon, wonach Christus als neuer Adam das ganze menschliche Leben, wie es von Gott dem Schöpfer gewollt ist, in sich zusammenfasst. Jesu Relativierung familiärer Bindungen in Anbetracht der anbrechenden Gottesherrschaft – man denke an seine schroffe Haltung gegenüber seinen Familienangehörigen in Mk 3,31-35 par., die Verletzung der Pietätspflicht gegenüber den Toten in Lk 9,60 und die Aufforderung in Lk 14,26, um der radikalen Nachfolge willen mit der eigenen Familie zu brechen – bleiben in GS 32 unerwähnt.

Die Eschatologie kommt an dieser Stelle nicht zur Geltung. Genauer gesagt wird sie zu einem Fortschrittsgedanken abgeschwächt, der sich darin äußert, dass die von Jesus gebotene und vorgelebte Solidarität bis zur Vollendung im Reich Gottes innerweltlich stetig wachsen soll, wobei „die aus Gnade geretteten Menschen [...] eine von Gott und Christus, ihrem Bruder, geliebte Familie" bilden (GS 32). Wie schon am Beginn des Kapitels ist der Familienbegriff ein tragender Begriff des vom Konzil vertretenen Gemeinschafts- und Gesellschaftsverständnisses.

5.3 Zum dritten Kapitel (GS 33-39)

Das dritte Kapitel handelt vom Menschen als Gestalter der Welt und vom Wert des menschlichen Schaffens. Die Ausführungen sind von einer optimistischen Weltsicht und Geschichtstheologie geleitet. Der wissenschaftliche Fortschritt und die „Siege der Menschheit" sind „ein Zeichen der Größe Gottes und die Frucht seines unergründlichen Ratschlusses" (GS 34). Man kann geradezu von einer Eloge auf die Globalisierung *avant la lettre* sprechen. Die Menschheit wächst sichtbar zu einer Familie zusammen und vollendet in ungeahntem Ausmaß den göttlichen Auftrag aus Gen 1,28, sich die Erde und die Natur im Ganzen untertan zu machen, auf dass „Gottes Name wunderbar sei auf der ganzen Erde" (GS 34).

Ein Jahr nach dem Ende des Konzils hielt der amerikanische Mediävist und Wissenschaftshistoriker Lynn White (1907–1987) seinen berühmten Vortrag über die historischen Wurzeln der ökologischen Krise (*The historical roots of our ecological crisis*), in welchem er die durch die industrielle Revolution ausgelöste Umweltzerstörung auf den jüdisch-christlichen Schöpfungsglauben und die in ihm wurzelnde Einstellung zur Naturbeherrschung bis in das europäische Mittelalter zurückführte. In ähnlicher Weise macht einige Jahre später der Philosoph Carl Amery das Christentum für die moderne Naturzerstörung verantwortlich. Sie war ihm gerade kein Zeichen der unergründlichen göttlichen Vorsehung, sondern im Gegenteil der Beweis für das Ende jeglichen Vorsehungsglaubens. Wie überzeugend Lynns und Amerys Thesen sind, soll hier nicht weiter diskutiert werden. Für die Lektüre der Pastoralkonstitution aus heutiger Sicht gilt es aber festzuhalten, dass derartige Einsprüche gegen den traditionellen christlichen Schöpfungs- und Vorsehungsglauben auf dem Konzil noch kein Thema im angestrebten Dialog mit der modernen Welt waren. Auch die Passagen zum Atheismus im ersten Kapitel bleiben von solchen Einwürfen unberührt. Lehramtlich setzt sich die katholische Kirche erst seit dem Pontifikat Johannes Pauls II. mit ihnen auseinander, so etwa in dessen Enzyklika *Centesimus annus* (1991) und vor allem in der umweltethischen Enzyklika *Laudato si* von Papst Franziskus aus dem Jahr 2015.

Kritisch vermerkt allerdings auch schon die Pastoralkonstitution, dass sich der Mensch viele Güter, die er in vergangenen Epochen von Gott oder „höheren Mächten" erhoffte, nun durch seine eigene Produktivität verschafft, mit der Gefahr, einer materialistischen Weltsicht zu erliegen und den Sinn seines Tuns und seiner Bestimmung zu verfehlen (GS 33). Unter der Vorherrschaft der Sünde wird der Machtzuwachs des modernen Menschen zur globalen Gefahr; „die gesteigerte Macht der Menschheit bedroht bereits diese selbst mit Vernichtung" (GS 37), wobei wohl an die Gefahr eines Atomkriegs und die Atombombenabwürfe auf Hiroshima und Nagasaki im August 1945 zu denken ist. In dualistischer Manier spricht die Pastoralkonstitution vom „Kampf gegen die Mächte der Finsternis" (GS 37).

Die Kirche präsentiert sich in dieser prekären Lage als Hüterin des bei ihr hinterlegten Wortes Gottes, „aus dem die Grundsätze der religiösen und sittlichen Ordnung gewonnen werden" (GS 33). Ziel des Dialogs mit der Welt, in den die Kirche mit der Pastoralkonstitution treten will, ist es, eine Verbindung zwischen dem „Licht der Offenbarung" und der modernen, wissenschaftlich gestützten Sachkenntnis zu schaffen, damit der Weg, den die Menschheit in der Gegenwart einschlägt, ausgeleuchtet wird, so dass der Fortschritt in die richtige Richtung gelenkt wird, nämlich das Wohl des

Einzelnen wie das globale Gemeinwohl zu fördern (vgl. GS 35). Das ist eine Neuaufnahme der klassischen Lichterlehre, wonach das Licht der Natur (*lumen naturae*) durch das Licht der Gnade (*lumen gratiae*) ergänzt wird.

Die Pastoralkonstitution würdigt in positiver Weise die Autonomie des Menschen und der irdischen Wirklichkeiten im Ganzen. Sie spricht auch von der „legitime[n] Autonomie der Wissenschaft", die aber nur unter der Voraussetzung anerkannt wird, dass die wissenschaftliche Forschung „gemäß den Normen der Sittlichkeit vorgeht" (GS 36). Werden diese beachtet, könne es keinen Widerspruch zwischen Glauben und Wissenschaft geben. Die Pastoralkonstitution erinnert in diesem Zusammenhang an die dogmatische Konstitution über den Glauben des Ersten Vatikanischen Konzils *Dei filius* (Kapitel III). Die „Autonomie der zeitlichen Dinge" (GS 36) gilt doch nur, soweit ihre Abhängigkeit von Gott nicht in Abrede gestellt wird.

Wie schon in den vorherigen Kapiteln mündet auch der Gedankengang im vorliegenden Kapitel in eine christologische Reflexion. Es muss „alles Tun des Menschen, das durch Stolz und ungeordnete Selbstliebe täglich gefährdet ist, durch Christi Kreuz und Auferstehung gereinigt und zur Vollendung gebracht werden" (GS 37). Dies ist ein geistliches Geschehen. Christologie und Pneumatologie verbindend, spricht *Gaudium et spes* davon, dass der Mensch im Heiligen Geist zu einem neuen Geschöpf gemacht wird (vgl. 2Kor 5,17), was sich darin zeigt, dass der Mensch eine neue Einstellung zu den von Gott geschaffenen Dingen findet. Wie schon in den vorherigen Kapiteln liegt der theologische Akzent auf dem Inkarnationsgedanken, der im Sinne der irenäischen Rekapitulationstheorie gefasst wird: Der in Jesus von Nazareth in die Geschichte eingegangene Logos hat diese „sich zu eigen gemacht und in sich zusammengefasst" (GS 38). Als biblischer Beleg für diesen Gedanken gilt Eph 1,1, wonach Gott gemäß seinem ewigen Ratschluss, als die Zeit erfüllt war, alles im Himmel und auf Erden zusammengefasst hat.

Auch dieses Kapitel mündet in einen eschatologischen Ausblick. Zwar richtet sich die Hoffnung des Glaubens auf das Leben in der zukünftigen Welt. Von ihr wird aber auch die Hoffnung auf eine Verbesserung der innerweltlichen Zustände angestoßen, die die Menschheitsfamilie selbst aktiv in die eigenen Hände nimmt. Durch die Kraft seines Geistes bewirkt Christus „jene selbstlosen Bestrebungen [...], durch die die Menschheitsfamilie sich bemüht, ihr eigenes Leben humaner zu gestalten und die ganze Erde diesem Ziel dienstbar zu machen" (GS 38). In diesem pneumatologischen und zugleich eschatologischen Kontext greift die Pastoralkonstitution die paulinische Charismenlehre auf. Die Gaben des Geistes sind verschieden und unterschiedlich verteilt. Gemeinsam sollen aber alle vom Geist Christi erfüllten Menschen an der humanen Zukunft der Welt mitwirken.

Wir stoßen hier auf Züge einer innerweltlichen futurischen Eschatologie, in deren Rahmen die Kirche nicht so sehr als sakramentales Zeichen des Heils, sondern als dessen Werkzeug gesehen wird. Als sakramentales Zeichen des Heils tritt allerdings die Eucharistie in Erscheinung, die als Wegzehrung und Vorfeier des himmlischen Gastmahls interpretiert wird (GS 38). In der Eucharistiefeier ist eben auch die Kirche Zeichen und nicht nur Werkzeug des Heils, wenngleich der Akzent im vorliegenden Kapitel eindeutig auf dem Werkzeuggedanken liegt.

Am Ende der Heilsgeschichte wird die definitive Umgestaltung des Universums erhofft. Die Aussage des Paulus, dass die Gestalt dieser Welt vergeht (1Kor 7,31), wird nicht im Sinne der aus der altprotestantischen lutherischen Dogmatik bekannten Lehre von der völligen Vernichtung der vorfindlichen Welt (annihilatio mundi), sondern im Sinne der Lehre von der Erneuerung der Welt (renovatio mundi) gedeutet, die im altprotestantischen Reformiertentum vertreten wurde. Gott bereitet „eine neue Wohnstätte und eine neue Erde [...], auf der die Gerechtigkeit wohnt" (GS 39) und der Tod besiegt ist.

Der Pastoralkonstitution ist alles daran gelegen, die christliche Hoffnung gegen den Vorwurf der billigen Vertröstung zu verteidigen. Die Erwartung der neuen Erde dürfe „die Sorge für die Gestaltung dieser Erde nicht abschwächen" (GS 39). Der innerweltliche Fortschritt in Richtung auf eine humanere Gestaltung der Welt und das Zusammenwachsen der Menschheit zu einer Familie und einem Leib geben „eine umrisshafte Vorstellung von der künftigen Welt" (GS 39), weshalb der irdische Fortschritt, wiewohl vom endzeitlichen Reich Gottes zu unterscheiden, doch eine „große Bedeutung für das Reich Gottes" hat, „insofern er zu einer besseren Ordnung der menschlichen Gesellschaft beitragen kann" (GS 39). Das Reich Gottes ist somit schon innerweltlich gegenwärtig, wenn auch nur „im Geheimnis" (GS 39), und wird bei der Wiederkunft Christi seine Vollendung erreichen.

Es ist gerade diese spannungsvolle Beziehung zwischen eschatologischer Hoffnung auf das kommende Gottesreich und der innerweltlichen Hoffnung besserer Zeiten, die ihre Sprengkraft nach dem Konzil in den Kontroversen um die neue politische Theologie (Johann Baptist Metz) und die Theologie der Befreiung entfalten sollte. Dabei ging es auch um eine theologische Verhältnisbestimmung zwischen christlicher Eschatologie und innerweltlichen Utopien, insbesondere um das Verhältnis von Christentum und Marxismus.

Der Begriff der Utopie oder des Utopischen taucht in der Pastoralkonstitution allerdings nicht auf. Eine Auseinandersetzung mit zeitgenössischem utopischem Denken findet zumindest nicht explizit statt, und die Option für die Armen verbindet das Konzil nicht mit einem revolutionären, sondern einem evolutionären Geschichtsverständnis.

5.4 Zum vierten Kapitel (GS 40–45)

Der erste, gewissermaßen der dogmatische Teil der Pastoralkonstitution schließt mit einem Kapitel über die Aufgabe (*munus*) der Kirche in der Welt von heute (*in mundo huius temporis*). *Ecclesia in mundo huius temporis* lautet auch der Titel der Pastoralkonstitution, die, wie es bei lehramtlichen katholischen Texten üblich ist, nach den ersten Worten, mit denen sie beginnt, benannt und zitiert wird: *Gaudium et spes, luctus et angor hominum huius temporis, paurum praesertim et quorumvis afflictorum, gaudium sunt et spes, luctur et angor etiam Christi discipulorum*; zu Deutsch: „Freude und Hoffnung, Trauer und Angst der Menschen von heute, besonders der Armen und Bedrängten aller Art, sind auch Freude und Hoffnung, Trauer und Angst der Jünger Christi" (GS 1).

Vorfassungen der Pastoralkonstitution hatten übrigens mit den Worten *gaudium et luctus*, also „Freude und Trauer" begonnen. Die Umstellung der Wörter im Eröffnungsartikel erfolgte erst in Text 4, also der Version von Arricia (September 1965). Charles Moeller berichtet in seiner Rekonstruktion der Textgeschichte, an der ursprünglichen Fassung *gaudium et luctus* sei bemängelt worden, dass sie einen aus dem klassischen Humanismus stammenden Begriff (luctus) neben einen christlichen Terminus (*gaudium*) stelle. Durch Umgruppierung der einleitenden Wortpaare beginnt der Text nun mit zwei dezidiert biblischen Termini. Allein bei Paulus nehmen beide Begriffe eine theologische Schlüsselstellung ein. An zentraler Stelle äußert der Apostel im Römerbrief die Hoffnung, der „Gott der Hoffnung (ὁ θεὸς τῆς ἐλπίδος/ho theòs elpídos)" möge die Adressaten „mit aller Freude und Frieden im Glauben" erfüllen, damit sie „immer reicher an Hoffnung durch die Kraft des Heiligen Geistes" werden (Röm 15,13).

Nun ist bemerkenswert, dass die Pastoralkonstitution nicht etwa allgemein menschliche oder in der Gesellschaft vorherrschende Gefühlslagen auf abgrenzende Weise mit einer dezidiert christlichen Sicht auf das Leben konfrontiert. Sie kontrastiert auch nicht weltliche Trauer und Angst mit der Freude und Hoffnung des Glaubens, sondern erklärt, die Christen würden mit den Menschen von heute sowohl Freude und Hoffnung als auch Trauer und Angst teilen. „Und es gibt nichts wahrhaft Menschliches, das nicht in ihren Herzen Widerhall fände" (GS 1). Die Kirche schließt sich also nicht aus der Gemeinschaft aller Menschen aus, sondern sieht sich „mit der Menschheit und ihrer Geschichte engstens verbunden" (GS 1).

Das Schlusskapitel des ersten Teils schlägt denselben Ton an, der am Beginn der Pastoralkonstitution zu hören war. Kirche und Welt stehen in einer wechselseitigen Beziehung, wobei die Grundlage für diese Beziehung wie für den angestrebten Dialog mit der Welt von heute das in den vorangegangenen Kapiteln dargelegte katholische Verständnis der Menschenwürde beziehungsweise der Würde der menschlichen Person bildet (GS 40). Die Mitglieder der Kirche bilden schon jetzt „die Familie der Kinder Gottes" (GS 40), die zu werden die ganze Menschheit bestimmt ist.

Ein Schlüsselbegriff der dogmatischen Konstitution über die Kirche Lumen gentium lautet „Volk Gottes" (populus Dei).

Die Kirche kann auch im Unterschied zum alttestamentlichen Volk Israel beziehungsweise zum Judentum als „neues Volk Gottes" (LG 13) bezeichnet werden. In *Gaduium et spes* kommt der Terminus „Volk Gottes" an sieben Stellen vor: in GS 3, 11 [zweimal], 44, 45 und 88 sowie im Schlusswort (GS 92). Vom Volk im Sinne des Volkes Gottes sprechen auch GS 32 (Zitat aus LG 9), 58 und 78. Das vorliegende Kapitel verwendet stattdessen den Begriff der Familie (der Kinder) Gottes, wodurch die Ekklesiologie anschlussfähig für das Verständnis der Menschheit als einer Familie wird, das sich durchgängig in *Gaudium et spes* findet. Die irdische Gesellschaft soll in die Familie Gottes umgestaltet werden, und die Kirche fungiert dabei gewissermaßen als deren Sauerteig und Seele (GS 40).

Die Dialogbereitschaft der katholischen Kirche zeigt sich darin, dass das Konzil die Gesprächspartner – die „Welt" – nicht bei ihren tatsächlichen oder vermeintlichen Schwächen, sondern bei ihren Stärken behaftet. Sie zeigt sich davon überzeugt, „dass sie selbst von der Welt, sei es von einzelnen Menschen, sei es von der menschlichen Gesellschaft, durch deren Möglichkeiten und Bemühungen viel und mannigfache Hilfe zur Wegbereitung für das Evangelium erfahren kann" (GS 40). In diesem Sinne äußert sich die Pastoralkonstitution auch zur Ökumene. Die katholische Kirche schätze alles hoch, was die übrigen Kirchen und kirchlichen Gemeinschaften – im Klartext die aus der Reformation hervorgegangenen Kirchen – zur humaneren Gestaltung der Menschheit und ihrer Geschichte „in Zusammenarbeit beigetragen haben und noch beitragen" (GS 40). Hier ist einerseits auf den Ökumenismus hinzuweisen, zu dem sich das Konzil in dem Dekret Unitatis redintegratio vom November 1964 bekannt hat. Andererseits sei noch einmal an den Beitrag erinnert, den der reformierte Theologe und Vertreter des Ökumenischen Rates der Kirchen Lukas Vischer zu den Beratungen über die Pastoralkonstitution geleistet hat.

Für den Dialog mit der modernen Welt stellt das Konzil einige Grundsätze auf. Dialog bedeutet nun allerdings nicht, dass sich die Kirche gemeinsam mit der modernen Welt auf eine offene Suche nach der Wahrheit begibt. Die katholische Kirche ist vielmehr von der Überzeugung, die letzte Wahrheit über den Menschen und seine Bestimmung aufgrund göttlicher Offenbarung bereits zu kennen. Der Kirche hat die Aufgabe, „das Geheimnis Gottes, des letzten Zieles der Menschen, offenkundig zu machen", um auf diese Weise „dem Menschen gleichzeitig das Verständnis seiner eigenen Existenz, das heißt die letzte Wahrheit über den Menschen" zu erschließen (GS 41).

Dazu gehört auch die Verkündigung der Menschenwürde und der Menschenrechte kraft des der Kirche anvertrauten Evangeliums. Die Menschenrechte finden somit eine christlich-theologische Begründung, die sich auf das „grundlegende[] Gesetz der christlichen Heilsordnung" (GS 41) stützt. Gleichzeitig nimmt die katholische Kirche gegenüber der modernen Menschenrechtsidee eine kritische Haltung ein. Zwar will sie mit allen Kräften kooperieren, welche die Menschenrechte fördern. Jedoch müsse „diese Bewegung vom Geist des Evangeliums erfüllt und gegen jede Art falscher Autonomie geschützt werden" (ebd.).

Die beiden evangelischen Ethiker Wolfgang Huber und Heinz-Eduard Tödt machen geltend, dass die modernen Menschenrechte gleichermaßen begründungsoffen wie begründungsbedürftig sind. Es ist gerade ihre Begründungsoffenheit, die sie als universales Konzept möglich macht. Ihre Akzeptanz, Förderung und Weiterentwicklung bedarf freilich auch unterschiedlicher Zugänge, um sie als universales Konzept zu begründen, seien es religiöse oder nichtreligiöse Herleitungen. Nun sind die Menschenrechte zweifellos auch einer christlichen Begründung fähig, wie es auch historisch betrachtet Elemente in der Geschichte des Christentums gibt, die in die moderne Menschenrechtsidee eingeflossen sind. Die modernen Menschrechte sind aber keineswegs exklusiv oder vorrangig aus dem Christentum heraus entstanden. Es bestehen Konvergenzen zwischen einer christlichen Anthropologie und anders gearteten Auffassungen vom Menschen. Man denke nur an das christliche Verständnis des Menschen als Geschöpf Gottes einerseits und als Sünder andererseits. Aus der reformatorischen Tradition können Glaubens- und Gewissensfreiheit, Gleichheit im Sinne des Priestertums aller Gläubigen und das Doppelgebot der Liebe, das sich in den Prinzipien der Solidarität und der Teilhabe wiederfindet, angeführt werden. Es bestehen Analogien, aber auch Differenzen zwischen christlicher und außerchristlicher Sicht der Menschenrechte. Aus reformatorischer Sicht gilt es außerdem zwischen Evangelium und Gesetz zu unterscheiden, so sehr sie zugleich aufeinander bezogen sind. Die Menschenrechte sind, theologisch gesprochen, eine Gestalt des Gesetzes, nicht des Evangeliums. Gleichwohl liegen ihre Voraussetzungen im Evangelium von der freien Gnade Gottes und der bedingungslosen Rechtfertigung des sündigen Menschen allein durch den Glauben.

Eine eigene Frage lautet, wie es um die innerkirchliche Anerkennung und den Schutz der Menschenrechte in den Kirchen bestellt ist. Sie richtet sich nicht nur an die römisch-katholische, sondern auch an die übrigen Kirchen. Kirchliche Grundrechte werden zwar schon seit längerem diskutiert, sind aber bisher sowohl in der römisch-katholischen

Kirche wie in den evangelischen Kirchen erst in Ansätzen entwickelt.

Zu den Grundsätzen für den Dialog und die Kooperation mit den Kräften der modernen Welt rechnet die Pastoralkonstitution die Werke der Barmherzigkeit und den Einsatz für die Armen sowie die Förderung von Einheit (GS 42). Das Konzil betont, dass die Kirche „an kein besonderes politisches, wirtschaftliches oder gesellschaftliches System gebunden ist" (GS 42) und als Universalkirche den Zusammenhalt zwischen den verschiedenen Nationen und Gesellschaften fördern kann. Ohne sich auf eine Staatsform – etwa die Demokratie – festzulegen, schätzt die Pastoralkonstitution jede Regierungsform, „die die Grundrechte der Person und der Familie und die Erfordernisse des Gemeinwohls anerkennt" (GS 42).

Eschatologische Hoffnung auf das Reich Gottes und Weltgestaltung sind aufeinander bezogen. Die Pastoralkonstitution kritisiert ebenso eine religiöse Weltflucht, die den Blick nur auf die künftige Welt richtet, wie eine platte Diesseitigkeit, die das irdische Tun und Lassen von seiner religiösen Dimension abspaltet. Auch dürfe „kein[] künstliche[r] Gegensatz zwischen beruflicher und gesellschaftlicher Tätigkeit auf der einen und dem religiösen Leben auf der anderen Seite" aufgestellt werden (GS 43). Konkret heißt dies, dass Laien und Priester in dem einen Volk Gottes nicht gegeneinander ausgespielt werden dürfen. In strittigen Fragen der christlichen Lebensführung und Weltgestaltung ist der offene Dialog zu suchen, weil „in solchen Fällen niemand das Recht hat, die Autorität der Kirche ausschließlich für sich und seine eigene Meinung in Anspruch zu nehmen" (GS 43). Ausdrücklich zitiert die Pastoralkonstitution *Lumen gentium* (LG 28) und die in diesem Dokument gegenüber dem Ersten Vatikanum erfolgte Weiterentwicklung der römisch-katholischen Ekklesiologie, wonach die Priester „in vereinter Sorge und Arbeit unter Leitung der Bischöfe und des Papstes jede Art von Spaltung beseitigen" sollen, „damit die ganze Menschheit der Einheit der Familie Gottes zugeführt werde" (GS 43).

Die Kirche ihrerseits würdigt die Hilfe, die sie von der modernen Welt empfangen hat, namentlich Erkenntnis der modernen Philosophie und den Erkenntnisgewinn, der aus dem Gespräch mit Fachleuten aller Art entsteht (GS 44). „Ja selbst die Feindschaft ihrer Gegner und Verfolger, so gesteht die Kirche, war für sie sehr nützlich und wird es bleiben" (GS 44).

Auch dieses Kapitel und somit der erste Hauptteil als ganzer schließt mit einer christologischen Passage, die von Christus als Alpha und Omega der Geschichte spricht (GS 45). Die Kirche hat ihren Ort und ihre Bestimmung in der Heilsgeschichte als allumfassendes Heilssakrament. *Gaudium et spes* zitiert an dieser Stelle einmal mehr die dogmatische Konstitution über die Kirche *Lumen gentium* (LG 48). Auf Christus als Ziel der menschlichen Geschichte hin konvergieren „alle Bestrebungen der Geschichte und der Kultur" (GS 45). Die Wendung „Alpha und Omega" entnimmt die Pastoralkonstitution aus APK 22,12–13. Man fühlt sich aber auch an die kosmologische Christologie des Jesuiten und Paläontologen Pierre Teilhard de Chardin (1881–1955) erinnert, der eine Synthese von Heilsgeschichte und moderner Evolutionstheorie angestrebt hat. Teilhards Lehren waren jedoch 1952 durch Papst Pius XII. verurteilt worden und galten noch zur Zeit des Konzils als häretisch. Gleichwohl hat der Entwicklungsgedanke auch das Konzil stark geprägt, wie nicht zuletzt die Pastoralkonstitution *Gaudium et spes* beweist. Manche Interpreten vertreten die Ansicht, zumindest der Geist Teilhard de Chardins habe das Konzil atmosphärisch mit geprägt.

ULRICH H. J. KÖRTNER

6. Erläuterungen zum zweiten Hauptteil

6.1 Zu Vorwort und erstem Kapitel (GS 46–52)

In einem kurzen Vorwort wird noch einmal der Aufbau der Pastoralkonstitution erklärt. Demnach war das Thema des ersten Hauptteils die Würde und die gesellschaftliche Aufgabe der menschlichen Person in grundsätzlicher Hinsicht, während nun der zweite Hauptteil „auf bestimmte besonders schwere Nöte dieser Zeit" eingeht. Es sind dies im Besonderen Fragen rund um Ehe und Familie, Kultur, Ökonomie, soziales und politisches Leben, des globalen Zusammenwachsens und des Weltfriedens (GS 46).

Das erste Kapitel befasst sich mit konkreten Fragen von Ehe und Familie. Als Nöte der Zeit werden Polygamie, Ehescheidung, „sogenannte freie Liebe und andere Entartungen", „Egoismus, bloße Genusssucht und [...] unerlaubte Praktiken gegen die Fruchtbarkeit der Ehe" genannt (GS 47), mit anderen Worten Praktiken der Geburtenkontrolle und Empfängnisverhütung, die gegen die Normen des kirchlichen Lehramtes verstoßen. Abtreibung ist wie Kindstötung ausnahmslos ein „verabscheuungswürdige[s] Verbrechen" (GS 51). Das es tragische Fälle von Schwangerschaftskonflikten gibt, in denen ein Schwangerschaftsabbruch nach christlicher Überzeugung zwar keine gute Handlung, aber unter Umständen im Sinne einer Güterabwägung das geringere Übel sein kann, ist für *Gaudium et spes* denkunmöglich. Laut einer Fußnote war es nicht die Absicht des Konzils, Detailfragen rund um Geburtenkontrolle und Bevölkerungswachstum zu behandeln, die auf päpstliche Anordnung einer eigenen Kommission zugewiesen und 1968 in der Enzyklika *Humanae vitae* beantwortet wurden. So werden das Problem der wachsenden

Weltbevölkerung und die mit hohen Geburtenraten in einzelnen Ländern wie global verbundenen sozialen Verwerfungen, die Probleme von Armut, Hunger und mangelnder Bildung nur benannt, aber nicht vertieft. Eine „sittlich einwandfreie Geburtenregelung" sei aber auf wissenschaftlicher Grundlage möglich. Zu diesem Zweck sei die Expertise von Biologie, Medizin, Sozialwissenschaften und Psychologie gefragt (GS 52).

Zeitgenössischen Auflösungstendenzen stellt das Konzil „die ursprüngliche Würde der Ehe" gegenüber, das heißt der unauflöslichen und sakramental gedeuteten Einehe. Diese gilt als Schöpfungsordnung, das heißt als vom gesellschaftlichen Wandel unabhängige „nach göttlicher Ordnung feste Institution" (GS 48), deren Urheber Gott selbst ist. Der Staat ist aufgefordert, Ehe und Familie durch eine mit dem katholischen Verständnis vereinbare Gesetzgebung und flankierende Maßnahmen zu schützen (GS 52).

In traditioneller Weise wird der sakramentale Charakter der Ehe unter Verweis auf neutestamentliche Stellen wie Eph 5,25 sowie LG 15–16, 40–41 und 47 christologisch begründet. Die Ehe ist kein Vertrag, sondern ein Bund (foedus, GS 48). Auch wenn die Pastoralkonstitution den Sinn der Ehe nicht mehr wie die klassische katholische Lehre allein in der Zeugung von Nachkommen sieht, steht es doch im Widerspruch zum Wesen der Ehe, freiwillig kinderlos bleiben zu wollen. Unfreiwillige Kinderlosigkeit schmälert jedoch nicht den Wert der Ehe (GS 50).

Einzig der Tod beendet die Ehe nach Gottes Willen. Zwar ist nach dem Tod des Ehepartners die Widerverheiratung des Hinterbliebenen zulässig, doch verdient es nach Ansicht des Konzils höchste Wertschätzung, wenn der überlebende Ehepartner nicht noch einmal heiratet, sondern sein Leben im

Witwen- oder Witwerstand „als Fortführung der bisherigen ehelichen Berufung tapfer bejaht" (GS 48). Vorehelicher Geschlechtsverkehr ist ebenso wie außerehelicher Geschlechtsverkehr abzulehnen (GS 49). Jugendliche sollen in angemessener Form über Sexualität und Ehe aufgeklärt werden, „damit sie, an keusche Zucht gewöhnt, in entsprechendem Alter nach einer sauberen Brautzeit in die Ehe eintreten können" (GS 49). Überhaupt ist der ganze Artikel GS 49 von einer idealisierenden Sprache getragen.

Scheidung wird kategorisch verworfen. Die Pastoralkonstitution verurteilt sie als sich ausbreitende Seuche (*lues divortii*, GS 47), was die Assoziation weckt, dass jede Ehescheidung gleichsam ansteckend wirkt. Tatsächlich ist die Zahl der Ehescheidungen seit den 1960er-Jahren in vielen Ländern kontinuierlich gestiegen. Die gesellschaftliche Einstellung zur Scheidung hat sich grundlegend gewandelt. Auch nach evangelischem Verständnis ist die Ehe auf lebenslange Treue angelegt. Und auch nach evangelischem Verständnis soll alles versucht werden, um eine bestehende Ehe zu retten. Es gibt aber genügend Beispiele dafür, dass eine formell aufrecht erhaltene Ehe für beide Partner wie auch für betroffene Kinder oder zumindest für einen der beiden Partner zur lebenszerstörerischen Qual wird. Gerade von einem kirchlichen Text, der für sich in Anspruch nimmt, pastoral zu argumentieren, wäre eine barmherzigere Umgangsweise mit dem Thema Ehescheidung zu erwarten gewesen. Diese Hoffnung hat sich jedoch bis heute nicht erfüllt. Nach wie vor ist das kanonische Eherecht der katholischen Kirche rigide. Geschiedenen, die wiederverheiratet sind, ist weiterhin die Teilnahme an der Eucharistie untersagt. Unter der Hand stellt sich die katholische Kirche allerdings dem Faktum von Ehescheidungen. Kirchlich legalisiert werden kann sie allerdings nur mit Hilfe des kirchenrechtlichen Konstruktes der Annullierung der Ehe, für die krampfhaft nach Gründen gesucht werden muss, weshalb eine Ehe, die vollzogen worden ist und aus der vielleicht sogar Kinder hervorgegangen sind, nach katholischer Lesart im Grund nie bestanden hat, weil die geforderten Bedingungen wie die Freiwilligkeit der Eheschließung nicht erfüllt waren.

Das Konzil vertritt die Auffassung, dass die eheliche Liebe der Partner ein Selbstzweck ist. Doch geht die Ehe darin nicht auf, sondern ist „ihrem Wesen nach auf die Zeugung und Erziehung von Nachkommen ausgerichtet" (GS 50). Die Weitergabe des Lebens ist nicht nur von zeitlichem Wert, sondern steht in einer „Beziehung zur ewigen Bestimmung des Menschen" (GS 51). Die Zeugung von Nachkommen gilt als „Mitwirkung (*cooperare*) mit der Liebe des Schöpfers und Erlösers" (GS 50). Die Mitwirkung wird also gleichermaßen schöpfungstheologisch wie soteriologisch bestimmt. Die Eheleute fungieren als „Interpreten" der göttlichen Liebe.

Die Pastoralkonstitution versucht, auf den Umbruch im Verständnis der Geschlechterrollen zu reagieren, indem sie die Forderung nach Gleichberechtigung von Mann und Frau mit dem traditionellen Verständnis der Mutterrolle auszugleichen versucht. Es sei „die häusliche Sorge der Mutter, derer besonders die jungen Kinder bedürfen, [...] zu sichern, ohne dass eine berechtigte gesellschaftliche Hebung der Frau dadurch irgendwie beeinträchtigt wird" GS 52).

6.2 Zum zweiten Kapitel (GS 53–62)

Das folgende Kapitel widmet sich dem Themenbereich der Kultur. Das menschliche Wesen, wie es im ersten Teil der Pastoralkonstitution dargestellt worden ist, verwirklicht sich in der Kultur, das heißt „durch die entfaltende Pflege der Güter und Werte der Natur" (GS 53). Kultur definiert *Gaudium et spes* als „alles, wodurch der Mensch seine vielfältigen geistigen und körperlichen Anlagen ausbildet und entfaltet; wodurch er sich die ganze Welt in Erkenntnis und Arbeit zu unterwerfen sucht; wodurch er das gesellschaftliche Leben in der Familie und der ganzen bürgerlichen Gesellschaft im moralischen und institutionellen Fortschritt menschlicher gestaltet" (GS 53). Naturbeherrschung und sittlicher Fortschritt sind also die wesentlichen Merkmale von Kultur.

Das Kulturverständnis der Pastoralkonstitution ist allerdings nicht abstrakt-essentialistisch, sondern geschichtlich. Die Kultur hat stets „eine geschichtliche und eine gesellschaftliche Seite" einschließlich ihrer ethnischen Dimension (die offizielle deutsche Übersetzung von ethnologicum mit „völkisch" weckt heute problematische Assoziationen), woraus folgt, dass Kultur immer in einer Pluralität von Kulturen präsent ist (GS 53).

Das Kapitel gliedert sich in drei Abschnitte. Der erste (GS 54–56) handelt von der Situation der Kultur in der modernen Welt. Die Pastoralkonstitution verortet Kirche und Gesellschaft am Beginn „einer neuen Epoche der Menschheitsgeschichte" (GS 54). Sie ist durch die Vorherrschaft der modernen Wissenschaften geprägt, der exakten Naturwissenschaften ebenso wie der Psychologie und der historischen Fächer. Neben der Hochkultur steht die „Massenkultur" (GS 54). Die Pastoralkonstitution äußert die Überzeugung, dass eine neue Form von universaler Kultur entsteht, die einerseits die Einheit der Menschheit fördert und zugleich die Besonderheiten der verschiedenen Kulturen respektiert.

Das neue Zeitalter, von dem GS 54 spricht, wird optimistisch als „Geburt eines neuen Humanismus" (GS 55) begrüßt.

Seine Wesensmerkmale sind Autonomie und Verantwortlichkeit. Gegen die Zersplitterung der einzelnen Fachwissenschaften bietet die Pastoralkonstitution die Fähigkeit zur Kontemplation und zum Staunen auf, die die Quelle wahrer Weisheit und entsprechend zu fördern ist (GS 56).

Die Ausführungen zur Autonomie greifen die Gedanken aus GS 36 wieder auf. Sie wird grundsätzlich bejaht, ist aber davor zu schützen, „zu einem rein innerweltlichen, ja religionsfeindlichen Humanismus" (GS 56) zu verkommen. Das war auch die Sorge in den Passagen zum modernen Atheismus (GS 19–21). Nur wenn dieser Gefahr entgegengewirkt wird, kann die menschliche Kultur dazu dienen, „die volle menschliche Persönlichkeit" (GS 56) auszubilden und den Menschen, insbesondere den Christen, bei der Bewältigung der ihnen in der globalen Welt von heute aufgetragenen Aufgaben behilflich sein.

Der zweite Abschnitt (GS 57–59) formuliert Prinzipien zur richtigen Förderung der Kultur. Der Auftrag Gottes an den Menschen aus Gen 1,28, sich die Erde untertan zu machen, wird als Aufgabe interpretiert, die Schöpfung zu vollenden und sich selbst zu entfalten, das aber bei gleichzeitiger Befolgung des Gebotes der Nächstenliebe (GS 57). Diese Interpretation geht über die Deutung des Dominium terrae, die Erde im Sinne von Gen 2,15 zu bebauen und zu bewahren, hinaus und verbindet somit ein schöpfungstheologisches mit einem eschatologischen Motiv. Die heute im Zusammenhang mit der ökologischen Krise und der Klimakrise diskutierte grundsätzliche Ambivalenz des biblischen Schöpfungsauftrags wird in ihrer Schärfe noch nicht gesehen.

Sodann schlägt die Pastoralkonstitution einen Bogen zu der platonischen Trias der höchsten Ideen des Wahren, Guten und Schönen (GS 57). Der erstrebte neue Humanismus ist also eine Synthese aus Christentum und Platonismus. Über einen Materialismus erhebt sich der menschliche Geist durch „Kontemplation und Anbetung des Schöpfers" (ebd.), wohingegen die modernen Naturwissenschaften in der Gefahr stehen, „einen gewissen Phänomenalismus und Agnostizismus" zu begünstigen (ebd.). Als Phänomenalismus wird augenscheinlich eine Weltsicht verstanden, die an der Oberfläche der Dinge haften bleibt, statt in die Tiefe zu gehen.

Recht verstanden kann die Beschäftigung mit den modernen Naturwissenschaften nach Überzeugung der Pastoralkonstitution der Vorbereitung zur Aufnahme des Evangeliums dienen, in der Sprache der Tradition der *praeparatio evangelii*. Zwischen Evangelium und Kultur bestehen vielfältige Verbindungen, habe sich doch auch Gott in der Geschichte stets in der Sprache der verschiedenen Kulturen offenbart (GS 58). „In gleicher Weise nimmt die Kirche, die im Lauf der Zeit in je verschiedener Umwelt lebt, die Errungenschaften der einzelnen Kulturen in Gebrauch, um die Botschaft Christi in ihrer Verkündigung bei allen Völkern zu verbreiten und zu erklären, um sie zu erforschen und tiefer zu verstehen, um sie in der liturgischen Feier und im Leben der vielgestaltigen Gemeinschaft der Gläubigen besser Gestalt werden zu lassen" (GS 58). Könnte man die erste Aussage als Umschreibung der dogmatischen Akkommodationstheorie bezeichnen, so benennt die zweite Aussage die Aufgabe der Inkulturation des Christentums. Eine Frucht der hierüber geführten Debatte ist die Liturgiereform des Zweiten Vatikanums. Fortan wird die katholische Messe in den jeweiligen Landessprachen gefeiert.

Das Problem der Inkulturation reicht aber noch tiefer, wie die theologischen Diskurse der nachfolgenden Jahrzehnte und die heutigen Kontroversen um Theorien des Postkolonialismus zeigen. Auch die Auseinandersetzungen um die Befreiungstheologie und um die verschiedenen Spielarten einer Theologie der Religionen gehören in diesen Kontext. Rückblickend sieht sich das Konzil dem Vorwurf ausgesetzt, trotz aller Öffnung für die moderne Welt in ihrer Vielgestaltigkeit immer noch zu sehr dem abendländischen, alteuropäischen Denken verhaftet geblieben zu sein. Diese Kritik wird auch gegenüber *Gaudium et spes* geäußert.

Inkulturation ist einerseits ein Faktum in der Geschichte des Christentums, einschließlich von Erscheinungsformen eines gewissen Synkretismus, sofern man darunter den Versuch versteht, Elemente außerchristlicher Religionen in den christlichen Symbolhaushalt und in die rituelle Praxis des Christentums zu integrieren. Strittig ist aber, wo die Grenzen eines solchen Synkretismus liegen. In der römisch-katholischen Kirche ist diese Auseinandersetzung von lehramtlicher Seite in dem Dokument der Glaubenskongregation *Dominus Iesus* (2000) geführt worden, welches die Idee einer pluralistischen Theologie der Religionen verurteilt. Man kann das Problem der Inkulturation auch hermeneutisch wenden. GS 62 hebt den Unterschied zwischen den Glaubenswahrheiten und ihrer zeitlich wandelbaren Ausdrucksweise hervor. Man kann das hermeneutische Problem aber auch als Verhältnisbestimmung von Text und Kontext beschreiben. Inwieweit ist der Text vom Kontext abhängig, weil er in einem bestimmten historischen Kontext entstanden ist, aus dem heraus er verständlich wird? Inwieweit ist der Text vom jeweiligen gegenwärtigen Kontext seiner Rezipienten abhängig, weil er nur in diesem neuen Kontext und auch im Zusammenhang seiner vorauslaufenden Rezeptions- und Wirkungsgeschichte verstanden wird? Inwieweit findet durch den Text eine Horizonterweiterung und Spracherweiterung des neuen

Verstehenskontextes dadurch statt, dass der Text in einen neuen Kontext eingeht? Inwieweit ist der Text nicht nur Quelle, sondern auch Gegenstand der Wahrheitssuche? Und inwiefern kann sich das Verhältnis zwischen Text und Kontext in der Weise umkehren, dass der Kontext zur neuen Erkenntnisquelle wird, von der aus der ursprüngliche Text relativiert wird? Diese Fragen brechen auch im Konflikt der Interpretationen auf, denen die Pastoralkonstitution ausgesetzt ist, wenn den „Zeichen der Zeit" der Rang von *loci theologici alieni* zuerkannt wird.

Die Pastoralkonstitution spricht sich für die Anerkennung der unterschiedlichen Kulturen und ihrer Unverletzlichkeit aus, allerdings nur unter der Voraussetzung, dass die Rechte der Person und der Gemeinschaft respektiert werden. Das ist die Gegenposition zu einer kulturalistischen Relativierung der Menschenrechte und ihre Dekonstruktion als eurozentristischem Herrschaftsinstrument. Auch macht sich *Gaudium et spes* die Lehre des Ersten Vatikanums von den beiden Erkenntnisordnungen der Wahrheit zu eigen, nämlich der Vernunft und des Glaubens (vgl. *Dei filius*, Kapitel IV).

Der Staat hat die Aufgabe, das kulturelle Leben zu fördern, nicht aber eine bestimmte Kultur gewissermaßen als Staatsideologie den Menschen aufzuoktroyieren. Die Kultur soll weder politischen noch wirtschaftlichen Mächten dienstbar gemacht werden. Was das konkret im Blick auf Phänomene der politischen und ökonomischen Instrumentalisierung von Kultur, Wissenschaft und Kunst bedeutet, bleibt jedoch unerörtert.

Der dritte Abschnitt des Kapitels (GS 60–62) benennt einige dringliche Aufgaben, die sich den Christen im Bereich der Kultur stellen. Dazu gehören elementare Bildung und der Kampf gegen den Analphabetismus, Teilhabe an höherer Bildung, insbesondere für die Landbevölkerung, für Arbeiter und Frauen (GS 60). Die Pastoralkonstitution entwirf das Idealbild eines universal gebildeten Menschen (GS 61), der sich den „Werte[n] der Vernunft, des Willens, des Gewissens und der Brüderlichkeit" (GS 61) verpflichtet weiß. Zur Kultur gehören auch die modernen Kommunikationsmittel, Freizeit und Tourismus sowie der Sport. Auch an diesen Kulturbereichen sollen sich Christen beteiligen. In Anbetracht historischer Spannungen und offener Konflikte strebt die Pastoralkonstitution „ein friedliches Verhältnis von Kultur und Christentum" (GS 62) an. Das gilt für die theologische Forschung ebenso wie für die Seelsorge sowie das Verhältnis von Theologie und Kirche zur modernen Literatur und Kunst, wobei sich die Kirche dafür offen zeigen soll, neue künstlerische Ausdrucksformen in die Liturgie – und man darf ergänzen in den Kirchbau – zu integrieren (GS 62). Es soll sich aber nicht nur die Theologie der modernen Kultur öffnen, sondern auch den Laien theologisches Wissen auf der Höhe der Zeit nahegebracht werden (GS 62).

Bemerkenswert ist, dass an dieser Stelle ausdrücklich die Freiheit der Forschung für die Theologie reklamiert wird. Klerikern wie Laien müsse nicht nur die Freiheit des Forschens und des Denkens, sondern auch „demütiger und entschiedener Meinungsäußerung" (GS 62) zugestanden werden. Bedenkt man, dass zur Zeit des Konzils die Werke Teilhard de Chardins, dessen Denken im Hintergrund durchaus eine Rolle spielte, noch verboten waren, erkennt man die Brisanz dieser Aussage. Das spannungsvolle Verhältnis von kirchlichem Lehramt und wissenschaftlicher Theologie ist ein Dauerkonflikt.

Die gegenwärtige Debatte um das bischöfliche und das akademische Lehramt kann nicht losgelöst von jener um das

Verhältnis von Glaube und Vernunft gesehen werden, die durch die Enzyklika Fides et ratio (1998) Johannes Pauls II., aber auch durch die Regensburger Rede Benedikt XVI. (2006) neue Anstöße bekommen hat. Beide Diskurse sind deshalb miteinander verschränkt, weil es wissenschaftliche Theologie nach katholischem Verständnis zwar nur aufgrund der Offenbarung Gottes in Jesus Christus, jedoch nicht ohne ein philosophisches Fundament geben kann.

Nach einer von Wolfgang Beinert und ähnlich von Theodor Schneider geäußerten Ansicht hat das Zweite Vatikanum die neuscholastische Auffassung, wonach die Theologie nur die Hilfsdisziplin des kirchlichen Lehramtes sei, überwunden. Wie aus Lumen gentium 25 hervorgehe, sei das Lehramt grundsätzlich die Aufgabe des ganzen Gottesvolkes. Die Konzilsaussagen zum kirchlichen Lehramt und zum Verhältnis von Theologie und kirchlicher Hierarchie sind jedoch einem Dauerkonflikt gegensätzlicher Interpretationen ausgesetzt. Was das Verhältnis von Schrift, Tradition und Lehramt betrifft, hat die dogmatische Konstitution Dei verbum keine Klarheit geschaffen. Dementsprechend dürfte auch eine allzu weitreichende Interpretation von GS 62, welche der Pastoralkonstitution die Vorstellung von einem weitgehend autonomen akademischen Magisterium unterstellt, durch den Gesamttext des Konzils kaum gedeckt sein.

6.3 Zum dritten Kapitel (GS 63–72)

Auf das Themenfeld der Kultur folgt ein Kapitel über das moderne Wirtschaftsleben. Auch dieses setzt beim Gedanken der Menschenwürde beziehungsweise der Würde der menschlichen Person ein. Der Mensch ist „Urheber, Mittelpunkt und Ziel aller Wirtschaft (GS 63), womit freilich keinem liberalen

Individualismus das Wort geredet wird, ist doch nach Ansicht der Pastoralkonstitution in gleicher Weise wie die Würde der Person das Gemeinwohl der gesamten Gesellschaft zu fördern.

Das Bild, das die Pastoralkonstitution von der modernen Ökonomie zeichnet, ist differenziert. Einerseits werden Fortschritte in der Produktionstechnik sowie im Austausch von Gütern und Dienstleistungen positiv gewertet, helfen sie doch, die gestiegenen Bedürfnisse der Menschheit im globalen Maßstab zu befriedigen. Andererseits nennt *Gaudium et spes* aber auch Faktoren, die Anlass zur Beunruhigung geben. Kritisiert wird die einseitige Dominanz des Ökonomischen, auch in Ländern mit einer kollektivistischen Wirtschaftsform sowie der krasse Gegensatz zwischen Armut und Reichtum. Demgegenüber formuliert das Konzil die Grundsätze der Gerechtigkeit und der Billigkeit (*iustitia et aequitas*) als Prinzipien katholischer Soziallehre. Die Gerechtigkeit soll Hand in Hand mit der Liebe gehen (GS 69).

Das Kapitel erörtert die anstehenden wirtschaftsethischen Fragen in zwei Abschnitten. Der erste (GS 64–66) befasst sich mit dem wirtschaftlichen Fortschritt, der stets im Dienst des Menschen zu stehen und sich im Rahmen der sittlichen Ordnung zu bewegen habe. Auch sollen alle Länder am Fortschritt und seinen Erträgen beteiligt sein (GS 65). Abgelehnt werden sowohl eine radikal marktwirtschaftliche, kapitalistische Wirtschaftsform als auch die kollektivistische Planwirtschaft, wie sie zur damaligen Zeit in den sozialistischen oder kommunistischen Ländern herrschte. Gemäß den Prinzipien der Gerechtigkeit und der Billigkeit sollen übergroße sozialökonomische Ungleichheiten abgebaut werden. Auch macht sich die Pastoralkonstitution für die Rechte von Gastarbeitern stark (GS 66).

Der zweite Abschnitt (GS 67–72) stellt konkrete Grundsätze für das sozialökonomische Leben auf. Menschliche Arbeit soll Vorrang vor Kapital und Produktionsmitteln haben. Die menschliche Arbeit wird als Ausfluss der Person und als Betätigungsfeld der Nächstenliebe gewürdigt. Einmal mehr wird auf das Beispiel Jesu verwiesen, der als Handwerker gearbeitet und dadurch die menschliche Arbeit gewürdigt hat (GS 67). Die Pastoralkonstitution unterstützt das Recht auf Gewerkschaftsbildung, das Recht auf ausreichende Freizeit und Muße, sowie das Streikrecht (GS 68). Die irdischen Güter sollen allen Menschen gemeinsam zugute kommen. Wer sich in einer extremen Notlage befindet, „hat das Recht, vom Reichtum anderer das Benötigte an sich zu bringen" (GS 69). Für diesen Grundsatz beruft sich das Konzil auf Thomas von Aquin. Investitionen sollen zur Schaffung von Arbeits- und Verdienstmöglichkeiten dienen, nicht aber reine Spekulationsgeschäfte sein. Auch die Währungspolitik soll im nationalen und internationalen Maßstab der Förderung der Gerechtigkeit und der Solidarität mit den Schwachen dienen (GS 70).

Ausführlich behandelt die Pastoralkonstitution Fragen des Eigentums an Boden und Privatvermögen (GS 71). Privateigentum wird grundsätzlich „als eine Art der Verlängerung der menschlichen Freiheit betrachtet" (GS 71). Eigentum dient auch der Daseinssicherung, wobei aber auch auf Einrichtungen des Sozialstaats und soziale Rechtsansprüche und Dienstleistungen als flankierende Instrumente sozialer Gerechtigkeit verwiesen wird. Nicht nur hat das Privateigentum eine soziale Verpflichtung. Es gibt auch Rechtfertigungsgründe für die Bildung von Gemeineigentum, wenn die Sozialpflichtigkeit des Privateigentums missachtet wird. Insbesondere benennt die Pastoralkonstitution den Missstand in weniger entwickelten Ländern, in denen Großgrundbesitzer einer Bevölkerungsmehrheit von Landlosen gegenüberstehen und alle Macht an sich gerissen haben. Die führt für die Besitzlosen zu menschenunwürdigen Lebens- und Arbeitsbedingungen. Die Pastoralkonstitution fordert Reformen und favorisiert Genossenschaftsmodelle (GS 71).

Christen, die am sozialökonomischen Fortschritt mitwirken, sollen vorbildhaft handeln, indem sie sich einerseits den nötigen Sachverstand aneignen und andererseits vom Geist der Bergpredigt, „insbesondere von der Seligpreisung der Armut" (GS 72) leiten lassen. Jesus preist in der matthäischen Bergpredigt beziehungsweise in der lukanischen Feldrede allerdings nicht die Armut als solche, sondern die Armen selig (Lk 6,20; Mt 5,3: die geistlich Armen). Insgesamt wird man sagen müssen, dass die das Kapitel abschließenden Reflexionen zum Verhältnis von Ökonomie und Reich Gottes schwach bleiben, wenn sie die Christen dazu auffordern, „in Treue gegen Christus und seine frohe Botschaft" „die rechte Ordnung inne[zu]halten" (GS 72). Worin diese besteht, bleibt vage.

6.4 Zum vierten Kapitel (GS 73–76)

Das vorletzte Kapitel befasst sich mit Fragen einer Ethik des Politischen. Tiefgreifende Veränderungen innerhalb politischer Strukturen und Institutionen sind die Folge der in den vorangegangenen Kapiteln geschilderten kulturellen, ökonomischen und gesellschaftlichen Entwicklung. Erkennbar sympathisiert die Pastoralkonstitution mit modernen demokratischen Bestrebungen, ohne die Staatsform der Demokratie lehramtlich zu privilegieren. *Gaudium et spes* bejaht aber Versammlungsfreiheit, Vereinigungs-, Meinungs- und Religionsfreiheit, die aktive Beteiligung der Bürger am politischen Leben und den Schutz von Minderheiten (GS 73). Totalitäre und diktatorische Herrschaftsformen werden abgelehnt, sofern sie „die Rechte der Person und der gesellschaftlichen Gruppen verletzten" (GS 75). Wie bereits erwähnt, legt sich allerdings auch der Katechismus der Katholischen Kirche (in KKK 1990) nicht auf eine Staatsform fest.

Die politische Ordnung ist auf das Gemeinwohl bezogen, welches definiert wird als „die Summe aller jener Bedingungen gesellschaftlichen Lebens, die den Einzelnen, den Familien und gesellschaftlichen Gruppen ihre eigene Vervollkommnung voller und ungehinderter zu erreichen gestatten" (GS 74). Staatliche Macht darf nur innerhalb der sittlichen Ordnung ausgeübt werden. Sofern dies geschieht, sind die Bürger zur Achtung der Rechtsordnung und der geltenden Gesetze verpflichtet, allerdings in Bindung an ihr Gewissen. Ein Widerstandsrecht wird nur „innerhalb der Grenzen des Naturrechts und des Evangeliums" für denkbar gehalten, was aber nicht weiter ausgeführt wird.

Die positive Rechtsordnung enthält nicht nur Rechte, sondern auch Pflichten, unter denen die Pastoralkonstitution die Pflicht hervorhebt, „dem Staat jene materiellen und persönlichen Dienste zu leisten, die für das Gemeinwohl notwendig sind" (GS 75). Man denke an Steuerabgaben oder auch den Militärdienst.

Die Kirche fungiert im Rahmen der politischen Ordnung als „Zeichen und Schutz der Transzendenz der menschlichen Person" (GS 76). Kirche und Staat sollen zusammenwirken, um der persönlichen und gesellschaftlichen Berufung der Menschen zu dienen, die gleichzeitig der Kirche und dem Staat angehören. Unter heutigen Bedingungen, in denen in vielen Ländern nur noch eine Minderheit einer christlichen Kirche angehört, wäre diese Verhältnisbestimmung diasporatheologisch zu vertiefen. Wichtig ist die Unterscheidung zwischen dem politischen Handeln der Christen im eigenen Namen, sei es als Einzelne oder im Verbund mit anderen, und dem politischen Handeln im Namen der Kirche, das zusammen mit Papst und Bischöfen („ihren Hirten") geschehen soll (GS 76). Die Pastoralkonstitution betont, dass die Kirche keine weltlichen Machtmittel besitzt, was ihre Lage fundamental von vergangenen Epochen unterscheidet, in denen das Christentum etwa in seiner katholischen Ausprägung Staatsreligion war und zwischen Staat und Kirche eine enge Symbiose bestand. Nun heißt es, die Kirche „bedient sich des Zeitlichen, soweit es ihre eigene Sendung erfordert. Doch setzt sie ihre Hoffnung nicht auf Privilegien, die ihr von der staatlichen Autorität angeboten werden" (GS 76). Wo die Inanspruchnahme von legitim erworbenen Rechten die Glaubwürdigkeit ihres Zeugnisses in Zweifel ziehen könnte, wolle die Kirche auf diese verzichten. Ein wesentlicher Auftrag der Kirche besteht darin, „ihre Soziallehre kundzumachen" (GS 6) und dem Frieden zu dienen.

6.5 Zum fünften Kapitel (GS 77–90)

Dem Thema des Friedens und der Völkerverständigung ist das letzte Kapitel gewidmet. Ein wichtiger Referenztext ist die Enzyklika *Pacem in terris* von Johannes XXIII. aus dem Jahr 1963, ein weiterer die Rede, die Paul VI. am 4. Oktober 1965 vor der Generalversammlung der Vereinten Nationen gehalten hat, also während der letzten Sitzungsperiode des Konzils und somit während der Abschlussphase der Arbeiten an der Pastoralkonstitution.

Frieden ist, wie die Pastoralkonstitution feststellt, mehr als die Abwesenheit von Krieg, nämlich ein „Werk der Gerechtigkeit" (Jes 32,17). „Friede und Gerechtigkeit", *Iustitia et*

Pax, lautet der Name jener Kommission, die 1967 eingerichtet wurde. Die Anregung dazu findet sich am Ende des vorliegenden Kapitels in GS 90. 1988 wurde *Iustita et Pax* zum Päpstlichen Rat erhoben. Der Rat wurde 2017 aufgelöst und durch ein neu von Papst Franziskus errichtetes Dikasterium für die ganzheitliche Entwicklung des Menschen ersetzt. Die vormalige Kommission und nun das Dikasterium befasst sich mit internationalen Fragen der Entwicklungs-, Friedens- und Menschenrechtspolitik. Friedenspolitik wird also nicht als isoliertes Thema der Sicherheitspolitik betrachtet. Die Pastoralkonstitution versteht den irdischen Frieden „als Abbildung und Wirkung des Friedens, den Christus gebracht hat und der von Gott dem Vater ausgeht" (GS 78). Daraus ergibt sich ein Gefälle zum Gewaltverzicht. Der Einsatz militärischer Mittel ausschließlich zu Verteidigungszwecken wird in Übereinstimmung mit dem Völkerrecht für legitim erachtet, doch wird die traditionelle Lehre vom gerechten Krieg interessanterweise nicht erwähnt.

Das weitere Kapitel gliedert sich in zwei Abschnitte. Der erste (GS 79–82) handelt von der Vermeidung des Krieges. Die beiden Weltkriege vor Augen, fordert das Konzil nicht nur die Verurteilung des totalen Krieges (GS 80), sondern die Ächtung des Kriegs überhaupt (GS 82) sowie die Einhaltung und die Weiterentwicklung des Völkerrechts (GS 79), bis hin zur Etablierung einer „von allen anerkannte[n] öffentliche[n] Weltautorität" (82), die das Völkerrecht wirksam durchsetzen kann. Man darf bei diesen Aussagen an das Kapitel VII der Charta der Vereinten Nationen denken, wohl wissend, dass der UN-Sicherheitsrat bis heute die Aufgabe der genannten Weltautorität nicht oder doch nicht in ausreichendem Maße erfüllt. Gefordert werden wirksame Maßnahmen zur Beendigung des Wettrüstens (GS 82), wobei die Kirche auf eine Bekehrung der Herzen hofft. Artikel 80 sorgte auf dem Konzil übrigens für Kontroversen, weil einige US-amerikanische Bischöfe verhindern wollten, die USA, die sich im Vietnamkrieg befanden, an den Pranger zu stellen. Auch konnte sich das Konzil nicht zu einer klaren Verurteilung von Massenvernichtungsmitteln, insbesondere von Atomwaffen, durchringen.

Der zweite Abschnitt (GS 83–90) befasst sich mit dem Aufbau der internationalen Gemeinschaft, das heißt mit der Bildung neuer Organe zur Friedensförderung und der Stärkung internationaler Institutionen (GS 84). Friedensfördernd kann auch die internationale wirtschaftliche Zusammenarbeit wirken (GS 85), freilich nur dann, wenn die Entwicklungsländer gefördert statt ausgebeutet werden (GS 86). Auch dazu braucht es internationale Organisationen und Institutionen. Auch für die Lösung der mit dem Bevölkerungswachstum verbundenen Probleme bedarf es der internationalen Zusammenarbeit (GS 87). Die Pastoralkonstitution spricht sich beispielsweise für verbesserte Produktionstechniken in der Landwirtschaft aus. Das Thema des ökologischen Landbaus und des Umweltschutzes gerät noch nicht in den Blick. Abgelehnt werden einmal mehr Methoden zur Geburtenkontrolle die den Normen des katholischen Lehramtes widersprechen. Christen sind zu internationalen Hilfeleistungen aufgefordert (GS 88). Aufgabe der Kirche ist es, das göttliche und natürliche Sittengesetz zu verkündigen. Dazu muss sie in der Völkergemeinschaft präsent sein, was als Rechtfertigungsgrund dafür zu verstehen ist, dass die katholische Kirche, genauer gesagt der Apostolische Stuhl, der neben dem Staat Vatikanstadt weiterhin ein Völkerrechtssubjekt ist. Christen sollen aktiv in internationalen Gemeinschaften mitwirken. Überdies ist die Kirche durch verschiedene katholische internationale Organisationen im Bereich von Friedens- und Entwicklungsarbeit präsent (GS 90).

7. Erläuterungen zum Schlusswort (GS 91–93)

Das Schlusswort bündelt noch einmal grundlegende Gesichtspunkte der Pastoralkonstitution. Wie schon die Fußnote zum Vorwort erläutert das Schlusswort den Gesamtcharakter der Pastoralkonstitution. Es trägt insbesondere den Bedenken Rechnung, die von seiten der deutschen Bischöfe und von dem Konzilsberater Karl Rahner geäußert wurden, dass nämlich die Konstitution einen „Mangel an Gnoseologie" aufweisen würde (vgl. Sander, HThK Vat. II, Bd. 4, 819). *Gaudium et spes* nehme für sich in Anspruch, eine in der Kirche bereits anerkannte Lehre vorzutragen (GS 91), also dogmatische Qualität zu haben. Zugleich spreche sie „oft von Dingen [...], die einer ständigen Entwicklung unterworfen sind" (GS 91). Das macht ihren pastoralen Charakter aus. Die Pastoralkonstitution sei als Anstoß zum fortgesetzten Dialog innerhalb des Volkes Gottes über die angesprochenen Themen zu verstehen.

Nachdrücklich bekennt sich das Konzil zur Ökumene und zum Dialog mit den übrigen Kirchen, nicht ohne darauf hinzuweisen, die die Einheit der Christen in der Gegenwart auch von vielen Nichtchristen erwartet und gewünscht werde (GS 92). Schließlich wendet sich *Gaudium et spes* an alle, „die Gott anerkennen und in ihren Traditionen wertvolle Elemente der Religion und der Humanität bewahren" (GS 92). Verweist die erste Bemerkung auf das Ökumenismusdekret *Unitatis redintegratio*, so die zweite auf die Erklärung des Konzils über die nichtchristlichen Religionen *Nostra aetate*. Die katholische Kirche will niemanden aus ihrer Bereitschaft zur Zusammenarbeit ausschließen, die sich der Humanität verpflichtet fühlen, selbst jene nicht, die als Gegner der Kirche auftreten.

Die Pastoralkonstitution schließt mit einem eschatologischen Ausblick. Der praktische Einsatz für humanitären Fortschritt und Entwicklung soll weltweit die Hoffnung auf die Vollendung der Welt durch Gott wecken (GS 93). Das ist nun nicht etwa nur die vorgängige Hoffnung, die die Kirche gemäß GS 1 mit den Menschen von heute teilt, sondern die Hoffnung des Glaubens, die im Evangelium ihren Grund hat und der Welt in Wort und Tat zu bezeugen ist. So verbindet die Pastoralkonstitution am Ende nochmals das Motiv der Arbeit an einer besseren Welt mit dem Motiv der Ehre Gottes, der die Macht hat, gemäß der in den Glaubenden wirksamen Kraft „weitaus mehr zu tun als alles, was wir erbitten oder ersinnen" (Eph 3,20). So richtet sich die Hoffnung auf Gott und nicht allein auf menschliche Kräfte zur Weltverbesserung.

8. Abschließende Würdigung

Versteht man die Konzilstexte in ihrer Gesamtheit als einen in sich durchaus spannungsvollen Makrotext, dessen einzelne Teile aufeinander verweisen und in ihrem konziliaren Gesamtzusammenhang zu lesen und zu interpretieren sind, nimmt die Pastoralkonstitution *Gaudium et spes* eine Schlüsselstellung ein. Die Verbindungen zwischen diesem Dokument und der dogmatischen Konstitution über die Kirche *Lumen gentium* stechen besonders hervor. Man kann sagen, dass die dem Konzil gestellte Aufgabe, das Selbstverständnis der römisch-katholischen Kirche, ihr Wesen und ihre Aufgabe in der modernen Welt neu zu bestimmen, auf zweigipflige

Weise gelöst worden ist. In beiden Konstitutionen versteht sich die Kirche als Heilssakrament für die Welt im Ganzen. Sie ist *sacramentum mundi*, durch welche Gott der ganzen Menschheit jene Heilskräfte vermittelt, welche die Kirche von Jesus Christus vermittels des Heiligen Geistes empfängt (GS 3). Neu ist der Ton, in dem *Gaudium et spes* davon spricht, dass die Kirche – verstanden als Volk Gottes – und die Menschheit, als deren Teil sie sich begreift, wechselseitig aneinander verwiesen sind (GS 3). Wenn sich die Kirche somit als Dialogpartnerin der modernen Welt präsentiert, die mit allen Menschen guten Willens für den gesellschaftlichen Fortschritt zusammenarbeiten will, wird doch die klassische katholische Ekklesiologie nicht in Frage gestellt. Wohl erklärt die dogmatische Konstitution *Lumen gentium*, dass die Kirche im dogmatischen Sinne nicht exklusiv in der römisch-katholischen existiert. Im Vollsinn des Begriffs ist sie aber sehr wohl allein in dieser präsent. Auch wenn die Kirche nicht auf alle ethischen Fragen der modernen Welt eine Antwort weiß und sich mit allen Menschen guten Willens auf die gemeinsame Suche nach humanen Lösungen für die drängenden Menschheitsprobleme und Antworten auf die gesellschaftlichen Umbrüche der Gegenwart macht, ist sie doch davon überzeugt, in dem ihr anvertrauten Wort Gottes die authentische Quelle zu besitzen, aus der die unveränderlichen „Grundsätze der religiösen und sittlichen Ordnung gewonnen werden" (GS 33). Mag also die Grammatik katholischer Theologie und Ekklesiologie, die *Gaudium et spes* bietet, völlig neuartig sein, so bleiben doch die Grundkoordinaten der Kirchenlehre und der katholischen Soziallehre unangetastet.

So bietet die Pastoralkonstitution einerseits ein großes Potential für die ökumenische Bewegung und auch für die konkrete ökumenische Zusammenarbeit in sozialethischen

Fragen. Das gemeinsame Sozialwort von Deutscher Bischofskonferenz und Evangelischer Kirche *Für eine Zukunft in Solidarität und Gerechtigkeit* aus dem Jahr 1997 oder das Sozialwort des Ökumenischen Rates der Kirchen in Österreich, das in einem mehrjährigen Konsultationsprozess (2001–2003) entstand, sind ermutigende Beispiele. Auf dem Gebiet der Bioethik bestehen heute freilich erhebliche Differenzen, die im Zuge der Debatten über moderne Reproduktionsmedizin und medizinethische Fragen am Lebensende an Schärfe gewonnen haben. Ob man die Gegensätze auf ethischem Gebiet mit Hilfe der Formel des differenzierten Konsenses, welche die Vereinigte Evangelisch-lutherische Kirche in Deutschland und die Deutsche Bischofskonferenz in ihrer Studie *Gott und die Würde des Menschen* (2017) bemühen, abschwächen kann, darf bezweifelt werden.

Mögliche Unterschiede zwischen evangelischer, katholischer und orthodoxer Ethik betreffen nicht nur die fundamentalethische oder die materialethische Ebene, sondern auch das methodische Verfahren der ethischen Urteilsbildung. Was katholische und evangelische Ethik heute unterscheidet, ist die unterschiedliche Diskurskultur, die auf zum Teil erhebliche Differenzen im Kirchen- und Amtsverständnis sowie die Rolle des kirchlichen Lehramtes in der katholischen Kirche und für die katholische Universitätstheologie hinweisen. Seine Rolle ist auch zu bedenken, wenn es um die Identifikation und Interpretation der „Zeichen der Zeit" geht, die in GS 4 als Aufgabe der Kirche bestimmt wird. Von progressiver Seite wird diese Funktion immer wieder im kritischen Gegenüber zur verfassten Amtskirche gesehen, verbunden auch mit dem Anspruch, im Geist des Konzils über den kirchlichen Status quo hinauszugelangen. Man kann die Pastoralkonstitution aber auch so verstehen, dass Identifikation und Deutung der Zeichen der Zeit primär eine lehramtliche Aufgabe ist.

Evangelische Kirchen kennen kein bischöfliches Lehramt, das in ethischen Fragen normative Lehraussagen macht, sieht man von sehr allgemein gehaltenen Grundaussagen, wie sie etwa von der lutherischen Zwei-Regimenten-Lehre getroffen werden, ab. Von einer Soziallehre evangelischer Kirchen ist nur in einer abgeschwächten Form zu sprechen. Evangelische Denkschriften, die eine Orientierungshilfe in gesellschaftlichen und ethischen Fragen geben wollen, und katholische Enzykliken unterscheiden sich grundlegend hinsichtlich ihrer lehramtlichen Verbindlichkeit. Das gilt nach wie vor, unbeschadet der durch das Zweite Vatikanum in der katholischen Kirche und ihrer Theologie eingeleiteten Reformen. Folglich ist auch eine ökumenische Sozialethik einschließlich ihrer methodischen und hermeneutischen Grundlagen bis heute ein nur teilweise eingelöstes Desiderat, was nicht heißt, dass es nicht auf vielen Feldern gemeinsame Positionen gibt, die sich auch gemeinsam in der Öffentlichkeit vertreten lassen.

Es gehört zum heutigen Bild des Protestantismus, dass er in dogmatischen wie ethischen Fragen ein hohes Maß an Pluralität zeigt. Eine evangelische, nämlich evangeliumsgemäße, Ethik steht im Spannungsfeld zwischen der Freiheit des Glaubens und des Gewissens auf der einen und der Verbindlichkeit des Glaubens und der Nachfolge Christi auf der anderen Seite. Glaube im evangelischen Sinne ist gleichbedeutend mit der Gewissheit des Heils, der bedingungslosen Annahme des Menschen und der Unbedingtheit der göttlichen Liebe. Diese Gewissheit begründet jedoch keine letzten Gewissheiten oder theologischen Überbietungsansprüche auf dem Gebiet von Moral und Ethik. Statt aber nur die Diversität und den Pluralismus als vermeintliches Markenzeichen zu feiern, drängt sich in gegenwärtigen ethischen und ekklesiologischen Debatten verstärkt die Frage auf, welche Grenzen von Diversität es im Protestantismus gibt oder geben muss.

Darüber wird auch auf der Ebene des gesamteuropäischen Protestantismus diskutiert. Seit Beginn der 2000er Jahre hat die Gemeinschaft Evangelischer Kirchen in Europa (GEKE) ihr Engagement in ethischen Fragen verstärkt, mit dem Ziel, dem europäischen Protestantismus auch auf diesem Gebiet eine Stimme zu geben, die zwar nicht uniso, aber doch nicht kakophon klingt. Seit 2000 hat die GEKE eine Reihe von ethischen Orientierungshilfen veröffentlicht. Ein Studienprozess hat sich ausführlich mit der Frage beschäftigt, wie evangelische Lehrbildung auf dem Gebiet der Sozialethik grundsätzlich vonstattengeht.

Die ekklesiologische Basis ist das Verständnis von Kirchengemeinschaft konfessionsverschiedenen Kirchen, wie es in der Leuenberger Konkordie aus dem Jahr 1973 und dem Lehrgesprächsdokument *Die Kirche Jesu Christi* aus dem Jahr 1994 ausgeführt worden ist. Die *Leuenberger Konkordie* erklärt, eine Konsequenz der auf Basis eines gemeinsamen Verständnisses des Evangeliums sei es, „eine möglichst große Gemeinsamkeit in Zeugnis und Dienst an der Welt [zu] erstreben" (LK 29). Die Studie *Die Kirche Jesu Christi* gebraucht stattdessen die Formel von der Einheit in versöhnter Verschiedenheit, die nicht nur innerprotestantisch zur Anwendung kommt, sondern auch das Ökumenemodell der evangelischen Kirchen im Gespräch mit der römisch-katholischen Kirche, den orthodoxen Kirchen und den übrigen christlichen Denominationen sei.

Seit 2018 gibt es einen Dialog zwischen GEKE und dem römischen Dikasterium zur Förderung der Einheit der Christen, der freilich noch nicht weit gediehen ist. Das liegt nicht zuletzt daran, dass die Auffassungen der Dialogpartner über das Ziel der Ökumene noch weit auseinanderliegen. Der Präsident des Einheitsdikasteriums, Kardinal Kurt Koch, hat wiederholt bekräftigt, das Ökumenemodell der GEKE sei aus römisch-katholischer Sicht völlig unzureichend, weil es die Sakramentalität der Kirche und die tragende Rolle des ordinierten, hierarchisch gegliederten Amtes nicht angemessen berücksichtige.

Spätestens an dieser Stelle zeigt sich noch einmal, an welche Grenzen das ökumenische Miteinander der Kirchen nach wie vor auf ekklesiologische, aber auch auf sozialethischem Gebiet stößt. Angesichts der globalen Herausforderungen, vor denen auch die Kirchen stehen, kann die Öffnung, welche die katholische Kirche gegenüber der modernen Gesellschaft und den übrigen Kirchen mit dem Zweiten Vatikanum und insbesondere mit der Pastoralkonstitution *Gaudium et spes* vollzogen hat, gleichwohl nicht hoch genug geschätzt werden.

C
Anhang

Literatur

a) Quellen

Lateinischer und deutscher Text in: Lexikon für Theologie und Kirche, 2. Aufl., Bd. 14: Das Zweite Vatikanische Konzil. Konstitutionen, Dekrete und Erläuterungen. Lateinisch und deutsch. Kommentare, Bd. III, Freiburg/Basel/Wien 1968, Sonderausgabe 1986, 241–592 [= LThK2 14]. – Lateinischer Text aus „Acta Apostolicae Sedis 58 (1966), 1025–115; Deutsche Übersetzung besorgt im Auftrag der deutschen Bischöfe.

Karl Rahner/Herbert Vorgrimler, Kleines Konzilskompendium. Sämtliche Texte des Zweiten Vatikanums, Freiburg/Basel/Wien 352008, 423–551.

Deutscher Text Online: https://www.vatican.va/archive/hist_councils/ ii_vatican_council/documents/vat-ii_const_19651207_gaudium-et-spes_ge.html (20.9.2022).

Die Dokumente des Zweiten Vatikanischen Konzils. Konstitutionen, Dekrete, Erklärungen. Lateinisch-deutsche Studienausgabe, hg. von Peter Hünermann (Herders Theologischer Kommentar zum Zweiten Vatikanischen Konzil, Bd. 1), Sonderausgabe Freiburg i. Br. 2009.

b) Sekundärliteratur

Alfons Auer, Drittes Kapitel des ersten Teils. Einleitung und Kommentar, in: LThK2 14 (s.o.), 377–397.

Riccardo Burigana/Giovanni Turbanti, Zwischen den Sitzungsperioden: Vorbereitung des Konzilsabschluß, in: Guiseppe Alberigo (Hg.), Geschichte des Zweiten Vatikanischen Konzils (1959–1965), Bd. IV: Die Kirche als Gemeinschaft. September 1964 – September 1965, deutsche Ausgabe hg. v. Günther Wassilowsky, Mainz/Leuven 2006, 532–755, bes. 604–626.

Yves Congar, Viertes Kapitel des ersten Teils. Einleitung und Kommentar, in: LThK2 14 (s. o.), 397–422.

René Coste, Fünftes Kapitel des zweiten Teils. Kommentar, in: LThK2 14 (s. o.), 544–562.565–578.

Gotthard Fuchs/Andreas Lienkamp (Hg.), Visionen des Konzils. 30 Jahre Pastoralkonstitution „Die Kirche in der Welt von heute" (Schriften des Instituts für Christliche Sozialwissenschaften 36), Münster 1997.

Ingeborg Gabriel/Alexandros K. Papaderos/Ulrich H. J. Körtner, Perspektiven ökumenischer Sozialethik. Der Auftrag der Kirchen im größeren Europa, Mainz ²2006.

Friedrich Wilhelm Graf, Die nachholende Selbstmodernisierung des Katholizismus? Kritische Anmerkungen zu Karl Gabriels Vorschlag einer interdisziplinären Hermeneutik des II. Vatikanums, in: Peter Hünermann (Hg.) unter Mitarbeit von Jan Heiner Tück, Das II. Vatikanum. Christlicher Glaube im Horizont globaler Modernisierung. Einleitungsfragen, Paderborn u. a. 1998, 49–65.

Bernhard Häring, Erstes Kapitel des zweiten Teils. Einleitung und Kommentar, in: LThK2 14 (s. o.), 423–446.

Herders Theologischer Kommentar zum Zweiten Vatikanischen Konzil. Bd. 4, hg. von Peter Hünermann und Bernd Jochen Hilberath, Freiburg 2005, Sonderausgabe 2009.

Walter Kasper, Die bleibende Herausforderung durch das II. Vatikanische Konzil. Zur Hermeneutik der Konzilsaussagen, in: ders., Theologie und Kirche, Mainz 1987, 290–299.

Walter Kasper, Die Fackel der Hoffnung hochhalten. 60 Jahre Zweites Vatikanisches Konzil – ein Gespräch mit Walter Kardinal Kasper, https://www.communio.de/pdf/vorabveroeffentlichung/Communio-Kasper-Interview-2022-10.pdf (11.10.2022).

Ansgar Kreutzer, Kritische Zeitgenossenschaft. Die Pastoralkonstitution Gaudium et spes modernisierungstheoretisch gedeutet und systematisch-theologisch entfaltet, Innsbruck 2006.

Karl Lehmann, Hermeneutik für einen künftigen Umgang mit dem Konzil, in: Alfred E. Hierold (Hg.), Zweites Vatikanisches Konzil – Ende oder Anfang?, Münster 2004, 57–74.

Roberto de Mattei, Das Zweite Vatikanische Konzil. Eine bislang ungeschriebene Geschichte, Stuttgart ²2012.

Charles Moeller, Die Geschichte der Pastoralkonstitution, in: LThK2 14 (s. o.), 242–279.

Charles Moeller, Das Prooemium. Kommentar, in: LThK2 14 (s. o.), 280–312.

Charles Moeller, Schlußwort. Kommentar, in: LThK2 14 (s. o.), 586–592.

Christof Müller, Die Kirche als „Zeichen und Werkzeug" der Vollendung: die Suche des II. Vatikanums nach einer eschatologischen Pragmatik für die Kirche in der „Welt von heute", in: Münchener Theologische Zeitschrift 54, 2003, 171–183.

Oswald v. Nell-Breuning, Drittes Kapitel des zweiten Teils. Kommentar, in: LThK2 14 (s. o.), 487–516.

Oswald v. Nell-Breuning, Viertes Kapitel des zweiten Teils. Kommentar, in: LThK2 14 (s. o.), 517–532.

Oswald v. Nell-Breuning, Exkurs über die Probleme des Zweiten Abschnittes des V. Kapitels, in: LThK2 14 (s. o.), 562–565.

Oswald v. Nell-Breuning, Exkurs über die „Populorum Progressio", in: LThK2 14 (s. o.), 578–579.

Otto Hermann Pesch, Das Zweite Vatikanische Konzil. Vorgeschichte – Verlauf – Ergebnisse – Wirkungsgeschichte, Würzburg ³2011.

Joseph Ratzinger, Erstes Kapitel des ersten Teils. Einleitung und Kommentar, in: LThK2 14 (s. o.), 313–354.

Joseph Ratzinger, Zur Lage des Glaubens. Ein Gespräch mit Vittorio Messori, München 1985.

Frederico Ruozzi/Enrico Galavotti (Hg.), Das II: Vatikanische Konzil. Geschichte – Bedeutung – Wirkung. Ein Historischer Atlas, Stuttgart 2015.

Hans-Joachim Sander, Theologischer Kommentar zur Pastoralkonstitution über die Kirche in der Welt von heute Gaudium et spes, in: Herders Theologischer Kommentar zum Zweiten Vatikanischen Konzil, Bd. 4, hg. von Peter Hünermann und Bernd Jochen Hilberath, unter Mitarb. von Guido Bausenhart, Sonderausgabe Freiburg i. Br. 2009, 581–886.

Hans-Joachim Sander, Eine Geschichte der katholischen Selbstrelativierung. Die Texterstellung von Gaudium et spes, in: Anzeiger für die Seelsorge 125, 2015, H. 12, 15–18.

Johannes Schelhas, Das Zweite Vatikanische Konzil. Geschichte – Themen – Erträge, Regensburg 2014.

Willem Schuijt, Fünftes Kapitel des zweiten Teils. Die Geschichte des Textes, in: LThK2 14 (s. o.), 533–543.

Otto Semmelroth, Zweites Kapitel des ersten Teils. Einleitung und Kommentar, in: LThK2 14 (s. o.), 354–377.

Stefan Swieżawski, Exkurs zur Pastoralkonstitution Artikel 90: Die Kommission „Iustitia et Pax", in: LThK2 14 (s. o.), 579–580.

Norman Tanner, Kirche in der Welt: Ecclesia ad extra, Guiseppe Alberigo (hg.), Geschichte des Zweiten Vatikanischen Konzils (1959–1965), Bd. IV: Die Kirche als Gemeinschaft. September 1964 – September 1965, deutsche Ausgabe hg. v. Günther Wassilowsky, Mainz/Leuven 2006, 314–448.

Christoph Theobald, Le christianisme comme style. Une manière de faire de la théologie en postmodernité. 2 Vol., Paris 2007.

Roberto Tucci, Zweites Kapitel des zweiten Teils. Einleitung und Kommentar, in: LThK2 14 (s. o.), 447–485.

Giovanni Turbanti, Un concilio per il mondo moderno. La redazione della costituzione pastorale Gaudium et spes del Vaticano II, Bologna 2000.
Richard Völkl, Exkurs: Die „Kirche der Liebe (Ecclesia caritatis)" nach den Dokumenten des Vaticanum II, in: LThK2 14 (s. o.), 580–586.
Herbert Vorgimler, Drittes Kapitel des zweiten Teils. Zur Textgeschichte, in: LThK2 14 (s. o.), 485–487.
Herbert Vorgimler, Viertes Kapitel des zweiten Teils. Zur Textgeschichte, in: LThK2 14 (s. o.), 516–517.
Knut Wenzel, Kleine Geschichte des Zweiten Vatikanischen Konzils, Freiburg/Basel/Wien 2005.

Zeittafel

25.10.1958	Angelo Giuseppe Roncalli (1881–1963) wird als Nachfolger von Pius XII. zum Papst gewählt. Er trägt fortan den Namen Johannes XXIII.
Januar 1959 – Dezember 1961	Vorbereitung des Konzils
25.12.1961	Einberufung des 2. Vatikanischen Konzils durch Papst Johannes XXIII. mit der Apostolischen Konstitution „Humanae salutis"
11.10.1962	Eröffnung des Konzils
11.10.1962 – 8.12.1962	Erste Sitzungsperiode des Konzils Erstellung eines ersten Textes („Text 1") über die soziale und internationale Ordnung („De ordine moralis christiano") *Januar – Mai 1963: Ausarbeitung eines neuen Entwurfs („Text 2")*
3.6.1963	Tod des Papstes Johannes XXIII.
21.6.1963	Wahl von Giovanni Battista Enrico Antonio Maria Montini (1897–1978) zum Nachfolger Johannes XIII. Als Papst Paul VI. setzt er das Konzil fort. *September 1963: Zwischentext a) („Mechelner Text")*
29.9.1963 – 4.12.1963	Zweite Sitzungsperiode des Konzils *Februar 1964: Zwischentext b (Zürich)*

ANHANG

	Februar – November 1964: Zweiter Text von Zürich, vorgelegt in der dritten Sitzungsperiode (= „Text 3")
14.9.1964 – 21.11.1964	Dritte Sitzungsperiode des Konzils Weiterarbeit am Text, der nun als „Schema XIII" firmiert September 1964: „Text 4" (Arricia)
14.9.1965 – 8.12.1965	Vierte Sitzungsperiode des Konzils September 1964 – November 1965: „Text 5" 13.11.–7.12. 1965: „Text 6"
7.12.1965	Promulgation (Verkündigung) der Pastoralkonstitution „Gaudium et spes" durch Paul VI.
8.12.1965	Abschluss des Konzils

Reihenübersicht »Große Texte der Christenheit«

In loser Folge möchte die Reihe wirkmächtige Texte der christlichen Literatur edieren und mit einem erläuternden Kommentar für die Gegenwart erschließen. Es werden Texte aufgenommen, die die gedankliche Klarheit des Glaubens für interessierte Christenmenschen fördern wollen und die alle kennen sollten, die sich heute über das Christentum äußern.

Bereits erschienene Bände:

Martin Luther
Von der Freiheit eines Christenmenschen
Herausgegeben und kommentiert von Dietrich Korsch
Große Texte der Christenheit (GTCh) | 1

176 Seiten | Paperback | 12 x 19 cm
ISBN 978-3-374-04259-3 | EUR 9,90 [D]
eISBN (PDF) 978-3-374-04443-6 | EUR 8,99 [D]

Dietrich Bonhoeffer
Theologische Briefe aus »Widerstand und Ergebung«
Herausgegeben und kommentiert von Thorsten Dietz
Große Texte der Christenheit (GTCh) | 2

184 Seiten | Paperback | 12 x 19 cm
ISBN 978-3-374-05011-6 | EUR 10,00 [D]
eISBN (PDF) 978-3-374-05012-3 | EUR 8,99 [D]

Karl Barth
Dialektische Theologie
Herausgegeben und kommentiert von Dietrich Korsch
Große Texte der Christenheit (GTCh) | 3

176 Seiten | Paperback | 12 x 19 cm
ISBN 978-3-374-05626-2 | EUR 10,00 [D]
eISBN (PDF) 978-3-374-05627-9 | EUR 7,99 [D]

EVANGELISCHE VERLAGSANSTALT
Leipzig   www.eva-leipzig.de

Tel +49 (0) 341/ 7 11 41 -44   shop@eva-leipzig.de

Paul Tillich
Rechtfertigung und Neues Sein
Herausgegeben und kommentiert von Christian Danz
Große Texte der Christenheit (GTCh) | 4
168 Seiten | Paperback | 12 x 19 cm
ISBN 978-3-374-05673-6 | EUR 10,00 [D]
eISBN (PDF) 978-3-374-05674-3 | EUR 8,99 [D]

Gotthold Ephraim Lessing
Die Erziehung des Menschengeschlechts
Herausgegeben und kommentiert von Walter Sparn
Große Texte der Christenheit (GTCh) | 5
144 Seiten | Paperback | 12 x 19 cm
ISBN 978-3-374-05669-9 | EUR 12,00 [D]
eISBN (PDF) 978-3-374-05670-5 | EUR 9,99 [D]

Ludwig Feuerbach
Das Wesen der Religion
Herausgegeben und kommentiert von Georg Neugebauer
Große Texte der Christenheit (GTCh) | 6
192 Seiten | Paperback | 12 x 19 cm
ISBN 978-3-374-05814-3 | EUR 12,00 [D]
eISBN (PDF) 978-3-374-05815-0 | EUR 9,99 [D]

Martin Luther
Geistliche Lieder
Herausgegeben und kommentiert von Johannes Schilling
Große Texte der Christenheit (GTCh) | 7
240 Seiten | Paperback | 12 x 19 cm
ISBN 978-3-374-05850-1 | EUR 14,00 [D]
eISBN (PDF) 978-3-374-05851-8 | EUR 11,99 [D]

EVANGELISCHE VERLAGSANSTALT
Leipzig www.eva-leipzig.de

Tel +49 (0) 341/ 7 11 41 -44   shop@eva-leipzig.de

Meister Eckhart
Reden der Unterweisung
Hrsg., neu übersetzt und kommentiert von Volker Leppin
Große Texte der Christenheit (GTCh) | 8
176 Seiten | Paperback | 12 x 19 cm
ISBN 978-3-374-06127-3 | EUR 15,00 [D]
eISBN (PDF) 978-3-374-06128-0 | EUR 12,99 [D]

Nathan Söderblom
Evangelische Katholizität
Herausgegeben, übersetzt und kommentiert von Dietz Lange
Große Texte der Christenheit (GTCh) | 9
200 Seiten | Paperback | 12 x 19 cm
ISBN 978-3-374-06422-9 | EUR 15,00 [D]
eISBN (PDF) 978-3-374-06423-6 | EUR 11,99 [D]

Philipp Melanchthon
Glaube und Bildung
Herausgegeben und kommentiert von Armin Kohnle
Große Texte der Christenheit (GTCh) | 10
144 Seiten | Paperback | 12 x 19 cm
ISBN 978-3-374-06843-2 | EUR 15,00 [D]
eISBN (PDF) 978-3-374-06844-9 | EUR 11,99 [D]

Thomas von Aquin
Worin das Glück besteht
Hrsg., übersetzt und kommentiert von Rochus Leonhardt
Große Texte der Christenheit (GTCh) | 11
180 Seiten | Paperback | 12 x 19 cm
ISBN 978-3-374-06920-0 | EUR 16,00 [D]
eISBN (PDF) 978-3-374-06921-7 | EUR 14,99 [D]

EVANGELISCHE VERLAGSANSTALT
Leipzig www.eva-leipzig.de

Tel +49 (0) 341/ 7 11 41 -44   shop@eva-leipzig.de

Thomas von Kempen
Von der Nachfolge Christi
Ausgewählt, übersetzt und komm. von Wolf-Friedrich Schäufele
Große Texte der Christenheit (GTCh) | 12
160 Seiten | Paperback | 12 x 19 cm
ISBN 978-3-374-07067-1 | EUR 16,00 [D]
eISBN (PDF) 978-3-374-07068-8 | EUR 14,99 [D]

Pico della Mirandola
Über die Würde des Menschen
Herausgegeben und kommentiert von Jörg Lauster
Große Texte der Christenheit (GTCh) | 13
176 Seiten | Paperback | 12 x 19 cm
ISBN 978-3-374-07063-3 | EUR 16,00 [D]
eISBN (PDF) 978-3-374-07064-0 | EUR 14,99 [D

Wilhelm Herrmann
Die Wirklichkeit Gottes und die Geschichtlichkeit Jesu Christi
Herausgegeben und kommentiert von Dietrich Korsch
Große Texte der Christenheit (GTCh) | 14
192 Seiten | Paperback | 12 x 19 cm
ISBN 978-3-374-07308-5 | EUR 25,00 [D]
eISBN (PDF) 978-3-374-07309-2 | EUR 19,99 [D]

EVANGELISCHE VERLAGSANSTALT
Leipzig www.eva-leipzig.de

Tel +49 (0) 341/ 7 11 41 -44   shop@eva-leipzig.de

Ulrich H. J. Körtner
Dogmatik
– Studienausgabe –

Lehrwerk Evangelische Theologie (LETh) | 5

736 Seiten | Paperback
14 x 21 cm
ISBN 978-3-374-06312-3
EUR 38,00 [D]

Dogmatik als gedankliche Rechenschaft des christlichen Glaubens ist eine soteriologische Interpretation der Wirklichkeit. Sie analysiert ihre Erlösungsbedürftigkeit unter der Voraussetzung der biblisch bezeugten Erlösungswirklichkeit.

Anhand der Leitbegriffe Gott, Welt und Mensch bietet das Lehrbuch eine kompakte Darstellung aller Hauptthemen christlicher Dogmatik, ihrer problemgeschichtlichen Zusammenhänge und der gegenwärtigen Diskussion. Leitsätze bündeln den Gedankengang. Das dem lutherischen und dem reformierten Erbe reformatorischer Theologie verpflichtete Lehrbuch berücksichtigt in besonderer Weise die Leuenberger Konkordie (1973) und die Lehrgespräche der Gemeinschaft Evangelischer Kirchen in Europa (GEKE).

EVANGELISCHE VERLAGSANSTALT
Leipzig www.eva-leipzig.de

Tel +49 (0) 341/ 7 11 41 -44   shop@eva-leipzig.de

Ulrich H. J. Körtner
Ökumenische Kirchenkunde

Lehrwerk Evangelische Theologie (LETh) | 9

392 Seiten | Hardcover
14 x 21 cm
ISBN 978-3-374-05285-1
EUR 38,00 [D]

Grundlegende Kenntnisse der verschiedenen christlichen Kirchen und Konfessionsfamilien sind nicht nur für das Theologiestudium, sondern auch für das religionswissenschaftliche Studium des Christentums unabdingbar. Sie werden in der praktischen kirchlichen Arbeit ebenso wie im Religionsunterricht gebraucht.

Ulrich H. J. Körtners Lehrbuch gibt nicht nur eine Übersicht über die Hauptströmungen des Christentums und seine Kirchen, sondern informiert auch grundlegend über die christliche Ökumene, ihre Geschichte und ihre gegenwärtige Entwicklung einschließlich des Verhältnisses der Kirchen zum Judentum und zu den übrigen Religionen sowie über den Stand der Diskussion über unterschiedliche Modelle der Einheit der Kirchen. Es berührt somit auch Fragen einer ökumenischen Theologie.

EVANGELISCHE VERLAGSANSTALT
Leipzig www.eva-leipzig.de

Tel +49 (0) 341/ 7 11 41 -44   shop@eva-leipzig.de

Ulrich H. J. Körtner
Wahres Leben
Christsein auf evangelisch

144 Seiten | Klappenbroschur
12 x 19 cm
ISBN 978-3-374-06912-5
EUR 12,00 [D]

Kann es wahres Leben geben? Ein Leben, das sich nicht nur gut und richtig anfühlt, sondern gut und richtig ist? Ein sinnerfülltes Leben mit Tiefgang statt bloßer Oberflächlichkeit? Ob Leben wahr oder unwahr, richtig oder falsch ist, hängt davon ab, was oder an wen man glaubt, was oder wen man liebt, was oder worauf man hofft. Das führt zu den weiteren Fragen dieses Buches: Woran genau glauben Christen? Worauf vertrauen sie in Leben und Sterben? Und: Was bedeutet es heute, im evangelischen Sinne Christ zu sein?

Körtner ist weithin bekannt für seine Gabe, das Wesentliche klar auf den Punkt zu bringen. Er bezieht sich dabei vor allem auf das Apostolische Glaubensbekenntnis, das Doppelgebot der Liebe, die Zehn Gebote, das Hohelied der Liebe, das Vaterunser, Psalm 23 und Psalm 51,12-14 sowie die Seligpreisungen.

EVANGELISCHE VERLAGSANSTALT
Leipzig www.eva-leipzig.de

Tel +49 (0) 341/ 7 11 41 -44   shop@eva-leipzig.de

Ulrich H. J. Körtner
Luthers Provokation für die Gegenwart
Christsein – Bibel – Politik

176 Seiten | Paperback
14 x 21 cm
ISBN 978-3-374-05700-9
EUR 25,00 [D]

Die Reformation ist mehr als Luther, aber ohne Martin Luther hätte es keine Reformation gegeben. Die Sprengkraft seiner Theologie sollte gerade heute neu bewusst gemacht werden. In einer Zeit der religiösen Indifferenz und eines trivialisierten Christentums brauchen wir eine neue Form von radikaler Theologie, die leidenschaftlich nach Gott fragt und auf das Evangelium hört. Der Gott Martin Luthers ist und bleibt eine Provokation.
Die Provokation Luthers, die vor allem den Freiheitsbegriff, die Schriftauslegung, das Arbeits- und Berufsethos sowie Luthers Theologie des Politischen betrifft, steht im Zentrum des Buches von Ulrich H.J. Körtner. Der renommierte Wiener Systematiker schließt damit theologisch an sein streitbares, 2017 erschienenes Buch »Für die Vernunft. Wider Moralisierung und Emotionalisierung in Politik und Kirche« an.

EVANGELISCHE VERLAGSANSTALT
Leipzig www.eva-leipzig.de

Tel +49 (0) 341/ 7 11 41 -44   shop@eva-leipzig.de